浙江村庄转型研究丛书

改革与乡村

20世纪70年代末以来义乌市七一村村庄政治研究

Gaige yu Xiangcun

郎友兴　周松强 ⊙ 著

中国社会科学出版社

图书在版编目(CIP)数据

改革与乡村：20世纪70年代末以来义乌市七一村村庄政治研究／郎友兴，周松强著.—北京：中国社会科学出版社，2015.9

（浙江村庄转型研究丛书）

ISBN 978 - 7 - 5161 - 6004 - 6

Ⅰ.①改…　Ⅱ.①郎…②周…　Ⅲ.①农村 - 群众自治 - 研究 - 义乌市
Ⅳ.①D638

中国版本图书馆 CIP 数据核字(2015)第 226351 号

出 版 人	赵剑英
责任编辑	宫京蕾
特约编辑	大 乔
责任校对	季 静
责任印制	何 艳

出 版	中国社会科学出版社
社 址	北京鼓楼西大街甲 158 号
邮 编	100720
网 址	http://www.csspw.cn
发 行 部	010 - 84083685
门 市 部	010 - 84029450
经 销	新华书店及其他书店

印刷装订	北京市兴怀印刷厂
版 次	2015 年 9 月第 1 版
印 次	2015 年 9 月第 1 次印刷

开 本	710×1000　1/16
印 张	16.5
插 页	2
字 数	246 千字
定 价	62.00 元

凡购买中国社会科学出版社图书，如有质量问题请与本社营销中心联系调换
电话：010 - 84083683

目　录

绪　　论

　　本书的研究个案是浙江省义乌市城西街道七一村。像中国其他许许多多的村庄一样，进入改革开放年代的七一村不可避免地被卷入到中国社会所经历的巨大的宏观变迁之中。通过这个个案，要讨论的是这样一个问题：从 20 世纪 70 年代末所实施的改革开放以来，中国的村庄政治尤其是村庄权力结构及运作经历了怎样的变化？这些变化到底意味着什么？不过，笔者试图通过这个个案的研究，表现出一个更大区域的社会特征，因为"我们面对的任何区域个案都是整体中的一部分，而不是独立的'个体'存在物。虽然制度演进的梯度各地不同，甚至所呈现出的具体问题也有明显的区域特质，但由此揭示的制度本质和问题的实质却具有共通性、共趋性特质"①。

　　不过，这里首先需要对"村庄"和"政治"这两个概念作些说明。"村庄"有两类，一是自然村意义上的村庄，二是行政村意义上的村庄，本书所讲的村庄政治中的村庄是指行政村意义上的村庄。行政村是一个现代的概念，是近代以来力图将乡村社会现代化的一种努力，是指政府为了便于管理而确定的乡下边一级的管理机构所管辖的区域。自然村和行政村两者的关系是自然村一般小于行政村，也就是说，几个相邻的小村可以构成一个大的行政村。这个行政村由一套领导班子（支部、村委会）管理，但可以把几个自然村分成几个村民小组，每组一个组长，这些自然村都要受行政村村委会和村支部的管理和领导。自然村是由村民经过长时间聚居而自然形成的村落，它受地理条件和生活方式等的影响。比如在山里头，可能几户在路边居住几代后就会形成一个小村落，这就叫自然村。"政治"是一个广泛的

---

　　① 王先明：《变动时代的乡绅——乡绅与乡村社会结构变迁（1901—1945）》，人民出版社 2009 年版，第 2 页。

概念，这里主要指与权力相关的一个概念。本书并不讨论村庄政治的方方面面，重点在于村庄权力的基础、主体及其运行。

第一节　改革与市场中的实践：村庄政治变迁之逻辑及其动力

在中国乡村研究中，村庄政治的研究早已成为重点研究内容之一，其中相当一部分研究者以村庄公共权力结构及其变迁作为透视村庄政治现象的一个切入点，因为村庄政治是理解乡村政治性质的重要领域，而对村庄公共权力结构的分析则是理解村庄社会政治的基础。

研究中国村庄的权力结构与运作，需要讨论下列 5 个重要的问题：（1）农村社区的权力掌握在谁的手中（Who）？（2）这些权力是如何获得的（How）？（3）各权力组织各自扮演着怎样的角色（Role）？（4）各权力主体之间的关系如何（Relationship）？（5）权力运行的机制与结果是什么（Mechanism and Result）？对于以上问题的回答构成了改革开放以来中国农村政治的演化与运行逻辑。

那么，逻辑背后的动力是什么？笔者以为，"改革"与"市场"是揭示改革开放以来中国农村政治社会变化的最核心的概念之一。改革开放以来，农村的政治、社会结构、产业与经济、道德伦理和信仰都受到"改革"与"市场"的巨大冲击，并被重新构建，由此所产生的变迁是新中国成立以来第三次最为深刻的变迁（前两次是土地改革和人民公社）。周雪光教授在 2000 年发表的题为《中国城镇中的经济转型与收入不平等：来自追踪数据的发现》一文中也有类似的思路。在这篇文章中，他试图把政治和市场二者结合起来解释社会主义国家的转型过程，认为在中国，国家改革和市场推进是经济转型的两个主要动力源泉，这两个动力促使政治和市场在互动中共变。[①] 毛丹教授在《村庄的大转型》一文中也分别从"村庄与市场"、"村庄与

---

① 　Zhou Xueguang, 2000, "Economic Transformation and Income Inequality in Urban China: Evidence from Panel Data", 转载于《社会分层与流动阅读文献》，中国人民大学社会学系内部资料。

国家"和"村庄与大社会"三个维度来分析改革开放以来中国村庄的转型:"一方面越来越被卷入市场经济乃至于市场社会的建构过程,另一方面被日益纳入现代国家全面梳理社会的过程。这意味着国家与农村、市场与农村、城市社会与农村这三组基本关系的重新整理安排。这是中国农村社会从未经历的巨大转变。"① 改革与市场两种力量贯穿了 20 世纪 70 年代末以来中国村级政治制度变迁的进程。

村庄政治的转型不可避免地要与整个社会的转型相关联。本研究的一个重要主题,就是国家在村庄政治权力结构转型与变化中所起的重要作用。半个多世纪以来,国家及其政策一直是推动村庄政治与权力关系变化的主要动力。1949 年新中国的成立及由此所带来的中国广大农村地区经济与政治制度的转变,1978 年源于农村的经济制度的改革及由此所带来的中国乡村治理体系的重构,是中国农村 60 年来政治变化发展的主要动力。在今天,我们如果离开了这两个进程,就很难理解与想象改革开放以来中国村庄政治是如何演变与运作的。

改革开放以来中国乡村的权力结构性变动,始于 20 世纪 70 年代末中国农村的制度性改革的推动。改革是统治者对既定制度所进行的调整,改革是那些范围和速度受到限制的社会和政治体系的变革,改革成为中国农村变化和发展的转折点,改革是另一类的国家权力运作。具体而言,体制改革是能人生成的助动力。转型期中国农村政治结构的变迁的过程,是现代化背景下由国家主导的乡村社会制度的变迁过程。20 世纪 80 年代初国家推行的一系列农村改革和这种村庄政治、权力结构与秩序的变化有着直接的关系。其中分田到户被认为是这些改革中影响最深远的。在中国农村的变迁过程中,国家所发挥的重要角色和改革的作用,可以概括为规划性的农村制度变迁:近代以来一直努力这样做,形成了一个不同于传统的新型的农村政治结构;人民公社时期所形成的"村社合一"的政治结构,自改革开放以来,国家以"自治"的名义来规划与掌控农村社会。

在市场化的冲击下,村庄的经济结构发生了根本性的改变,同时

---

① 毛丹:《村庄的大转型》,《浙江社会科学》2008 年第 10 期。

也向政治结构渗透。村庄权力结构的蜕变当然不仅仅是改革的直接结果，它也是体制转型下市场经济发展的必然走势。乡村社区的结构转变，是指传统乡村社区的自然经济及其相伴随的社会权力结构向市场经济以及相适应的社会权力结构的转变。有论者已经指出，"90年代权力关系的发展，既是新旧体制更替所带来的，也是社会主义市场经济的发育和成长所带来的，它的取向是建立与社会主义市场经济相适应的新权力关系"①。市场经济的发展改变了村庄的职业与阶层结构，从而导致乡村权力主体发生明显变化，即占据乡村权力中心地位的老式干部让位于具有新时代特征的经济精英或能人，或者原先的村干部借助于市场经济而致富，加入经济精英阶层，一起直接介入公共权力，成为与村庄权力体系密切相关的村庄政治家，因而，乡村的社会权力结构发生了历史性变革。

总之，改革与市场这两个外生变量造成农村社区的转型与变迁。改革属于国家行政权力的嵌入，而市场属于社会力量的渗透，但是无论是改革还是市场所带来的中国村庄权力的生成与变化，都属于外在因素。这些外在因素是中国改革开放以来村庄政治与权力结构演变的最为根本的力量，无论南方的村落还是北国的农村，无论是沿海的农村还是中西部的农村，概莫能外。但是，之所以造成了中国农村政治与权力结构变化的多样性和差异性，又与村庄自身的历史、村落背景、所在的区位及机遇等方面相关联，这就是说，宏观的制度与环境相同，但微观的条件、境况和机遇不尽相同而造成了中国农村改革开放以来在政治领域的变化与格局的多样性。由此，改革开放以来中国农村政治尤其是权力结构演化的逻辑与动力就变得清晰起来：外力的"改革"和"市场"这两个外生变量"渗透"到基层社会，与农村社区自身的逻辑发生碰撞和融合，与村庄的情境两者交融，共同作用于农村社区，形成了不算激荡却绝对深刻的30年村庄政治演化史。

因此，一个基本思想就是，1949年以来国家在推动村庄权力的转型上扮演了至关重要的角色；村庄领导的变化是国家与农民关系变

---

① 林尚立：《权力与体制：中国政治发展的现实逻辑》，《学术月刊》2001年第5期。

化的最好标志。但是，改革开放以来，市场的因素不仅对于中国经济发展影响之深，而且也全面地影响并改革着社会多个领域，其中包括乡村社会。因此，在我们分析村庄政治的框架中有两个重要的变量：制度创新与财富。财富与权力和威望的关系之变化，重塑财富在村庄权力、权威中的作用；这是市场的逻辑在村庄中的显现，而外在制度的嵌入，则是改革所加入的一个重要因素。

第二节　分析框架与研究思路

村庄治理的核心问题是权力问题。在有关权力的文献中，引用最为广泛的概念是由罗伯特·达尔提出的。达尔认为，权力并不是个人所拥有的什么，而是人与人之间的一种关系。据此他提出了权力的定义："甲对乙拥有权力是指甲能使乙做乙本来不一定去做的事。"① 由此可见，权力实质上就是一种关系，权力的实质常常被看做一个行动者对另一个行动者的强制性的控制。权力结构是指权力的组织体系，权力的配置与各种不同权力之间的相互关系。所谓村庄权力结构，指的是村庄决策权力在各个阶层的分配状态，具体表现为决策人士的阶层及其组织形式。社会转型期，村庄权力结构的多极化特征主要表现在以党政组织为主体的组织多样化和村庄权力阶层的多元化。

就中国农村而言，渐进的市场化和改革所带来的制度变迁导致村庄权力和秩序发生了种种变化，那么村庄遵循的到底是什么样的权力模式？外生的变量与农村社区自身的逻辑之间产生了什么样的关系？这对农村社区的秩序又意味着什么？30 年农村的改革开放与变迁说明什么？权力结构到底发生了什么样的变化？又说明什么？变化的实质是什么？怎样的理论与分析框架可以用来理解农村的权力结构之变化？

有关社区（community）权力的研究一直以来都是西方社区研究

① Robert A. Dahl, "Decision-Making in a Democracy: The Supreme Courts a National Policy-Maker", Journal of Public Law, 1957 (6), pp. 279—295.

的重要内容，其中有关社区权力主体的问题，归纳起来主要有两大主流观点：精英论和多元论。精英论的主要代表人物是美国社会学家亨特、米尔斯、戴伊和多姆霍夫等。他们认为，研究社区的主要任务就是找出"领导"——社区权力的代理人①。这个理论采用"威望法"和"职位法"，前者假定有权力声望的人就是掌握实权的人；后者假定那些在社区主要社会经济和政治机构中占据关键职位的人就是社区的领导者。精英论的核心观点认为社区权力掌握在一小群人手中。多元论的主要代表人物是美国政治学家罗伯特·达尔、波尔斯比和沃尔芬加。他们强烈批评精英论，强调实际决策过程是通过实际行为而不是声望来完成，职位所代表的"潜在的权力"不同于决策中的"实际的权力"，精英论只能测量权力资源的静态分布，却无法发现权力的动态运作②。因此，多元论主张社区权力研究的核心是社区的重大决策事件，在决策过程中寻找社区当权者，进而勾勒出社区内的权力分布③。

那么，如何分析中国农村的变迁尤其是政治权力的演变与具体的运作情况呢？对此学术界已经做了不少的努力，形成了一些有一定解释力的分析框架，如国家与社会关系的解释框架、开放的村庄共同体的解释框架。费孝通的"双轨政治"、孔飞力的"士绅操纵说"、杜赞奇的"经纪体制说"、孙立平的"皇权—士绅—小农三层结构说"、徐勇的"双重角色说"、戴慕珍（Jean C. Oi）和徐维恩（Vivienne Shue）的"庇护关系说"、恩格（Jonathan Unger）和黄宗智的"国家代理人角色说"等，这些都是从国家与社会的关系角度来分析的。总体上说，背后还是国家与社会的关系问题。这是规划性政治变迁中的村庄政治，因此村庄政治是一种"代理政治"。另一些学者致力于对村庄内部各个权力主体之间的互动关系进行研究，例如，贺雪峰的村

---

① Floyd Hunter, Community power and Structure: A Study of Decision Makers, Chapel Hill: The University of North Carolina Press, 1953.

② 夏建中：《现代西方城市社区研究的主要理论与方法》，《燕山大学学报》2000 年第 2 期。

③ 同上。

级权力结构的"模化"说①、仝志辉的"精英均衡"说②、梅志罡的
"均衡性村治模式"说③。这些分析框架为进一步研究当代中国农村
的村级组织权力奠定了方法论的基础。

　　本研究就属于权力主体论的范畴，研究的重点就是村庄权力主体
结构及其运作，这个界定某种意义上将本研究划入到结构功能分析的
范畴之中，重点关注的自然是村庄的各类精英，这属于西方的"精英
论"之研究取向。精英结构是村庄权力结构的重要侧面，因为在村庄
权力的内部和外部结构中，村庄精英居于承上启下的中介地位，构成
村庄权力互动的交叉点和集合部。因此，对村庄精英的分析可作为村
庄权力结构分析的切入点。实际上，近百年来中国大陆乡村精英的地
位、作用一直是海内外研究中国农村问题的政治学家、社会学家、人
类学家关注的焦点。实际上，在中国的村庄，其权力属于多元一体：
多元指的是权力主体的多样性，这是变的一面，而一体指的是党支部
为村庄权力的核心，这是不变的一面。无论变与不变，权力掌握者的
来源发生了变化，并且形成了权力精英主导下的村庄权力结构。

　　村庄政治的核心是权力问题，村庄的权力格局是分析村落政治的
焦点，因此研究村庄政治就必须对村庄权力的产生方式、构成、合法
性及运作模式等因素进行分析。研究的基本逻辑与思路按下列方式展
开：首先从村落背景包括人口与阶层出发，因为村落背景是村庄权力
的基础。其次，对当下村庄权力的主体从政治（领导）权、自治权
和社会权三权进行分析，分别重点描述分析作为村庄权力核心的村党
支部的政治权、行使自治权的村委会和以社会权面貌出现的村落公共
空间和社区组织，从而勾画出村庄内部的三重权力结构。直接行使
"村治"这三种权力的是村庄精英，他们在村庄权力结构中居于承上
启下的中介地位，构成村庄权力互动的交叉点，因此，村庄权力结构

---

① 贺雪峰：《关于村庄权力的扩展性讨论》，《云南社会科学》2000 年第 6 期。
② 仝志辉：《沉默村庄中的"精英系"与选举操纵》，华中师范大学中国农村问题研究中心"中国农村村民委员会选举学术讨论会"论文，2000 年。
③ 梅志罡：《传统社会文化背景下的均势性村治——一个个案的调查分析》，《中国农村观察》2000 年第 2 期。

分析的重点又是村庄精英。最后，再通过一个具体事例——旧村改造，看权力的运作，旧村改造集中体现了村庄各权力主体如何运用村庄内外各种资源并互动着。

第三节　个案的选择与研究方法、资料来源

一　七一村：典型的村庄、典型的书记和典型的事例

费孝通先生在调查村庄经济时曾经指出，选择调查单位应考虑两个标准，一个是出于实际的考虑，调查单位应该是"调查者必须容易接近被调查者以便能够亲自进行密切的观察"的范围；另一个是出于研究的考虑，调查单位的大小"应能提供人们社会生活的较完整的切片"①。就此而言，本研究所选择的调查村落颇符合这两个标准。一方面，本研究的一名重要研究者长期生活在村庄所在地，有条件深入观察和探究村落的历史变迁、人文习俗以及社会结构演变。另一方面，个案村是改革开放后最早接受市场经济洗礼的区域，村落政治、社会权力结构的演变与市场经济发展本身呈现良好的正相呼应关系，因此完全能够满足本研究主题对个案选择的要求。

典型的村庄：从一个不显眼的、相对落后的村庄成为经济发达、明星型的村庄；典型的书记：村党支部书记，全国性的乡村政治明星；典型的事例：旧村改造清楚地显现出村庄权力的具体运作。位于浙江省义乌市的七一村是一个能够代表改革开放以来中国沿海变化发展状况的农村。"全国先进基层党组织"、"浙江省全面小康建设示范村"、"浙江省文明村"、"金华市魅力村庄"和村党支部书记本人的"浙江省为民好书记"、"义乌市富民书记"、金华市首届"魅力村官"、浙江省新农村建设优秀带头人"金牛奖"得主，从一个经济诸方面落后的村庄一跃成为先进荣誉一大堆的明星村庄，成为一个转型样板。从这样的一个有代表性、典型性的村庄政治变迁的境况出发，

---

① 费孝通：《江村经济》，戴可景译，江苏人民出版社 1986 年版，第 5 页。

分析其权力结构及其运作状况，对于我们深入认识改革开放以来中国乡村社会政治演变的历史进程、特点及乡村政治未来走向等问题，都有相当的意义。

七一村是本研究的个案村，是村社共同体权力之运作逻辑得以展开的一个实体空间。所以，在此对七一村做一个简单的、说明性的介绍。

现今七一村由 3 个自然村组成，共有农户 420 户，1128 人，外来人口 2500 人，村民党员 59 人，村民代表 30 人，耕地面积 618 亩。进入七一村是一条纵贯全村的五号路（原称毛桥路），与横穿全村的东河工商街十字交叉。工商街约有 20 米宽，道路两旁是商铺，东接东红村，西衔五一村。五号路南段路东区，是一片整齐划一的三层别墅，路西区正在拆迁改造。新建的是由时任市委书记楼国华题名的"七一广场"，宛如娇小美丽的少女，吸引着人们的欣赏与青睐。新修的 8 栋三层的村级行政办公楼，方直高耸，这里每天都有村干部值班，也是村民们学习的地方。七一广场是村民休闲娱乐的圣地，人造小西湖上有九曲齐心桥，桥上有齐心亭，见证着义乌市城乡一体化建设的重大成果，使早已致富的七一村村民享有更好的休闲，增强凝聚力，迅速迈向现代化。这就是七一村现在的景象。

二　主要研究方法

对于一个研究者来说，选择一个恰当的研究方法是十分重要的，因为在人们的研究中，"是什么"——研究的实质结论——很大程度取决于"怎么样"——获取与分析数据的方法[①]。在社会科学研究中，个案研究（case study）、访谈（interview）和问卷调查（question-naire survey）被广泛地运用。当然，任何方法都有其长处和弱点。因此，研究者应当选择对其所研究问题最合适的方法。

本书作者采用个案研究的一个主要原因在于，此研究方法使作者

---

① William A. Welsh, Leaders and Elites, New York: Holt, Rinehart and Winston, 1979, p. 57.

能够做深入的研究，以此可以获得对所发生之事件及对村民选举和自治做出贡献之人的个人"感受"。个案研究可以引出假说，测试现有的相关理论，以及把目光转向一般类型和趋势，尽管我们必须承认个案研究并不能或至少不能简单地产生概括性的理论。

问卷调查是数据收集的重要方法。"对政治精英进行调查研究，长处就是其直接性，同时也有可能与他们进行有趣的争论以及让他们再次阐明不够明确的回答。此外，调查研究具有明显的优点，就是可以围绕研究者感兴趣的那些话题而进行。这就是比间接资料如文献目录或纸质媒介更有优势之处。"① 当然，对政治精英进行调查研究也有一些潜在的困难之处。一个是调查结果的有效性，另一个则是方法本身的可靠性。因此，有位学者建议在采用问卷调查时应当更多关注"以其他方法来获取对政治精英和领导的理解，例如（1）访问能够接近精英或生活受精英很大影响的人（可以抽样出样本，通过访问得出一般人对精英的态度）；（2）仔细检查与精英和领导有关的档案及其他文件资料"②。

本书主要采用个案考察和文献研究等相结合的研究方法，通过对七一村村民和村干部的大量访谈和相关调研，对七一村七一广场、学习室、小店、祠堂等公共空间的实地考察和感受，对七一村各种制度和相关执行效果的考察，对七一村 20 多年来政治、经济、文化等各方面的纵向考察，来揭示七一村村庄权力结构及其运作的逻辑。

三　资料与数据

本研究的资料，第一，主要来源于研究者深入个案村通过实地调查、观察、访谈等方式获取的第一手资料；第二，通过查阅七一村的档案及相关资料获取相关研究资料；第三，收集相关政府文件、法规以及相关新闻报道作为本研究的参考资料；第四，收集与主题相关的

---

① William A. Welsh, Leaders and Elites, New York: Holt, Rinehart and Winston, 1979, p. 56.

② Ibid. , p. 57.

前人的研究成果作为本研究的辅助资料。

所收集的研究材料和数据简单地介绍如下：

（1）对七一村的主要干部所作的深入访问；

（2）对七一村部分村民的访问；

（3）七一村村志编纂委员会编纂的《东河七一村志》（2005年印刷）；

（4）数据来源于2007年2月在七一村所作的问卷调查（请见附录4），这个问卷调查得到了七一村领导与有关村民的协助，发放300份问卷，回收中的有效问卷275份；

（5）七一村党支部所拥有的有关村庄的文件、媒体报道和各类总结；

（6）官方文件和报告。

第四节　本书的内容安排

继绪论之后的第一章、第二章提供了村庄基本情况，为本书的研究做一个背景性的梳理。

第三章重点讨论的是作为村庄权力政治核心的党支部。村党支部是村级权力结构中的核心，但是，改革开放以来发生了一些变化。从历史发展的维度探讨，需要讨论的问题有：中国共产党是如何对农村社会进行力量的渗透，以至于嵌入农村社会成为乡村治理的主体？在村民自治条件下，村庄党组织的权力核心地位该如何巩固？在竞争性政治生态格局下，村党支部书记作为村庄党组织的带头人，其在村落社会的权威基础该如何建构？在新的历史条件下，村党支部该如何协调同村民委员之间的关系？本章试图对上述问题进行探讨。

第四章讨论的是村委会选举与村庄权力结构的变化。改革开放以来，七一村权力结构的一个显著变化就是引入选举制度，这种引入无疑给村庄的各类精英尤其是经济精英进入村庄领导层、扩大其权势及影响地方带来了机会。作为一种制度安排，村民自治是中国农村一系列改革中的一个，而在市场经济发展的逻辑之下农村阶层分化了，有些地区先富了，有些农民先富了，这些先富者即村庄经济精英在村民自治的制度中找到自己身份转换的空间，通过村民选举成为政治精英，成为村庄权力精英中的一员，从而改变了以往村庄的权力结构及其权力运作。

第五章主要从社区组织的角度来看村庄治理。提出"农村社区建设"，表明农村社区建设对于加强社会建设和管理、推进社会管理体制创新、构建和谐社会具有重要意义。从行政村到社区意味着村庄政治的转向，这个转向不仅使村庄权力结构再次发生分化，而且使村庄权力的性质也发生了转变，由村民自治转向居民自治或治理模式，甚至农村性质也发生了变化，城乡一体化成为现代意义上的社区权力结构，而不是"农村"的权力结构。社区组织的建构使村庄组织体系复杂化。农村社区建设旨在构建新型的农村社会生活共同体，实现农村社区及整个社会的融合，本质上就是社区化的乡村治理。乡村治理必然要涉及一系列乡村权力结构的调整。村两委对于村庄治理的权力转向于农村社区的微观管理与服务的提供上，它表明了农村治理的转型。

第六章通过对七一村公共空间的描述，讨论了公共性与村庄权力运作的关系。通过七一村祠堂、樟树下、小店、老年协会、妇联、七一广场和学习室等公共空间，以及从制度和现实效果两个方面来详细考察七一村村庄权力结构和运作体系。用联系的发展的视角来揭示村庄权力运作与公共空间演进之间的基本关系，梳理分析公共空间在七一村所发挥的现实功能，并深入探讨七一村村庄权力结构和运作对七一村公共空间演进的影响，以及公共空间对村庄权力运作的反作用，探讨村庄治理和农村公共空间的发展逻辑。

第七章是全书的总结。有几个结论：七一村的权力结构存在一个核心权力层，但已经出现多样性的格局，是一个多样性的一元结构，有变的一面，也有不变的一面；发展型权威的形成与确立；存在着一个权力网络并且权力运作相当的制度化；出现并形成能人政治的格局，但乡村政治已经逐步向民主治理转向。

第一章　村落的背景

本章对七一村的村落背景作一个交代，主要是地理位置、文化与经济区位、村政的历史沿革及村庄的社会经济生活。

第一节　村落区域背景与地理位置

本书所研究的村庄叫"七一村"，隶属于义乌市城西街道，是原东河乡①政府所在地。城西街道的前身城西镇是 2001 年义乌行政区划调整后设立的镇，由原东河乡、夏演乡和稠江街道何泮山村合并而成，2003 年 12 月撤镇建街后，城西镇撤销，设立了城西街道。城西街道位于义乌市区西部，成立于 2003 年，东临北苑街道，南界稠江街道，西连上溪镇，北接浦江县。距国际商贸城 4 公里，距杭金衢高速公路互通口仅 3 公里，距金甬高速公路互通口 3 公里。距义乌民航机场 2 公里。03 省道、雪峰西路、西站大道、四海大道、香溪路等交通要道穿境而过，其中宽 60 米的雪峰路直通义乌国际商贸城，义乌铁路新货站建设在城西辖区内，区位交通优势得天独厚。七一村南靠城西街道开发区，北邻杭金衢高速公路，紧贴浙赣铁路新货站。全村共有农户 420 户，常住人口 1128 人，外来人口 2500 人，党员 59 名，村名代表 30 名。2007 年实现村民人均收入 10200 元。

城西街道北部的群山为金华山支脉，土质以红壤土为主，还有部分岩性土。境内坡脚、丘陵多种植桃、李、柑、茶叶等，还有多种树

---

① 2001 年 2 月 23 日，浙政函 [2001] 26 号批复同意义乌市行政区划调整，撤销东河乡建制，其行政区域纳入城西街道管辖。请参见"义乌行政区划网"（http://www.xzqh.org/QUHUA/33zj/0782yw.htm）。

图 1 - 1　七一村地理位置

木和花草。野生动物主要有黄鼠狼、野兔、布谷鸟、麻雀和蛇类等。
矿产有花岗岩等。

　　境内气候属亚热带季风气候。四季分明，气候温和，雨量充沛，
空气湿润，冬夏季长，春秋季短。年平均气温 17℃。月平均气温以 1
月最低（4.6℃）、7 月最高（29.2℃）。极端最低气温 -10.7℃、极
端最高气温 40.9℃。年平均无霜期为 246 天左右，年平均降水量为
1344.1 毫米，年平均日照为 2041 小时。7 月多西南风，8 月多偏东
风，1—6 月和 9—12 月多偏北风。

　　七一村属东河自然村村东的一部分，位置即在东河村的后溪沿地
段。相传 500 年前无东河这一地名，东河的前身是潘姓的聚落地，村
名叫潘村，村的东边有一条小溪（自北向南），小溪的西边居住潘
姓，东边居住龚姓。西河太公继宗（惟二十六公）长子文俊（怡一
公），字世贤，别号清隐，他看中了潘村的地理位置，认为是何氏子
孙繁衍的宝地。在他 39 岁时（明景泰六年，即 1455 年），由西河迁
到潘村，在村东面的小河边日升堂后面居住。村中有口水井，井栏上
刻有潘族姓名。不久龚姓也从潘村的溪东迁到枫溪定居。潘村即成了

何姓与潘姓的聚落地。说来也怪，自从何姓在潘村定居后，潘姓在此无法繁衍并导致湮没，而何姓没经几代，却人丁兴旺，人口猛增，一派欣欣向荣的景象。于是老祖先在小河边建造了厅堂，因小河旁边有一条小沟，故将厅堂取名"沟河厅"，又因何姓居住在小河的东面，老祖先们便把潘村改为东河村，一直沿用至今。

图 1 - 2　城西街道地理位置

另外，重点对"七一村"所在县市区域——义乌市的基本状况进行一个说明。浙江省义乌市位于金衢盆地东部，东邻东阳，南界永康、武义，西连金华、兰溪，北接诸暨。市境东、南、北三面群山环抱，气候温和湿润，四季分明。全市总面积 1105 平方公里，距省会杭州百余公里。至 2008 年底，全市实有人口 180 万，其中户籍人口70 万，外来建设者超过 100 万。义乌历史悠久，秦嬴政二十五年（公元前 222 年）置乌伤县，公元 624 年改称义乌，1988 年撤县建市。义乌素有文化之乡的美誉，先后涌现出"初唐四杰"之一的骆宾王、宋朝抗金名将宗泽、金元四大名医之一的朱丹溪，以及现代教育家陈望道、文艺理论家冯雪峰、历史学家吴晗等名人。义乌是隶属于金华市的一个县级市，全市下辖稠城、稠江、北苑、江东、后宅、廿三里、城西7个街道办事处和大陈、苏溪、上溪、义亭、佛堂、赤岸6个镇。

第二节　村落的区域经济背景

改革开放前，在农业经济时代，由于人多地少，义乌是浙江省闻名的贫困县，当时有很多义乌人跑到临近的衢州市或江西省谋生。同当时的浙江东部宁绍平原、北部杭嘉湖平原地区相比，义乌的经济发展和群众生活都处于较低的水平。但在随后的20多年时间里，义乌已经从一个相对落后的农业小县，发展成为享誉世界的"小商品海洋"和国际化商城，创造了举世瞩目的发展奇迹。2008年义乌实现地区生产总值493亿元，比上年增长12.1%，完成财政一般预算收入69.2亿元，其中地方财政收入37.8亿元，分别增长17.5%和17.1%。年末金融机构存款余额1048亿元，比年初增加192亿元。据2007年8月发布的前一年度县域经济竞争力全国百强县排名中，义乌首次挺进前10强，位居第9位，在全国2000多个县级区域经济发展中名列前茅（表1-1）。

表1-1　　　　　　　义乌历年在全国百强县排名变化情况

年份	1992	1993	1995	2000	2001	2002	2003	2004	2005	2006
排名	未进	未进	47	21	19	17	17	15	12	9

国家统计局从1991年开始进行全国百强县经济竞争力测算，在20世纪90年代共进行过3次。从2000年开始，国家统计局农调总队每年根据全国2000多个县的社会经济综合发展指数进行测算，公布综合发展指数前100位的县。在这个榜单排名中，我们可以发现，1992年和1993年这两次，义乌并没有进入排名榜。令人关注的是，1995年义乌首次进入百强县就取得了排名榜第47位的好成绩。到2000年国家统计局重新进行排名时，义乌已经跃居到了第21位，应该说在短短的五年时间里，义乌的进步还是非常大的。到2006年，

义乌首次进入全国 10 强县，位居第 9 名，标志着义乌跨入了全国经济最发达县市行列。

改革开放 30 年来，义乌坚持"兴商建市"发展战略，从"鸡毛换糖"、"马路市场"起步，通过繁荣发展小商品市场，积极推进市场化、工业化、城市化，走出了一条区域经济社会快速发展的成功之路，实现了从传统农业社会到全面小康社会的历史性跨越。

一 "兴商建市"战略造就全球最大的小商品批发市场

义乌自古就有经商传统，早在宋代，义乌就出现了鸡毛换糖的原始商业活动，到清乾隆时期，已经形成了初具规模的敲糖帮，一到农闲时节，义乌人就肩挑货郎担，手摇拨浪鼓，走村串巷，苦心经营，用拨浪鼓的清脆声音表达义乌人期盼有朝一日实现鸡毛升天、发家致富的憧憬和追求。改革开放的春风，使义乌人的经商热情得以史无前例地迸发。1982 年 9 月，义乌县委、县政府尊重群众发展小商品贸易的强烈要求，开放了小商品市场，提出"四个允许"：允许农民经商、允许从事长途贩运、允许开放城乡市场、允许多渠道竞争，自此小商品市场应运而生，并迅速发展。1984 年，县委、县政府又提出了"兴商建县"的发展战略，20 多年来这一发展战略不但从未动摇，而且还不断丰富内涵；遵循抓市场就是抓经济的理念从未改变，而且不断推进专业市场硬件完善、功能拓展、业态提升，做到工作围绕市场转、城市围绕市场建、产业围绕市场育。

26 年来，义乌小商品市场 5 易其址、8 次搬迁、11 次扩建，实现了从最初的"马路市场"、"棚架市场"向大型现代化室内交易商场的跨越。目前，市场经营面积达 260 万平方米，商位 5.8 万个，从业人员 20 余万，有 43 个行业、1900 个大类、40 多万种商品。市场成交额连续 17 年居全国各大专业市场榜首。2005 年，联合国、世界银行、摩根士丹利联合发布的《震惊全球的中国数字》报告指出，义乌市场是世界上最大的商品批发市场。2006 年 10 月开始，由国家商务部主持编制的"义乌·中国小商品指数"定期向全球发布，成为全球小商品生产贸易价格变动的"风向标"和"晴雨表"。义乌小商品市场成功发布了全国首个市场信用指数，并被国家工商总局授予首家"全国市场信用分类监管示范市场"称号。

二　三产协同发展，现代服务业正成为义乌新的经济增长点

近年来，义乌按照服务市场、服务产业、服务生活的要求，大力发展会展、物流、金融、旅游等现代服务业，推进一、二、三产业协同发展。2007 年，义乌三次产业比重为 2.8∶46.1∶51.1，服务业已占到义乌经济总量的半壁江山。

1. 依托市场培育品牌展会

市场与展会互动的良好展览环境，吸引了众多的国内外知名展览机构到义乌办展，展会数量、档次、影响力逐年提高。目前，义乌共有小商品博览会、文化产品博览会、森博会等 40 多个与本地产业高度关联的专业展会。其中，经国务院批准，由商务部和浙江省政府主办的中国义乌国际小商品博览会，每年一届，设国际标准展位 4000 个，已成为继广交会、华交会后的全国第三贸易类展会。

2. 依托市场提升拓展现代物流业

20 世纪 80 年代末，围绕市场大力发展以商品运输为主的联托运行业，共有国内货运经营单位 600 家，可直达除台湾省以外的国内 250 多个大中城市，使义乌成为全国小商品流通中心。21 世纪，通过加强现代物流业发展规划，建设国际物流中心等，引进了 17 家全球知名货运代理、船运公司，与宁波港、上海港实行跨关区一站式通关，全力打造国际小商品流通中心。义乌被浙江省政府确定为全省三个"大通关"建设重点之一，全省重点培育的四大现代物流枢纽之一，"内陆港"功能凸显。

3. 依托市场发展购物旅游

义乌没有知名的风景名胜区，但是，近年来义乌独辟蹊径，充分利用全球最大的小商品市场这一优势，大力发展购物旅游。近 3 年来，国际商贸城客流量年均增长达 30% 以上，2007 年国际商贸城购物旅游中心共接待游客超过 500 万人次，其中境外游客达 30 万人次，被评为"全国首家 4A 级购物旅游景区"，购物旅游成为义乌的新

名片。

4. 培育发展区域金融中心

义乌发挥经济高增长、银行低风险、金融生态好的优势，吸引了众多的国内外金融机构进驻义乌。目前，义乌已有各类金融机构 26家，深发展、兴业、浦发、中信、交通等各类股份制商业银行相继在义乌设立分行。

三　贸工联动，加快建设国际性小商品创造中心，产业集群趋势明显

近年来，义乌市场之所以能够长盛不衰，就在于义乌没有孤立地搞专业市场建设，而是在推进"兴商建市"的同时，充分发挥商贸资本雄厚、市场信息灵敏、经商人才众多等优势，积极实施"以商转工、贸工联动"等策略，坚持走新型工业化道路，推进自主创新和节能降耗，建立了与专业市场紧密联动的工业产业体系。目前，义乌共有各类企业 1.6 万余家，形成了"小商品、大产业，小企业、大集群"的制造业发展格局。

按照建设先进制造业基地的要求，大力发展低能耗、无污染、优势明显、市场关联度大的产业和产品，形成了针织袜业、饰品、工艺品、毛纺、化妆品等 20 多个优势行业，其中饰品产量占国内市场份额的 65% 以上、袜业占 35% 以上、拉链占 30% 以上，涌现了新光、梦那、伟海等一批行业内的全国乃至世界"单打冠军"、"团体冠军"。义乌先后被授予制笔、化妆品、无缝针织服装、工艺礼品等 10个国家级产业基地称号。

第三节　村落的区域文化背景

发人深思的是，同其他地方相比，义乌在发展的初始条件上并不占任何优势。义乌境内土地资源、矿产资源、淡水资源等自然资源稀缺；义乌既不沿边也不沿海，无任何区位优势可言；义乌也不是经济特区，没有相应国家特殊政策的扶持，更没有来自上级政府的资金支持。正如时任中共中央政治局常委、国家副主席习近平同志所言，义乌这个地方能够创造经济社会发展的奇迹，确实是有些"莫名其妙"。探究义乌经济社会发展深层次的原因，恐怕还得从本地区特有的区域商业文化基因入手。

义乌有深厚的商业文化传统。宋代开始，义乌就有"鸡毛换糖"的商业活动，进入清代，"鸡毛换糖"形成了很有气候的"敲糖帮"。这种商业活动的精髓，是讲究诚信待人和敢为人先的精神。

义乌经济社会快速发展的背后，深刻蕴含着千百年来沉淀在义乌社会生活中的商业文化，以及这种文化中蕴含的商业精神。我们讲商业文化，主要是指商品在流通领域所表现出来的具有商业特质的文化现象。商业文化包括商品品牌文化、商品营销文化、商业环境文化、商业管理文化等。我们讲商业精神，主要是指在商业活动中作为活动主体的人，在商品流通领域作为活动主体所表现出来的思想风貌。

探究义乌商业起源，我们可以追溯到义乌发现的春秋时代的 13 口古井。古时"井"与"市"密切相关，有"井"必有交易的"市"场，市井交易是春秋时代商业发展的标志，从这里可以看出义乌当时市井交易已经具有相当规模。但是，对义乌商业文化产生重大影响的还是在宋代。如果说宋代"鸡毛换糖"和清代逐渐形成的"敲糖帮"商业活动，奠定了义乌现代小商品市场的基础，那么宋代浙江学人学术思想对义乌商业文化的影响，则是奠定了义乌现代商业精神的根基。浙江学人们"士农工商，此四者皆百姓之本业"，否定"重农抑商"的传统经济理念，是宋代商业活动的精神动力。南宋时期，以吕祖谦为首的金华学派、以陈亮为首的永康学派和以叶适为代表的永嘉学派，反对"空谈理论"，推崇"关注现实"，讲究"注重实效"，提倡"务实重商"，主张"义利并举"，这种学以致用的济世思想，义利并举的功利取向，工商皆本的经济意识，公私兼顾的价值立场，孕育出义乌独特的商业文化和商业精神。

闯荡天下的义乌"敲糖帮"，历尽千辛万苦，生意做出花样，由单纯的"鸡毛换糖"变成了兼卖或交换小商品的货郎担。换糖人逐渐变成提篮小卖、长途贩运、街头设摊的商品经销人。在恶劣的自然环境里为自身生存而长期挣扎的义乌人，认识到一个简单的道理，不出去"敲糖"家里的日子没法过，出去"敲糖"可养活一家老小。出于生存竞争的需要和改善生活的愿望，义乌人逐步树立起不以小本营商为贱、为苦的人生理念。外出闯荡市场的意识，捕捉商业信息的敏感性，在义乌人心中深深扎根，变成义乌人血肉身躯中的"商业文化基因"。

第四节 村政的沿革

对于村政的沿革，我们应该从小传统和大传统两个角度来梳理与分析，前者从乡村社会自身角度来着手，而后者则是放在村庄与更大范围的"大社会"和国家之间的关系来考察。例如杜赞奇对中国华北农村的研究主题是国家政权的扩张对乡村社会权力结构的影响，主要问题是：国家的权力和法令如何行之于乡村？它们与地方政府组织和领袖的关系如何？国家权力的扩张如何改造乡村旧有领导机构以推进新政策？杜赞奇使用"权力的文化网络"概念来说明国家政权与乡村社会之间的互动关系。因此，研究村落必须关注国家政权的影响，研究国家与地方相互关系的变化。

传统中国，国家力量止步于乡土社会，即县以下的乡村属于自治的社会，而从晚清开始，由于实行新政，这种力量开始延伸与渗透到乡村社会，到了 1949 年以后得到前所未有的强化，这是史学家们普遍的看法，尽管对此还有稍稍的分歧。戴维·莫金戈（David Mozin-go）和倪志伟（Victor Nee）的说法恐怕最为典型："在'中华'帝国时代，地方与国家的权力关系是由士绅进行调节，士绅把政府的地方行政（最低一级的政府）与地方社会联系起来。封建帝国并没有能力直接把它的权力贯穿到地方社会，当时中央与地方的关系十分微弱，而且地方具有相当大的独立性。在社会主义时期，国家在地方上建立各种各样的组织，使其自身能够与地方的社会和经济过程联结起来。国家对村落的组织性渗透，使国家能够充分地利用村落的人力和生产资源。更为重要的是，它提供了一种渠道，使得国家有可能在村落里推进社会变迁。"① 七一村的村政历史也是如此。

国家政权的渗入农村、农民被组织化起来首先来自土改。中国乡村的土改其意义并非只是经济上的所谓实行"耕者有其田"，相反，更大程度上凸显了政治上的后果，那就是瓦解与"封建家长制"相伴的社会关系（地方社会就是通过这些关系而组成复杂形态的），并以重新组织的、阶级分明的结构取而代之。据《义乌县志》记载，七一村所在的义乌市（县）于 1950 年 10 月开始着手土地改革，1951 年 7 月完成。1950 年 6 月 10 日，金华地委召开扩大会议，布置 6 月份和 7 月份工作，明确指出积极做好土改准备工作。20 日，义乌县委在《关于执行地委六月扩大会议精神任务的指示》文件中强调：统一认识地委扩大会议的基本精神和方针，发动群众、整理自己，打倒封建势力，消灭土匪，保证生产，为土改做准备。28 日，中央人民政府委员会第八次会议通过《中华人民共和国土地改革法》。7 月 7 日，中共中央华东局下达了《关于土地改革的指示》。7 月 28 日，义乌县委向金华地委提交报告，决定土改前的准备工作——土地整理于 8 月 15 日全部完成。11 月 15 日，义乌县委制订出《义乌县土地改革计划（草案）》，决定 16 日后在县委土改试验乡——前洪乡和地委帮助的宗塘乡先开展试点，在试点乡取得土改经验的基础上，逐步全面铺开，要求在翌年春 3 月底前完成 90% 以上地区的土改任务。义乌的土地改革运动分准备（土地整理）、试点、铺开和发证 4 步进行。在县委派出的土改工作队全体成员和当地政府、农会、广大贫雇农和中农的努力下，全县土改工作于 1951 年 7 月胜利结束。②

在义乌，第一个影响村政的是与农业互助合作化运动相关联的合作社组织。1950 年 4 月 17 日，县委副书记刘胜洲在县委召开的分区书记扩大会议上就提出了"发动群众，自愿互利，劳力互助，牛力互助，种子口粮互助，解决生产困难"的互助合作口号。继而，县委引

---

① 转引自王铭铭《溪村家族——社区史、仪式与地方政治》，贵州人民出版社 2004 年版，第 93 页。

② 资料来自于中共义乌市委党史研究室的《义乌的土地改革运动》。

导农民通过创办临时性、季节性互助组、常年互助组到具有半社会主义性质的初级农业生产合作社，再到完全社会主义的高级农业合作社的逐步过渡方式，走出了一条由点到面、由小到大、由临时性到综合性、由农业集体劳动到综合性合作社的农业互助合作之路，使义乌县于1956年基本完成了农业的社会主义改造任务。综观义乌的农业互助合作化运动，大致可分为"互助组"、"初级农业生产合作社"和"高级农业生产合作社"三个阶段。1950年5月21日，义乌县第一个互助组成立，柳和乡柳一村杨可喜等农户自愿结合，组织起来进行生产互助，成立了七一村变工互助组，开创了义乌县互助组的先河。6月2日，经地委研究决定并报省委批准，同意义乌县成立东河区人民政府，下辖夏桥、东河、喻宅、杨梅、前洪、五星、何鲤、横塘、五塘9个乡。6月8日，区人民政府改称区公所，乡公所改称乡人民政府。①

　　新中国成立前，七一村田少人多，人均约5分水田、3分旱地，水稻亩产300斤左右。所以，年年都有不少人离乡背井，为谋生而浪迹天涯。1949年之后的中国，国家权力深入到中国的千千万万个村落，广大农民被高度组织起来，并且生产与生活高度统一，内部有机联系的村庄以便于管理的原则被分割成若干生产小队（生产小组）。七一村也不例外。据《义乌县志》记载，七一村所在的义乌市（县）于1950年10月开始着手土地改革，1951年12月最后完成。根据当时东河二村农会1951年上报县政府的统计资料表明：七一村的前身东河二村共有农户120户，总人口529人，总田地792亩，房屋304间，划为地主成分的有5户，富农成分的1户，小土地出租的3户，其他农户皆为贫农、雇农和中农。每人平均分田地1.497亩。但是，落后的生产力和经济条件制约了生产的进一步发展，所以农民开始自发地走上了互助合作的金光大道，组织了许多互助组。1954年，何关林、何恃金、何关海组织了七一村第一个初级合作社——"联民合作社"。1956年，联合"五一"、"六一"、"七一"、"横山"几个初

----

① 资料来源于中共义乌市委党史研究室所撰写的《义乌的农业互助合作化运动》。

级合作社，成立了东河高级农业合作社。翌年秋，再与殿口、双溪、井头馀、枫溪、八一、塘下郑联合成立"东河联社"。

第二个影响村庄行政的因素是人民公社制度。在人民公社组织体制下，家户劳动被联合劳动所取代。公社制度试图对传统的社区、家族认同加以取消，大队和生产小队的制度是为了使原来的家族和聚落改造为国家统一管理的生产和工作单位。这种集体化运动不仅改变了经济领域中的生产方式和分配方式，也是对传统社会关系网络和社区互助的排挤，创造了新的社会原则。原先以年龄辈分、家族内聚为原则的交往模式在一定程度上转变为新型的生产者和公民关系。1958年 8 月 27 日，县委批准由佛堂、田心、王宅、稽亭、石壁等乡的 43个合作社合并而成的义乌第一个政社合一的人民公社——佛堂人民公社成立。9 月底，全县实现"公社化"，新建人民公社 7 个，生产大队管理区 63 个。人民公社实行政社合一，工农商学兵一体化；取消自留地，兴办公共食堂；按照"一大二公"的要求，无偿调用土地、农具和物资，实行组织军事化，生产"大兵团作战化"，分配上"吃大锅饭"。1958 年，稠城人民公社成立，东河联社解散，七一大队下辖 7 个生产队。1959 年 3 月 23 日，县委转发了省委《关于整顿人民公社的十项规定（草案）》。根据具体情况，分别以公社、管理区、生产队制定出了具体整顿事项，解决了核算单位、计酬方法等重要的体制问题，实行"三级（公社、管理区、生产队）核算、队为基础"，人民公社生产资料所有制由基本社有制改为基本队有制，解决了权力下放问题。同时开始清理账目、算账退赔，纠正"一平二调"（一平为平均主义，二调为无偿调拨劳力、资金）的错误。修正了包产指标，落实了包工、包产、包成本和超产奖励的"三包一奖"制。1961 年 7 日至 12 日，县委召开扩大会议，对公社、大队、生产队规模作了较为深入的讨论，一致认为生产队以 15 户左右为好。并且将11 个人民公社改编为区，78 个管理区调整为 71 个人民公社（其中三个县属镇人民公社，一个县属农村人民公社），812 个生产大队调整为 1178 个大队，4810 个生产队调整为 6330 个生产队。区设区委和区公所及团、妇联等组织，公社设公社党委、公社管委会和监察委员会。原属义乌范围的 6 个公社划分为 45 个公社，464 个生产大队调整为 713 个大队。1962 年春，又将当时 727 个生产大队的核算单位调整为 4692 个生产队核算单位。①

第三个重要的因素就是人民公社体制的解体与村民自治制度的确立。1982 年 10 月 15 日至 17 日，县委召开全县大队支部书记会议，主要议题是全面落实山林和多种经营联产承包责任制，部署农村工作。1983 年 2 月 22 日至 3 月 2 日，县委召开全县三级干部大会，会议围绕"立志改革"这个主题开展讨论。县委书记谢高华在讲话中指出："要清除'左'的思想影响，联产承包制要长期不变，作为一项制度定下来；要发展和完善生产前、生产中、生产后的专业化、社会化的服务公司；努力发展商品生产，使国家和农民都尽快富起来；认真搞好公社的体制改革，政社分设。" 8 月 20 日，以县委、县政府名义发出《关于政社分设若干问题的意见》。《意见》提出："除已批准分乡外，都以社建乡；村的规模，一般以大队建村，不再拆并。对个别规模过大、居住分散、群众生产和生活很不方便或者自然条件差别很大的大队，如果多数干部、群众坚决要求调整，应按照规定报经批准，允许调整规模。乡一级的经济组织全县统称'工农商联社'，大队、生产队两级经济以不动为宜。大队一级，行政上建立村民委员会。"

第四个因素是村落成为社区。2000 年 3 月 30 日，根据浙政发 [1999] 314 号和金政发 [2000] 15 号文件精神，义乌市政府下发义政 [2000] 34 号《关于调整部分乡镇建制的通知》的文件。决定对部分乡镇建制做出调整。2001 年 1 月 10 日，义乌市人民政府办公室下发义政办 [2001] 15 号《关于行政区划调整会议纪要》的文件，2001 年 3 月 20 日，根据浙政函 [2001] 326 号《关于义乌市行政区域调整的批复》和金政发 [2001] 22 号《关于义乌市行政区划调整的通知》的文件精神，撤销稠城、稠江、江东、后宅、毛店、吴店、楂林、荷叶塘、下骆宅、东河、夏演、东塘、塔山、倍磊 14 个乡镇，设立大陈、苏溪、廿三里、佛堂、赤岸、上溪、城西、义亭 8 个镇和

---

① 资料来源于中共义乌市委党史研究室编写的《义乌大事记》。

稠城、北苑、稠江、江东、后宅 5 个街道办事处。将原夏演乡、东河乡重新组合，并将原稠江镇官塘办事处的何泮山行政村划入，称城西镇，共辖 47 个行政村。2003 年 12 月 11 日，义乌市人民政府下发义政〔2003〕157 号《关于行政区划调整的通知》的文件，根据《浙江省人民政府关于义乌市部分行政区划调整的批复》（浙政函〔2003〕187 号）文件精神，撤销廿三里镇、城西镇建制，设立廿三里、城西 2 个街道办事处。城西街道办事处，所辖范围为原城西镇的行政区域，共 47 个行政村。①

表 1 - 2 和表 1 - 3 分别是七一村村政的历史沿革和村庄各时期的主要领导人。

表 1 - 2　　　　　　　　　　　七一村行政沿革

年份	组织名称	上一级政府
1949 年前	东河村	香山乡
1949.5	东河村	香山张村公所
1950.6	东河村	东河区东河乡
1951.11	东河第二村政委员会	东河区东河乡人民政府
1956.2	东河第二村政委员会	东河乡人民委员会
1958.11	东河大队管理区东河生产队	稠城人民公社管理委员会
1961.11	东河生产大队	东河人民公社
1962.11	七一村生产大队管理委员会	东河人民公社
1969.3	七一村生产大队革命领导小组	东河人民公社革命委员会
1979	七一村生产大队管理委员会	东河人民公社管理委员会
1983.7	七一村生产大队管理委员会	东河乡人民政府
1984.7	七一村村民委员会（东河二村）	东河乡人民政府
2000	七一村	城西镇
2002	七一村	城西街道办事处

---

①　资料来源于蒋永宝《1988 年 1 月至 2007 年 12 月间义乌市（县）行政区划的调整》。

表1-3　　　　　　　　　七一村各时期主要领导人

年份	姓名	主要职务	文化程度	上一级行政	成分
1949.8 — 1951.11	何润忠	村政主任（二村）	小学	东河乡政府	贫农
1949.8 — 1951.11	何永浩	农会主任（二村）	小学	东河乡政府	贫农
1950.10 — 1953.8	何樟达	农会主任（三村）	小学	东河乡政府	贫农
1950.10 — 1953.8	何国秋	村主任（三村）	小学	东河乡政府	贫农
1951.11 — 1958.10	何润忠	村政主任（二村）	小学	东河乡政府	贫农
1958.9 — 1961.1	何恃能	村政主任	小学	东河乡政府	贫农
1962.1 — 1969.3	何恃金	大队长（七一村）	小学	东河乡政府	贫农
1969.3 — 1979.3	何恃金	革命领导小组组长（七一村）	小学	东河乡政府	贫农
1980.12 — 1984.7	何关林	大队长（七一村）	小学	东河乡政府	
1984.7 — 1987.8	何恃熊	村委主任	高中	东河乡政府	
1987.8 — 1993.7	何留光	村委主任	小学	东河乡政府	
1993.8 — 1999.7	何春建	村委主任	初中	城西镇政府	
1999.8 — 2000.6	缪海生	村委主任	初中	城西镇政府	
2000.6 — 2001.12	龚美弟	代主任	初中	城西街道办事处	
2001.12 — 2004.11	龚美弟	村委主任	初中	城西街道办事处	
2004.12 — 2008	何仲连	村委主任	初中	城西街道办事处	

　　自村民选举以及村民自治推行以来，地方权力格局、领导阶层的策略以及风格发生了显著的变化。随着20世纪80年代人民公社的解体和村民自治制度的推行，四种组织形式开始成为农村生活的重心：村党支部、村民委员会、村民大会和村民代表大会、经济合作社。这四个组织形态构成了农村权力的基本格局。在这里我们通过表1-4来解释这些组织的权力本质、来源、产生途径和权力基础。新中国成立前，七一村的前身东河村并没有成立单独的党组织。直到新中国成立后，1956年，七一村才开始成立第一个党支部。现在的农村，党的政治地位仍是极为重要的，而村支书则是党组织中的关键性人物。

　　根据法律，村民大会是农村中最高政策制定机构，并通过对所有村庄事务进行投票的方式来实现这种决定权。但是，由于规模因素以及不断增长的人口活动性，要把所有成年村民集中起来并对某一事件做出决定是难以实现的。对大部分村庄来说，村民代表大会自然地成为了更具现实意义的决策机构。从理论上来讲，这一机构应对事关村民生活的重大问题进行决策，并监督村委会对这些决策的执行情况。村委会的成员由村民选出，并负责执行村民代表大会的决议。村党支部、村委会和村民代表大会这三个组织是正式的政治组织。

表1-4   七一村党组织历史沿革

年份	组织名称	上一级党组织	书记	党员人数	成分
1956.1 — 1958.10	东河村	东河乡党总支	何樟兰	20	贫农
1958.10 — 1962.1	东河村	东河公社党委	何关贤	23	贫农
1962.1 — 1970.7	东河村	东河乡党委会	何关林	25	贫农
1970.1 — 1981.4	七一村	东河乡党委会	何恃森	30	贫农
1981.4 — 1987.8	七一村	东河乡党委会	何恃金	35	
1987.8 — 1998.8	七一村	城西街道党委会	何恃熊	43	
1998.8 —	七一村	城西街道党委会	何德兴	59	

经济合作社在许多村庄中都只是名义上的，据说它之所以得以创立是为了促进同外界的经济联系。总的来说，村支部书记是经济合作社的领导者。在一些地区，特别是沿海地区，一些村庄通常形成比如工业和商业合作社的经济组织，这些组织主要从事经济活动和控制村集体财产，通常为村主要领导人所掌控。

除了上述的组织形式之外，村庄里的正式组织还包括共青团支部、妇联、民兵组织等（图1-3）。这些组织的领导人和主要成员都是农村地区的农民精英和"农民政治家"。

第五节　社会经济生活

七一村在历史上是一个典型的农业村，主要盛产稻谷和享有"义乌红糖"盛誉的原料"甘蔗"，同时还种植小麦、大豆、红薯和马铃薯等杂粮。新中国成立前，七一村田少人多，人均约5分水田3分旱地，水稻亩产300斤左右。所以，年年都有不少人离乡背井，为谋生

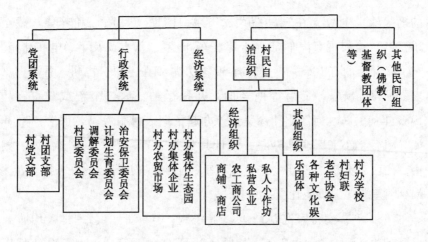

图1-3　七一村的组织结构

而浪迹天涯。土改时期，人年均口粮约 500 斤，但是，1958 年兴办人民公社后，集体所分配的年均口粮不到 300 斤。土改时期，七一村人均耕地面积约 1 亩，尽管自此以后人口不断增加，但因为水利条件的改善而扩大了部分耕地，到 1982 年实行家庭联产承包责任制之时，七一村人均耕地面积还是 1 亩。但是到 20 世纪末因国家建设的需要，村庄的土地逐年被征用，到 2004 年，全村只有 200 亩，人均耕地面积 0.16 亩。

村级工业开始于 20 世纪 60 年代初期，村里办有小型碾米厂。真正的家庭工厂从 80 年代开始。人民公社这种生产关系逐渐暴露出它的许多弱点，成了生产力持续发展的障碍。1981 年秋，实行土地承包责任制，得到了广大农民的拥护。后来事实证明，土地承包责任制解放了农村劳动力，不仅为农业经济的发展打下了坚实的基础，更为后来的改革开放提供了宝贵的经验。几千年来，被小农经济束缚的农民，开始挣脱土地的枷锁，走出农村，走向城市，走向世界。老书记何关林是七一村第一个"敢吃螃蟹的人"，1981 年办厂，失利后又经商，最终抓住商机办托运部，在短短的几年内便成了七一村第一个富裕起来的人。紧跟上来的是何德兴，也办起了托运部，并且成为全村的首富，在 1998 年被选为新一届村支书。这两位新老村支书，成了七一村的两面旗帜，也是带领全村村民奔小康的领头人。在他们的带领下，村民们有的办厂，有

的搞运输，少数人在家种蔬菜、田藕、糖梗（甘蔗）和养猪。截至
2008年，全村现有汽车68辆、摩托车56辆，基本普及了彩电和冰箱。
在义乌开店的有106家；先后有30多人常年在上海、杭州、香港、深
圳、广州、新疆、云南等地经商、办托运站、承包工程或教书。从
1983年何关林、何恃熊和徐美云等办起了七一村第一家"服装厂"开
始，随后"小工厂遍地开花，难计其数"。80年代末，来自江西、湖
南、广西、贵州、四川、安徽、河南、山西和陕西等地的外来打工者逐
渐到村里打工，女工比男工多。

　　1982年，实行家庭联产承包责任制，几年后，七一村人均收入
已经超过千元，到1987年人均收入达到1850元，20世纪90年代以
后，村干部大力支持村民从事非农产业；到1998年七一村从事工业、
商业交通运输等行业的人占本村人口的10%，人均收入达4300元。
进入21世纪后人均收入达5500元，私人拥有各类汽车80多辆；
2002年人均收入达5900元，2003年人均收入达6800元，2004年人
均收入达7000元，生活基本上达到小康水平。表1-5是通过问卷调
查得来的2006年七一村家庭收入情况。数据表明，七一村近一半的
家庭年收入在五万元以上。另外，我们调查也发现，七一村村民收入
的结构发生了巨大的变化。表1-6是通过问卷调查得到的2006年七
一村家庭收入结构情况。数据表明，七一村24.2%的家庭2006年收
入为经商所得，列为第1位，列第2、3、4位的分别为分红、工资和
办厂所得，而务农的收入只有2.1%，足见七一村经济结构的变化。

表1-5　　　　　　　　　2006年七一村家庭收入情况

收入（元）	频数	百分比（%）
上层（50000以上）	84	49.7
中上层（30001—50000）	26	15.4
中层（20001—30000）	21	12.4
中下层（10001—20000）	5	3
下层（10000及以下）	33	19.5
合计	169	100

表 1 - 6　　　　　　　2006 年七一村家庭主要收入来源分布

收入来源	频 数	百分比（%）
分红	37	19.1
工资	34	17.5
办厂	30	15.5
经商	47	24.2
打工	4	2.1
房租	6	3.1
养殖种植业	8	4.1
务农	4	2.1
手工业加工	11	5.7
国企工人	1	0.5
司机	4	2.1
修理	1	0.5
服务	2	1
退休金	5	2.6
合计	194	100

　　七一村集体经济的发展可以用 8 个字来概括："养鸡生蛋"，品牌经营。

　　七一村利用距义乌城区仅有 6 公里的优势，抓住农村城市化机遇，引进股份制，村民以土地入股形式参股，共享发展带来的成果。七一村还投资 260 万元，建造了东河综合市场，连片开发市场周边临街店铺，大力发展第三产业，全村 50% 以上的村民经商，集体经济不断壮大。每年年终，七一村将市场、临街店铺租金收入以股金分红形式下发给村民，村民人均年收入从 1997 年的 3700 元增加到 2005 年的 8600 元。从表 1 - 7 中我们可以了解到七一村近 8 年来村集体资产的基本情况。数据表明，2001 年，村集体资产只有 14208.05 元，经过 7 年的努力与经营，村集体资产增加到 3164939.42 元，发展迅速。

表 1 – 7 　　　　　　　　　　七一村 2001—2008 年经济发展情况

年份	人均收入（元）	集体资产（元）
2001		14208. 05
2002	4749	14321436. 79（其中旧村改造区位招投标所得资金 11205265）
2003	4953	17917496. 2（其中旧村改造 4180921. 13)）
2004	5158	12636419. 33（其中征地费所得 11375572）
2005	8188	4445825. 99（其中征地费 1477518）
2006	8230	5444465. 26
2007	11629	23369039. 62（其中旧村改造 19980000）
2008	12118	3164939. 42

　　民以食为天，土地是民生之本，发展之基，财富之母。出西门最富数东河，自古以香山名闻稠州，名吃东河肉饼飘香千里，"柳青屋，东河谷"的顺口溜足以证明东河的富足。随着城乡一体化的推进，2001 年市政府征用了七一村一大批土地，土地资源日益减少。

　　七一村有农户 420 户、1128 人，其中 70% 在外经商，10% 是种植大户。针对土地抛荒严重的现状，为了让在外经商的村民安心，在全村党员、村民代表会上，何德兴书记激情洋溢地说，土地是我们农民的最大资源，如果闲置荒废，那将是对资源最大的浪费。土地流转入股分红不是生产合作社的复旧，而是新农村建设的提升过程中的一种有效载体。

　　经过深入调研，在征得全村村民同意的前提下，七一村将土地、池塘、山林实行统一流转，全部收归村集体所有，再由村集体经营，村民以土地入股，实行年终分红。这一举措见效很快，当年每人就有了 1000 元的分红。

　　在旧村改造过程中，对于地基的分配问题，如果按照传统的"抓阄"抽签分房的做法，公平是公平，但这只是形式上的公平。何德兴书记提出，要用市场化手段来操作，村民可以缴纳一定数额的"选位费"优先选位，而选位费则可用于解决基础设施配套的资金，由此减轻贫困村民建房分摊的费用。"选位费"方案在村民代表大会一提出，立即得到了村民们的一致认可，并得到通过。首期"选位费"

便筹集了资金 260 万元。在第二期建房时，"选位费"从首期每平方米最高 660 元猛增到了 13800 元，筹集了 1500 多万元。"选位费"让经济能力较强的村民选上了心目中理想的房子，经济条件较差的村民则以较低成本入住了新房，村民们心服口服，各得其所，人人满意。

对于选位费的使用，有的村民提出应该平分给每一个村民，可是何德兴却想出了"借鸡生蛋"发展集体经济的方法。经过村民大会讨论通过之后，2002 年从 260 万元选位费中拿出 200 万元做投资，在村中心建立起占地 6000 平方米的"东河综合市场"，并于当年 12 月 16 日正式开业。市场建立后，由村党支部副书记何春建分管，由何悟建、何茂远、何余益、何关秋、何恃来和何良椿 6 人具体管理。市场内有店面 14 间、固定摊位 600 多个，还有大片水泥空地供赶集者设置临时摊位。市场周围是本村村民新建的楼房，室内宽敞明亮，清洁卫生，设备齐全，交通方便，除去自己需用的外，还可出租给外地来办厂、经商、打工人员使用。每逢农历三、六、九集日，除本地区赶集人员外，还有来自省内各地和江西、安徽、河南等地的各路客商，人山人海，热闹非凡。

市场分东、西两半区。西半区是农贸市场，建有钢架雨棚，设鲜肉、蔬菜、家禽鲜蛋、粮食油料、水产海鲜等专门店面。东半区设南北杂货、服装鞋帽、布匹针织、餐饮器具五金等各种农副产品。市场内外，各种物资应有尽有，一派繁荣昌盛的景象。市场内年收摊位费 50 万元左右，每年上交村委会管理费 4 万—6 万元。市场贸易的繁荣，也给周边村民带来了可观的经济效益。

此外，除了东河综合市场这只会"生蛋"的"金鸡"之外，七一村还整合了土地资源建立融观赏和生产于一体的农业生态园——"藕博园"。一年三熟的田藕是东河农业的拳头品牌，"东河田藕"已经走上了全国各大城市的餐桌，2006 年，不满现状的何德兴又提出农业要走科技、生态、绿色环保之路的设想，建起了一个集科研生产、生态休闲、旅游观光为一体的农业生态园——"藕博园"。何德兴书记向我们介绍说，"藕博园"由村里土地集体安排，市场分工，土地流转分红，每人每年 1000 元。"藕博园"内硬件全部由村里建造好，让人来承包。现在承包商报名的人很多，每天来参观的人也非常多。

如今，一幅"出淤泥而不染"的莲藕基地的规划图高高挂在村口路边，总投资为 1000 多万元建成国内第一个"藕博园"已经启动。不久后，这里将是全国精品莲藕的汇集地，既有专门长藕的藕莲，也有只长莲蓬的籽莲，还有只开花不结果的花莲，市民将不再需要为了观赏不同的莲花奔走各地，"东河田藕"除了"食用"标签，还将增加一个"观赏"标签。

七一村集体经济还充分运用品牌效应，走品牌经营之路。

2006 年，七一村同遂昌县的贫困村——云峰镇潘坞村结为帮扶对子。机遇总是偏爱有准备的头脑，财富也如此，嗅觉灵敏的何德兴在多次走访中发现，潘坞村有从事布鞋加工的传统，潘坞布鞋曾是皇家贡品。他顿时眼前一亮，寻到了商机。为了尽最大可能帮潘坞村脱贫致富，就采用项目对接的办法，发挥他们一技之长，委托潘坞村村民加工手工布鞋，由七一村提供样品信息和经销。加工后的布鞋贴上"七一"商标后，每双布鞋价格达 148 元，双方走上了双赢之路。现在的潘坞村家家户户做布鞋，成了名副其实的布鞋村，2007 年共销售了 1800 余双，经济收入有了大幅度提高。七一村也从中获得了不菲的收益。

除了"七一牌"布鞋，何德兴书记现在又带动七一村村民正在创建"七一牌"西红柿等"七一牌"农副产品。"借鸡生蛋"和品牌经营，使七一村的集体经济迅速发展，规模不断扩大，给村民们带来了实实在在的利益，也使得村财政急剧增加，大大加快了七一村的发展速度。

本书附录 1、附录 2 清楚地罗列了七一村村落的基本情况。

第二章　人口与阶层

权力结构与人口、阶层状况有着密切的关联。改革开放的 30 年是中国农村社区分化的 30 年，在那里村民被逐步地分化成具有不同社会地位与政治身份的阶层。由于市场化的变革，七一村的阶层结构发生了很大的变化，形成了一个以经济精英为主体的村庄治理精英群体，并且个人的职业与经济状况成为村庄分层包括在村庄的政治地位与社会地位的决定性因素。此外，由于村庄的开放性与非农经济的发展，由此吸引了大量的外来人口到七一村就业。村庄阶层结构的变化和外来人口的加入，从根本上改变了村庄多年来的同质性，而异质性大大地增强，这种异质性会直接或间接地影响村庄的权力结构及其运行。这种分化与村庄的开放性，是村庄新的权力结构与政治生态形成的社会基础。改革开放以来，七一村的人口，无论是数量还是结构都有重大的变化，阶层结构多元化，并且外来人口成为村庄成员的一个重要部分。

第一节　人口状况

表 2 - 1 是根据 1982 年第三次全国人口普查数据、1990 年 11 月第四次全国人口普查数据和 2000 年 11 月第五次全国人口普查数据等资料而得到的有关七一村人口的基本数据。

通过对表 2 - 1 的数据分析，我们可以得出如下一些结论。

表 2－1 七一村人口数据资料（常住人口）

年份		1982 年末	1990 年末	2000 年末	2008 年末
人口总数（人）		980	1002	1056	1128
家庭户数（户）		320	367	405	588
户均人口数（人）		3.0625	2.7302	2.607	1.9183
性别构成（人）	男	484	504	552	594
	女	496	498	504	534
性别百分比（%）	男	49.38	50.29	52.27	52.65
	女	50.62	49.71	47.73	47.30

第一，人口数量呈现逐年上升态势。在人口统计学上，人们一般用人口的自然增长率[①]来表示人口数量的增减情况。但是，缘于资料收集的困难，这里无法用人口自然增长率指标来对七一村 4 次人口普查情况做相应的统计分析，只能用人口的环比增长率来做分析。经计算可得，七一村 1990 年末人口普查总人数比 1982 年末人口普查总人数环比增长了 2.24%；2000 年末人口普查总人数比 1990 年末人口普查总人数环比增长了 5.38%；2008 年末人口普查总人数比 2000 年人口普查总人数环比增长了 6.81%。从这三组数据中，我们可以发现，七一村人口呈现逐年攀升态势，这与我国整体的人口增长态势一致。值得注意的是，在 1990 年末至 2000 年末这个时间段，七一村人口增长的速度特别快，环比增长率差不多是其他时段的 2 倍有余。

第二，家庭户数呈上升趋势。我们依然采用环比增长率这一指标来衡量七一村各人口普查时段家庭户数的增减情况。从表 2－1 中我们可以发现，在各人口普查时段，七一村家庭户总数绝对数量呈现逐年上升趋势，其中 1990 年末家庭户总数比 1982 年末家庭户总数环比增长了 14.69%；2000 年末家庭户总数比 1982 年末家庭户总数环比

---

① 人口自然增长率，是反映人口发展速度和制订人口计划的重要指标，也是计划生育统计中的一个重要指标，它表明人口自然增长的程度和趋势，指在一定时期内（通常为 1 年）人口自然增加数（出生人数减死亡人数）与该时期内平均人数（或期中人数）之比，一般用千分率表示。人口自然增长率 = 人口出生率 - 人口死亡率。

增长了 10.35%，较前一时段增长速度有所放缓；但出人意料的是，2008 年末家庭户总数比 2000 年末家庭户总数环比增长了 31.12%，这差不多是前两个时段的 2 倍还多。这可能与这一时段七一村开展的旧村改造工程有关，因为单独立户可以为村民带来更多的建房面积，可以带来更多的经济利益。

不得不指出的是，在家庭户数呈不断上升态势的同时，家庭户均人数却在不断的下降，其中 1990 年末比 1982 年末环比下降了10.85%；2000 年末比 1990 年末环比下降了 4.5%；2008 年末比2000 年末环比下降了 26.41%。众所周知，家庭成员规模的不断缩小同我国的计划生育政策有着密切的联系。

第三，男女性别比例不协调现象日趋严重。同全国很多地区一样，七一村也存在着男女比例失调的现象。但颇令人意外的是，1982 年末的时候，七一村还是女性稍占多数，超过了 50%。但这种局面在 1990年末时就被扭转过来了，男性已经超过了女性。到 2000 年末与 2008 年末人口普查时，男女之间的比例结构失调现象已经比较严重了。

表 2-2　　　　　　　　　1982 年七一村人口受教育情况

教育程度	文盲半文盲（识字少）	小学	初中	高中	中专以上
人数	197	422	247	68	3
百分比（%）	20.10	43.06	25.20	6.93	0.30

表 2-3　　　　　　　　　1990 年七一村人口受教育情况

教育程度	文盲半文盲（识字少）	小学	初中	高中	中专以上
人数	152	371	344	93	8
百分比（%）	14.87	36.99	34.33	9.28	0.70

上述表 2-2 与表 2-3 分别表达了七一村 1982 年与 1990 年人口受教育情况。从表中我们可以得知，同 1982 年相比，1990 年文盲半文盲的比例下降了 5.3%，小学文化程度的人群下降了 6.07%。这是一种可喜的变化，说明七一村村民的识字率在逐渐提升。当然，我们

更要看到这两个人群的比例加起来还是超过了50%，这说明我国农村村民文化素质的提升不是一朝一夕能够完成的。另外，我们还可以发现，同1982年相比，1990年初中文化程度比例人群有了较大幅度的增长，增幅达到了9.13%，这同我们国家大力实施的9年制义务教育政策紧密相关。另外，我们还要看到，在农村较高层次人才素质的比例还是很低的，无论是1982年还是1990年，大专以上文化程度的人员都还只是个位数。当然，令人可喜的是，1990年与1982年相比，高中以上文化程度的人群比例增长速度还是比较快的，达到了33.91%，大专以上文化程度人群比例增长速度更是达到了惊人的133.33%。2007年12月，我们在七一村所做的问卷调查数据也大体反映出七一村村民受教育的基本状况（表2-4）。这次问卷调查，其准确性虽然不能与大规模的人口普查同日而语，但是仍然能够反映出不少问题。比如，文盲（即未上过学的）人群在七一村人群结构中的比例有了大幅度的降低，同1990年相比，下降了10.51%，小学文化程度人群的比例下降了15.9%，初中文化程度人群的比例下降了0.8%，高中文化程度人群的比例则上升了10.2%，中专以上文化程度人群的比例则从0.7%上升到了13.82%。令人遗憾的是，我们在对七一村相关人口普查资料进行整理时，始终无法查寻到2000年和2008年这两次人口普查时受教育情况的数据。

表2-4　　　　　2008年七一村问卷调查人口受教育情况①

文化程度	个案数	所占比例（%）
未上过学	12	4.36
小学	58	21.09
初中	92	33.45
高中	55	20.00
中专以上	38	13.82
其他项（未填）	10	3.60
合计	265	100.00

① 表2-4、2-5和图2-1的数据来源于作者2007年2月在七一村所做的问卷调查。

通过图 2 - 1 综合对照显示，我们显然可以得出如下结论，随着 9 年制义务教育政策的深入实施，七一村村民的文盲与半文盲人群的比例数量在不断地下降，高中以上文化层次人群比例将占到 50% 以上。随着七一村村民物质生活的改善，村民们将越来越有能力和条件对子女的高等教育进行投资，大专以上文化程度的人群会显著增加。总之，随着时间的推移，七一村村民的文化素质会不断地提升，思想文化观念也会随之改变。

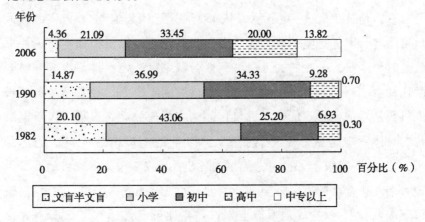

图 2 - 1 七一村人口受教育情况对照图

表 2 - 5   1982 年七一村人口年龄段分布情况表

年龄段	15 周岁以下	16—45 周岁	46—65 周岁	65 周岁以上
人数	121	481	316	62
百分比（%）	12.34	49.08	32.24	6.32

表 2 - 5 为我们展示了 1982 年七一村人口年龄段分布情况。在人口统计学中，通常用人口红利、人口老龄化等指标来衡量一个地区人口年龄结构情况。一般而言，人口负担系数小于或等于 50% 称为人口机会窗口期，也可称为人口红利期。在出生率下降初期，出生率下降速度快于人口老化速度，形成一个有利于经济发展的人口年龄结构——少儿抚养比与老年抚养比在同一时期内都比较低，并会持续较长一段时间。总人口"中间大、两头小"的结构，使得劳动力供给充足，而且社会负担相对较轻。年龄结构的这种变化将带来劳动力增

加、储蓄和投资增长、人力投资增加和妇女就业机会增加等，从而对社会经济发展有利，这段时期在人口学中被称为"人口机会窗口期"或"人口红利期"。就此而言，1982年无疑是七一村的人口红利期，当时15周岁以下人口数只占到总人口数的12.34%，65周岁以上人口数只占到总人口数的6.32%，两者相加只占18.66%，远低于50%。就此而言，完全符合人口红利期的基本特征。

　　虽然无法查寻到随后几次七一村人口普查各年龄段人口分布情况资料，但是基于表2-6所示，从1953年到1990年整个义乌市的人口自然增长率都是呈下降趋势，那么我们是否可以得出如下结论，那就是时至今日，七一村的人口红利期行将结束，将不得不步入人口老龄化社会。所谓人口老龄化是指总人口中因年轻人口数量减少、年长人口数量增加而导致的老年人口比例相应增长的动态过程。人口老龄化的具体标准是国际上通常把60岁以上的人口占总人口比例达到10%，或65岁以上人口占总人口的比例达到7%作为国家或地区是否进入老龄化社会的标准。事实上，从1982年那次人口普查中我们就可察端倪，七一村65周岁以上人口数量比例已经达到了6.32%，接近7%的老龄化社会的标准。

表2-6　　　　　　　义乌市人口指标综合比较分析

主要指标	1953年	1964年	1982年	1990年
年末总人口（人）	359893	420858	576494	620619
男性人口（人）	185541	216712	298634	322267
女性人口（人）	174352	204146	277860	298352
人口出生率（‰）	30.60	37.04	19.30	13.80
人口自然增长率（‰）	21.60	29.20	12.80	7.60
人口密度（人数/km²）	326	382	523	563

第二节　何氏宗族

　　按照国内外学界的公认说法，宗族在大陆农村的分布体现着不同的区域性特征，南方地区一般要比北方地区普遍。在中国南部，单性家族村庄是乡村社会的一个主要构成部分，这与中国历史上几次重要的中原向南部的人口政治大迁移有着直接的关系。当然，在村民自治条件下，宗族在农村社会权力结构分配中，其影响力在日渐消退还是显著增强，依旧是学者们争论不休的话题。

武雅士（A. P. Wolf）将中国汉人社会宗族的规模和内部结构归纳为9个特征、3种类型，后古迪（J. Goody）又做了进一步的概括，即类型 I，拥有共同财产（社团型宗族）；类型 II，拥有祠堂和墓地；类型 III，拥有族谱（非社团型）。①

在义乌的很多村庄，修族谱、建宗祠、修祖坟等宗族重建活动大有愈演愈烈之势，这在维系村落共同体族缘纽带的同时，也对农村政治势力均衡产生了一定的影响。正如上文所述，七一村在历史上归属于东河村，而东河村经历史演变，"何"姓已成为主要姓氏，也可以说是村内的主要家族。而后随着历史的变迁，先后有"龚氏"、"陈氏"、"李氏"、"楼氏"等家族先后迁入，但是其数量与规模都无法与"何氏"相提并论，"何氏"一直是七一村的主要姓氏，其他姓氏只是占一小部分的村庄人群。对于这一点，七一村党支部书记何德兴态度鲜明：为了不挑起"大姓"与"小姓"之间的矛盾，维护村庄社会和谐稳定，在七一村一不做"何氏"宗谱，二不修"何氏"宗祠。在他看来，宗谱与宗祠的修建是人为地制造何姓人群与其他姓氏人群之间的隔阂。为了保留七一村传统文化遗产，2005 年七一村组织村内的知识分子精英编写了《村志》。在《村志》中，不仅有村庄家族起源的考证，还记录了村庄政治、经济、文化的历史变迁。

七一村现有居民以何姓为主，约占全村人口的90%，其他还有10 姓：楼、傅、杨、于、陈、龚、李、金、林、缪，合百余人。始迁祖怡一公何文俊（十二世）于明正统年间（英宗朱祁镇）由西河迁入，至今已 32 代，550 多年。其他的姓氏陆陆续续迁入，不过何姓始终是七一村的主导。怡一公何文俊有 4 子，另继 1 子，4 子又分

---

① 转引自［日］韩敏《回应革命与改革：皖北李村的社会变迁与延续》，陆益龙、徐新玉译，江苏人民出版社 2007 年版，第 18 页。

成东河何氏大房祖、二房祖、三房祖和四房祖，成为东河何氏的祖源。何姓也分成好几派，而其他小姓村民就根据自己的利益而支持何姓中的某一派。楼姓、龚姓和金姓是清朝咸丰年间迁居东河，李姓和陈姓于清朝光绪年间迁居东河，杨姓、于姓、傅姓和林姓则于民国年间迁居东河，而缪姓家族则是新中国成立初期迁入。七一村的宗族关系是比较和谐和融洽的，但是村民们的宗族观念还是很强的。在村庄没有改制以前，五一村、六一村和七一村有一个公用祠堂，当时统称东河。后来分开了，七一村就没有了祠堂。有人曾提议建何姓祠堂，但是何德兴书记没有同意，并且还说服了其他村干部，由于村干部的集体反对，所以没有再建祠堂。后来又有人提议做何姓族谱，何德兴书记领头的村干部又集体反对，所以也没有做何姓族谱。当我们问何德兴书记，为什么要竭力反对造何姓祠堂和做族谱时，何书记回答说，不造祠堂和做族谱就是为了避免和消除族姓矛盾，由于何姓是大姓，如果造祠堂和做族谱，会让其他小姓村民感觉受到排挤，会造成何姓和其他姓氏的隔阂。东河何氏历代建有祖墓，从百一公开始到愫八十一公止，但是由于大跃进地改田，这些祖墓基本上被改为田地了。

第三节　村庄的职业和阶层

改革开放前，中国农村阶层简单并且村庄成员内部同质性程度高，分化不明显。当然，村庄成员之间还是存在着地位差异，但是差异主要来自政治身份，由于政治地位的不同而形成一个阶级，即农民阶级；三类人，一是干部，二是普通村民，三就是"黑五类"之类的阶级敌人。据《义乌县志》记载，七一村所在的义乌市（县）于1950年10月开始着手土地改革，1951年12月最后完成。1951年东河二村的农会上报县政府的统计资料表明：七一村前身东河二村共有农户120户，总人口529人，总田地792亩，房屋304间，划为地主成分的有5户，富农成分的有1户，小土地出租的3户，其他为贫农、中农和雇农。

农村的分化开始于家庭联产承包责任制，而阶级成分的废除为农村阶层的政治身份的变化提供了政治前提。20 世纪 80 年代初以来，人民公社体制下高度同质性和均等性的社会平衡因改革开放而被打破了，农民在谋生手段、经济水平、社会经验、价值观念、个性心理等方面都出现了分化，形成了不同的阶层与利益群体。有学者将农村的阶层分为 8 个阶层：农村基层干部、集体企业管理人员、乡镇集体企业工人、农业劳动者、个体劳动者、智力型自由职业、私营企业主和雇工。①

像其他发达地区的农村一样，改革开放以来，七一村的结构单一性发生了巨大的变化，而七一村阶层分化的内在根源在于"非农民化"与城镇化，主要表现为村庄社会成员的职业分层结构发生了根本性变化，形成了非农性的村庄社会成员结构。在七一村，绝大多数村民已由农业劳动者变为从事第二、第三产业的非农劳动者。由于村庄内部成员的分化，造成利益关系发生了巨大变化，并且反映在村庄权力结构的变迁之中。

表 2-7、表 2-8 和表 2-9 基本上能够反映七一村 30 年来村庄阶层与职业结构的变化。

表 2-7　　　　　　　　七一村职业分布情况②

年份	1982		1990		2000		2008	
职业类别	人数	比例（%）	人数	比例（%）	人数	比例（%）	人数	比例（%）
农业劳动者	551	80.0	327	45.7	116	15.1	76	9.3
第二产业劳动者（工厂工人）	52	7.5	107	14.9	123	16.0	153	18.8
第三产业劳动者（服务业等从业人员）	14	2.0	25	3.5	86	11.2	126	15.4
农村知识分子	9	1.3	15	2.1	28	3.6	30	3.7
农村管理者	13	1.9	12	1.7	11	1.4	12	1.5

① 曹泳鑫：《论转型时期的农民政治参与》，《开放时代》1997 年第 7 期。
② 15 周岁以下及 65 周岁以上者为非劳动力人口，故不在统计之列。

续表

年份	1982		1990		2000		2008	
职业类别	人数	比例（%）	人数	比例（%）	人数	比例（%）	人数	比例（%）
私营企业主	0	0	45	6.5	78	10.2	101	12.4
个体劳动者	25	3.6	36	5.0	106	13.8	134	16.4
兼业劳动者	3	0.4	93	13.0	159	20.7	98	12.0
无业人员	22	5.6	56	7.8	61	7.9	86	10.5
合计	689	100	716	100	768	100	816	100

表 2-8　　　　　　　　七一村社会成员职业分布情况

职　业	个案数	百分比（%）
农业劳动者	4	1.45
第二产业劳动者（工厂工人）	46	16.73
第三产业劳动者（服务业等从业人员）	11	4.00
农村知识分子	9	3.27
农村管理者	3	1.10
私营企业主	30	10.91
个体劳动者	40	14.54
兼业劳动者	99	36.00
无业人员	33	12.00
合计	275	100

表 2-9　　　　　七一村农业劳动者与非农业劳动者的比例情况

劳动力类型	个案数	百分比（%）
农业劳动者	4	1.65
非农业劳动者	139	57.43
兼业劳动者	99	40.91
合计	242	100

　　通过上述 3 张表格的比较分析，我们可以依稀总结出近 30 年来七一村村民职业阶层结构变化的一些特点。

　　第一，七一村农业劳动者人群比例呈现直线下降趋势。1982 年时，从事农业的人口还占绝大多数，人数达551人之多，占所有就业人口比例的80.0%。而到了1990年，农业人口数量已经有了大幅度的下滑，其占总就业人口的比例，同1982年相比已降至45.7%。进入新世纪，2000年末统计时，从事农业人口数量已降至15.1%。2008年时，农业人口在七一村就业人口中的地位已经微不足道了，只占到了总人口的9.3%（图2-2）。

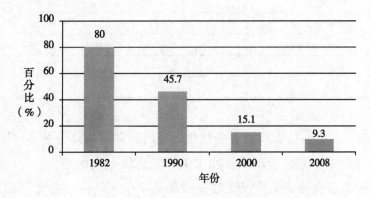

图2-2 七一村农业人口比例变迁

第二，七一村人口就业渠道日益多元化。从上述表中我们可以看出，1982年时七一村人口就业更多地还是集中于农业上，从事其他职业人群的数量还相当少。比如，1982年时七一村还没有一家民营企业，从而也就谈不上私营企业主的存在，个体经营户的数量也少得可怜，只有区区25个人。但是这种局面到了1990年就有了比较大的改观，第二产业劳动者、第三产业劳动者以及个体劳动者人群数量有了较大的增长幅度，分别增长了105.8%、78.6%和44%，而私营企业主人群数量更是实现了零的突破，其绝对数量已有45人之多。在随后的2000年和2008年数据统计中，我们仍然可以发现上述变化迹象的发生。表2-10比较清晰地反映了七一村多元化的就业人口情况。就业排在前四位的分别是第二产业劳动者（18.8%）、个体劳动者（16.4%）、第三产业劳动者（15.4%）和私营企业主（12.4%）。

表 2 – 10　　　　　　　　　2008 年七一村人口就业情况

职　业	百分比（%）
农业劳动者	9.30
第二产业劳动者（工厂等工人）	18.80
第三产业劳动者（服务业等从业人员）	15.40
农村知识分子	3.70
农村管理者	1.50
私营企业主	12.40
个体劳动者	16.40
兼业劳动者	12.00
无业人员	10.50
合计	100

　　第三，七一村人口就业变化情况，同义乌市改革开放 30 年来经济社会发展轨迹呈现高度正相关关系。正如上文所述，近 30 年来，七一村人口就业变化情况走过了一条从"单一"向"多元"的结构转型之路。在探究这种结构转型背后的动力和机制来源时，我们不能仅仅着眼于七一村单个案例进行研究，而是要把它纳入到整个义乌市经济社会发展的大背景中来考量。总的来说，市场化、工业化与城市化改革的驱动导致了农村人口就业结构的多元化，加快了农村剩余劳动力向其他产业的转移。早在 1981 年，敢闯敢干的义乌人就开始兴办小商品市场，由此拉开了义乌市场化浪潮的序幕。与此相对应的是，一批早年从事过"鸡毛换糖"商业活动、对市场经济嗅觉异常灵敏的七一村人，也开始加入到小商品市场经营户的行列中来，这就是七一村早期的个体工商户经营群体。不过，当时这个人群的数量还是比较少的。

　　进入 20 世纪 90 年代后，义乌小商品市场一跃成为全国同类批发市场的龙头老大。在这个大背景下，七一村就业人口中从事个体户的人群显著增多。一方面是先富群体示范带动的结果。改革开放后最早到小商品市场摆摊的个体经营户们，现如今已成了村内的先富群体，他们的谋生之道纷纷被村内其他人效仿，从而带动了一大批七一村人到小商品市场摆摊经商。另一方面，随着义乌小商品市场规模的快速膨胀，成交额连创新高，带动了义乌物流业的飞速发展，一张通往全国各大中小城市的物流运营网络随之形成。正是看中了物流运营事业在义乌的远大前景，一些七一村人开始从事托运行业，到全国各地兴办货运场站，构成了七一村个体工商户经营人群的重要组成部分。

另外，为了保证义乌市场的持续繁荣，全面提升义乌工业经济发展水平，义乌市委市政府于20世纪90年代初提出了"贸工联动，以商转工战略"，号召广大市场经营户能够有效运用好自己手中的市场网络销售优势，积极发展小商品生产制造业。为了响应义乌市委市政府的号召，积极配合"贸工联动"战略的有效实施，一批市场上的个体经营户开始把目光投向小商品制造行业，这才有了七一村第一代私营企业主的诞生。当然，作为七一村新生的就业人群，这个群体的数量还是比较少的，占整个就业人群中的比例还比较低。还有一个值得关注的现象是，随着民营企业在七一村的兴起，一批从农业中解放出来的劳动力开始到本村的民营企业上班。从表2-7中我们会发现，早在1982年时，在七一村就有52人从事第二产业。需要特别说明的是，当时这批人大都进入了社办乡镇企业。而到了1990年时，七一村已经有107人从事第二产业，即到企业里当工人，其中大部分是进入到民营企业上班。

2007年12月，课题组成员曾经对七一村村民进行了一次问卷调查。在调查中，我们将七一村村民划分为5个阶层（上层、中上层、中层、中下层和下层），请被调查的村民将自己归类。调查数据结果表明，高达62.9%的村民认为自己属于中层，而有18.5%的村民认为自己属于中上层，但是从这些数据中可以看出，七一村近80%的村民属于中层（见表2-11）。

我们进而提出，村庄的阶层分化造成职业或阶层在村庄中地位的差异。对于这一点，我们或许可以从表2-12、2-13和表2-14中得到验证。

表 2 - 11   七一村村民社会地位归属感调查情况

选项	个案数	所占比例（%）
上　层	1	0.3
中上层	51	18.5
中　层	173	62.9
中下层	18	6.5
下　层	27	9.8
未　填	5	1.8
合　计	275	100

　　问：您认为，在七一村的农业劳动者、第二产业劳动者、第三产业劳动者、农村知识分子、农村管理者、私营企业主、个体劳动者、兼业劳动者中，地位最高的是_____；其次是_____；第三是_____。

表 2 - 12   您认为在七一村哪个职业人群地位最高？

职业选项	个案数	所占比例（%）
农业劳动者	2	0.72
第二产业劳动者	0	0
第三产业劳动者	0	0
农村知识分子	30	10.91
农村管理者	150	54.54
私营企业主	50	18.18
个体劳动者	5	1.82
兼业劳动者	0	0
未填（无效）	38	13.82
合计	275	100

表 2 - 13   您认为在七一村哪个职业人群地位占其次？

职业选项	个案数	所占比例（%）
农业劳动者	0	0
第二产业劳动者	1	0.30

续表

职业选项	个案数	所占比例（%）
第三产业劳动者	0	0
农村知识分子	42	15.27
农村管理者	58	21.09
私营企业主	88	32.00
个体劳动者	19	6.90
兼业劳动者	1	0.30
未填（无效）	66	24.00
合计	275	100

表 2 – 14　　　　您认为在七一村哪个职业人群地位排第三？

职业选项	个案数	所占比例（%）
农业劳动者	21	7.60
第二产业劳动者	9	3.30
第三产业劳动者	2	0.07
农村知识分子	47	17.10
农村管理者	6	2.20
私营企业主	49	17.80
个体劳动者	67	24.40
兼业劳动者	5	1.80
未填（无效）	69	25.10
合计	275	100

　　课题组把目前七一村人口就业人群划分为 8 个类别，然后询问七一村村民，在他们心目中，哪一个职业人群的地位最高，所获得的调研结果如上述三表所示。从表 2 – 12 中我们可以发现，农村管理者即我们通常所称的村干部在村民心目中的地位最高，这一选项获得了 54.54% 村民的支持。这说明，村民自治条件下，农村管理者作为国家公共权力的象征与代言人，依然在村民心目中拥有较高的地位，这同时也说明中国传统的官本位政治文化在当前农村地区依然盛行。

　　从表 2 – 13 中我们可以发现，改革开放后，私营企业主人群的地位有了显著的提升，他们被村民们认为是村庄内部社会地位排名第二的人群，直接排在村庄管理者人群之后。这说明，随着市场经济改革浪潮在广大农村地区的不断深入，私营企业主作为社会先富群体、有产者的典型代表，已逐渐获得了村民们的认同。当然，不得不说明的是，广大七一村村民对私营企业主人群在村庄内部社会地位能够排名第二，其认同度远远没有对于农村管理者能够排名第一来得高，其得票率只有32%。从表2-14中我们可以发现，排在第三位的是个体劳动者。

下面我们将进一步对上述三张表格进行汇总分析，如果按照权重加总后的具体得分，从高到低进行排序①，可以得出七一村社会各阶层的具体层次地位，如表2-15所示。

表2-15　　　　　　　　七一村各社会阶层的排序

层 级	阶 层	累计排序得分
第一层	农村管理者	93.6
第二层	私营企业主	61.2
第三层	农村知识分子	37.0
第四层	个体劳动者	21.6
第五层	农业劳动者	4.2
第六层	第二产业劳动者	2.1
第七层	兼业劳动者	1.3
第八层	第三产业劳动者	0.4

从表2-15中我们可以发现，农村管理者高居七一村社会各阶层榜首位置，其具体得分也是遥遥领先于第二层私营企业主。值得注意的是，在表2-14中，我们还很难判断农村知识分子与个体劳动者的地位孰高孰低，因为两者的得分差距只有0.7%。但是三张表格汇总累计叠加后，我们发现，农村知识分子阶层的得分明显超过了个体劳

---

①　排序的具体方法是对三张表格中的具体得票数进行赋值权重后累计叠加，具体权重为第一张表格中的数值乘以50%，第二张表格中的数值乘以30%，第三张表格中的数值乘以20%，以区别三张表格中得分重要性的差异。

动者阶层。这说明，在农村地区，有文化的知识分子终究还是能够受到他人的尊重。我们还发现，虽然农业劳动者在农村就业人群中的比例在不断地降低，但其地位却是紧随个体劳动者之后，排名第五位，排在第二产业工人之前，这确实是令人玩味的，毕竟在计划经济时代，国有企业工人老大哥在广大农民心目中的地位是无与伦比的，能赢得广泛尊重的。但在市场经济条件下，尤其是在多种经济成分并存的今天，工人群体的社会地位呈现直线下降趋势，甚至已经不敌农民。最后一点需要引起关注的是，排在最后一位的竟然是服务业人群。这说明，在广大农村地区，时至今日服务业尚不能得到大家的广泛认同，同兼业者人群一样，被他人视为不务正业者。

值得我们深入探究的是，到底是哪些因素造成了七一村社会各职业阶层在人们心目中的地位差异？或者说，在七一村村民看来，不同职业间的差异主要体现在哪几个方面？我们将通过以下一组调查数据（表 2 - 16、表 2 - 17 和表 2 - 18）来回答上述问题。

问：您认为村里不同职业的人之间最大的差别在哪三个方面？（按重要性排列，选项有收入、社会地位、权力、社会名誉、生活方式、其他。）第一_____；第二_____；第三_____。

表 2 - 16　　　　村里不同职业人之间差别最大的方面是什么？

差别因素选项	个案数	所占比例（%）
收入	54	19.6
社会地位	116	42.2
权力	3	1.1
社会名誉	27	9.8
生活方式	38	13.8
其他	0	0
未填	37	13.4
合计	275	100

为了更清晰地说明村里不同职业间的差别因素，我们不妨对上述

三张表格进行汇总分析，通过加权处理后①得出表 2 - 19。

表 2 - 17　　村里不同职业人之间差别方面排第二位的是什么？

差别因素选项	个案数	所占比例（%）
收入	61	22.2
社会地位	50	18.2
权力	15	5.5
社会名誉	74	26.9
生活方式	33	12.0
其他	0	0
未填	42	15.3
合计	275	100

表 2 - 18　　村里不同职业人之间差别方面排第三位的是什么？

差别因素选项	个案数	所占比例（%）
收入	26	9.5
社会地位	32	11.6
权力	10	3.6
社会名誉	51	18.5
生活方式	78	28.4
其他	29	10.5
未填	49	17.8
合计	275	100

表 2 - 19　　　　村里不同职业人之间差别累计得分排序

次序排位	差别因素选项	权重叠加得分
第一	社会地位	79.4
第二	收入	50.5
第三	生活方式	44.5
第四	社会名誉	25.9
第五	权力	8

---

① 赋予权重的具体方法仍然是，在第一个表格中得分的赋予 50% 的权重，在第二个表格得分的赋予 30% 的权重，在第三个表格得分的则赋予 20% 的权重。

　　从表 2 - 19 中我们可以看出，七一村对待村内不同职业间的差异，村民们最看重的是社会地位①，排在第二位的是收入，排在第三位的是生活方式，排在第四位的是社会名誉，排在第五位即末位的是权力。或许，表 2 - 19 可以用来解释表 2 - 15 中七一村各职业间的排名。如果把两张表格结合起来分析，我们或许可以得出如下一些结论。七一村村民之所以认为农村管理者即村干部们能够占据社会各阶层第一层，可不是因为他们手中握有令人生畏的权力，而是因为农村管理者的社会地位比较高，是一个受人尊重的群体。我们认为，这可以从宏观体制变革背景中得到印证。毕竟在村民自治条件下，国家公共权力已经退出在农村社会的直接控制，村干部们也不是作为国家公权力的直接执行者与权力的延伸。况且，在当前市场经济条件下，村干部们已经不再拥有计划经济时代那样对村民们的绝对影响力与控制力，村民们对集体的依赖性大大降低。由此，我们得出的结论是，农村管理者依然占有农村社会各阶层第一位的位置，不是因为他们是国家公权力的象征，而是因为其本身是村民们自己选出来的，是一个受到村民们尊重与信任的群体。

　　从表 2 - 19 中我们还发现，不同职业间的差异，排在第二位的是收入高低，这也可以与表 2 - 15 形成相互印证。正是因为七一村村民们对职业收入高低的看重，在对七一村各职业阶层进行排名时，他们才会把私营企业主排在第二位。毕竟在市场经济条件下，敢闯敢干的私营企业主，或者说企业家们，还是受到了社会的普遍尊重与赞誉。这不仅是因为企业家们为我们这个社会创造了大量的社会财富，创造了大量的就业岗位，为国家创造了大量的税收，还因为企业家们往往能够过上比较优质的生活，这是非常令人向往的。从表 2 - 19 中我们还可以发现，排在第三位的就是生活方式。这也正说明了，随着我国市场经济改革浪潮在广大农村地区的不断深入，农村居民对自己的生活质量要求已经越来越重视。他们的消费能力在不断提升，消费习惯

———————

　　①　所谓社会地位是指社会成员在社会系统中所处的位置，一般由社会规范、法律和习俗限定，它常用来表示社会威望和荣誉的高低程度，也泛指财产、权力和权威的拥有情况。

已经可以同城市居民并驾齐驱，至少像义乌这样经济发达的农村地区是如此。

在对七一村各阶层地位进行差序排列后，我们有必要从微观上进一步了解和分析七一村社会影响力的分布情况。从下列 3 表（表 2 - 20、表 2 - 21 和表 2 - 22）中可以看出村民心目中 10 个最重要的人物。

根据您的了解，请列出七一村中最有影响力的人物（请写出具体姓名，按次序排名）：第一_____、第二_____、第三_____、第四_____、第五_____、第六_____、第七_____、第八_____、第九_____、第十_____。

表 2 - 20　　村里最有影响力的十大人物中排名第一的是谁?

序 号	姓 名	村中职位	个案数	所占比例（%）
1	何德兴	支部书记	241	87.6
2	何仲连	村委会主任	0	0
3	何关林	老村支书	0	0
4	村两委		0	0
5	龚美弟	支部委员	0	0
6	何春建	支部委员	0	0
7	何恃勇	支部委员	0	0
8	何伟东	前村委委员	0	0
9	何福能	村民代表	1	0.4
10	何恃熊	老支书	0	0
11	何恃军	村委委员	0	0
12	何华锋	党员护村队员	0	0
13	何恃大	前护村队员	0	0
14	何恃华	老年协会秘书长	0	0
15	何恃金	老年协会会长	0	0
16	何浩	前团支部书记	0	0
17	何关宝	支部书记	0	0
18	未填		32	12.0
	合计		274	100

表 2 - 21　　　村里最有影响力的十大人物中排名第二的是谁？

序号	姓名	村中职位	个案数	所占比例（%）
1	何德兴	支部书记	1	0.4
2	何仲连	村委会主任	108	39.3
3	何关林	老村支书	5	1.8
4	村两委		9	3.3
5	龚美弟	支部委员	0	0
6	何春建	支部委员	1	0.4
7	何恃勇	支部委员	2	0.7
8	何伟东	前村委委员	0	0
9	何福能	村民代表	0	0
10	何恃熊	老支书	0	0
11	何恃军	村委委员	0	0
12	何华锋	党员护村队员	0	0
13	何恃大	前护村队员	0	0
14	何恃华	老年协会秘书长	0	0
15	何恃金	老年协会会长	2	0.7
16	何浩	前团支部书记	0	0
17	何关宝	支部书记	0	0
18	未填		147	53.4
	合计		275	100

表 2 - 22　　　村里最有影响力的十大人物中排名第三的是谁？

序号	姓名	村中职位	个案数	所占比例（%）
1	何德兴	支部书记	0	0
2	何仲连	村委会主任	3	1.1
3	何关林	老村支书	2	0.7
4	村两委		26	9.4
5	龚美弟	支部委员	15	5.5
6	何春建	支部委员	22	8.0
7	何恃勇	支部委员	8	2.9
8	何伟东	前村委委员	0	0
9	何福能	村民代表	6	2.2

续表

序号	姓名	村中职位	个案数	所占比例（%）
10	何恃熊	老支书	1	0.3
11	何恃军	村委委员	0	0
12	何华锋	党员护村队员	0	0
13	何恃大	前护村队员	0	0
14	何恃华	老年协会秘书长	0	0
15	何恃金	老年协会会长	2	0.7
16	何浩	前团支部书记	0	0
17	何关宝	支部书记	0	0
18	未填		190	69.1
合计			275	100

　　在上述访问项目中，我们所给出的选项是开放式的，也就是村民们可以随意填写他所认为的七一村十大最有影响力人物的姓名。非常遗憾的是，在我们回收的问卷中，有相当多的被访对象没有认真填写全部10个人物，大都只填写了前三位。村民们提到的七一村十大最有影响力人物的姓名如上述表格所示，总共有16名之多，还有相当多的人把村两委群体作为七一村最有影响力的人物。在表2-20中我们可以发现，何德兴同志作为七一村党支部书记在村民心目中享有相当高的威望，在被调查的275名村民中，有241位村民认为他的影响力最大，获得了87.6%的支持率，这也是所有影响力人物中最没有争议的一位，而其他被提到的影响力人物显然没有获得高度的认可。比如，在表2-21中，当我们问到在七一村排名第二位的影响力人物是谁时？我们可以发现，村委会主任何仲连获得了108张选票，虽然从绝对数量上而言高居榜首，但是其得票率却不足50%，只有39.3%，这说明村内还有相当多的人影响力被认为超过了他。我们想进一步询问村庄内部影响力人物排名第三、第四、第五的人物是谁时，村民们的意见显然没法取得统一，我们当然可以通过统计得出相关的结论，但由于其得票率分布过于分散，已失去了排名的意义。由此，我们不对其后的排名做进一步的分析。

在我们问道，近 10 年来（1998—2008）您在村中的社会地位是否有了提高？数据表明，80.7% 的被调查者认为"有所提高"，4.7%的认为"有了很大的提高"，而认为"没有提高"的有 2.9%，认为自己的社会地位下降了的只有 0.4%，但是没有一位被调查者认为自己的社会地位"下降了很多"，不过有高达 11.3% 的认为"说不清"。具体数据情况如表 2 - 23 所示。

表 2 - 23　　　　　您在村中社会地位是否有了提高？

村中地位选项	个案数	所占比例（%）
有了很大的提高	13	4.7
有所提高	222	80.7
没有提高	8	2.9
下降了	1	0.4
下降了很多	0	0
说不清	31	11.3
合计	275	100

在我们问道，如果有机会，您最喜欢从事何种职业（选项有个体工商户、私营企业主、农村智力劳动者、务农、农村管理者、农民工、机关事业单位工作人员）？您的选择是＿＿＿＿＿＿＿。

表 2 - 24　　　　　如果有机会，您最喜欢从事何种职业？

职业选项	个案数	所占比例（%）
个体工商户	2	0.7
私营企业主	1	0.4
农村智力劳动者	53	19.3
务农	3	1.1
农村管理者	14	5.1
农民工	14	5.1
机关事业单位工作人员	108	39.3
未填	80	29.1
合计	275	100

如果把表2-24的数据同表2-15进行比较分析，我们会有一些惊人的发现。比如，在表2-15中，农村管理者与私营企业主在七一村社会阶层排序中都是占第一、第二层次的，但颇令人不解的是，让七一村老百姓选择自己喜欢的职业时，却只有1人选择了私营企业主这一职业选项，只有2人选择个体工商户，选择农村管理者的人数也只有区区14人。如此看来，似乎是两张表格中的数据产生了一定的矛盾。如果不对此进行深入调研，恐怕很难得到确切的答案。在调研中我们了解到，很多经商办企业的七一村人都不希望自己的下一代继续从事这种职业，在他们看来，在当前的经济社会环境下，经商办企业做生意实在是太累、太辛苦，竞争激烈风险大，虽说能够获得更多赚大钱的机会，但这里面的辛酸与苦累是常人无法理解的。所以他们更希望自己的子女能够到机关事业单位去工作。从表2-24中我们可以发现，居然有108人选择机关事业单位，遥遥领先于其他职业选项。需要做出说明的是，机关事业单位同其他职业选项相比，有哪些优势？一方面是因为机关事业单位工作人员在我们这个社会中拥有较高的社会地位，能够赢得社会的普遍尊重，能够从事这样的工作让人感觉很体面。这一点我们可以在表2-19中得到印证，在问到不同职业间差异最重要因素是什么时，社会地位被排在了第一位，可见其重要性。毕竟在中国这样的官本位思想异常浓厚，政府手中还掌握着大量资源的国度里，机关事业单位往往是令人向往的职业选择。另一方面，机关事业单位工作人员福利待遇较好，能够保证过上比较优质的生活。

我们的问卷数据表明，七一村似乎进入中产阶层社会了，如表2-25所示，有44.0%的被调查的村民认为自己的家庭属于村里的中层，认为属于中上层的有16.4%，15.6%认为自己的家庭属于中下层，属于下层的有12.4%。这一组数据似乎表明，如果我们从收入状况来判断的话，七一村已形成了一个两头小而中间大的阶层结构。

如果将上述一系列表格数据进行汇总分析，我们可以得出的一个基本结论是，七一村正在进行着一场深刻的阶层分化，并且形成社会地位不等与利益相异的乡村社会。在七一村，尤其是具有产权阶层的私营企业主群体在村庄中崛起，并且在村庄政治生活中扮演着关键性的角色。

表 2 – 25　　您认为您家庭的经济状况在七一村属于哪个阶层？

所属阶层	个案数	所占比例（%）
上层	0	0
中上层	45	16.4
中层	121	44.0
中下层	43	15.6
下层	34	12.4
未填	32	11.6
合计	275	100

第四节　外来人口

在七一村村庄人口变迁中一个引人注目的现象，就是大量外来人口进入村庄并长期生活在村里。经济大发展以及市场化改革的提速，使得七一村成为流动人口的一个重要流入地，同时外来人口也成为改变七一村由同质性转向异质性、走向分化社会的另一个重要因素。此外，外来人口也影响着村庄的治理，从而影响了村庄权力的运作。

历史上，七一村隶属于东河乡，是个典型的农业经济型村庄。改革开放后，伴随着义乌小商品市场的兴起，七一村村民不甘于田间劳作，开始忙碌于"摆摊、搞托运、办企业"等市场经营活动。"市场经济的发展恰恰为村民提供了流出村庄赚取货币的大量机会，村民从村庄之外获得了经济收入……"①20 世纪 90 年代中期，随着义乌城区的不断扩展，东河乡被撤并，七一村也被划入了城西街道管辖范围，成为了义乌城郊区。在此期间，七一村的第二、第三产业得到了蓬勃发展，吸引了大量的农村剩余劳动力。从 20 世纪 90 年代末开

---

①　张静：《论共同体与中国乡村社会的发展》，山东大学硕士学位论文，2007 年，第 36 页。

始，七一村本地户籍人口与外来人口的比例逐渐发生了倾斜。截止到
2007 年底，七一村本地户籍人口为 1128 人，而外来人口达 2500 多
人。另据七一村党支部书记何德兴介绍："因为长年在外经商做生意，
平常真正在七一村居住的本地人口只有 500 人左右。"由此看来，七
一村的外来人口已经远远地超过了本地人口。

下面，我们对七一村外来人口的现状和特点做一分析。

第一，改革开放 30 年来，七一村外来人口数量从无到有呈现高
增长态势。改革开放前，由于我国实行严格的户籍管理制度，人口在
区域之间不能自由流动，况且在农业集体经济时代，人口流入地也不
可能给外来人口分配口粮。因此，在改革开放前七一村基本上没有外
来人口常住在本地。改革开放后，伴随着义乌民营经济的快速发展和
国家对人口流动管制的放松，有越来越多的外地人到义乌谋生创业。
限于文献资料的残缺，我们无法找到有关七一村近 30 年来农民工数
量增长的具体数字，但我们可以从表 2 - 26 和图 2 - 3 中所提供的数
据来进行佐证。

表 2 - 26   义乌市历年外来人口数量统计①

年份	2001	2002	2003	2004	2005	.2006	2007	2008
人口数	474913	579031	655255	753985	828328	953365	1028173	1114820

第二，外来人口男性比例多于女性，以 18 岁至 35 岁年龄段为
主。从 2008 年末义乌市七一村外来人口统计数据材料来看②，全部
2220 名外来人口中，男性为 1460 人，占外来人口总数的 65.8%；女
性为 760 人，占外来人口总数的 34.2%。外来人口中 18 岁至 35 岁年
龄段的有 1611 人，占总数的 72.55%。具体情况如表 2 - 27 所示。

---

① 资料来源于义乌市外来人口管理办公室。
② 具体数据由义乌市城西街道公安派出所提供。

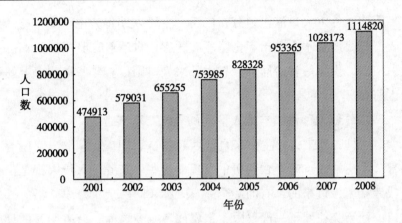

图 2-3　义乌市历年外来人口

表 2-27　　2008 年七一村外来人口各年龄段比例构成状况分析

年龄段	外来人口数	所占比例（%）
18 周岁以下	188	8.47
18—35 周岁	1610	72.55
36—49 周岁	384	17.30
50—55 周岁	26	1.15
55 周岁以上	12	0.52
合计	2220	100

第三，外来人口文化程度以初中文化居多。七一村外来人口中，初中文化程度的有 2018 人，占外来人口总数的 90.93%；大专及以上文化程度所占比例比较低，只有 4 个人，仅占外来人口总数的0.19%。具体情况如表 2-28 所示。

表 2-28　　　　　七一村外来人口文化程度构成状况分析

文化程度	外来人口数	所占比例（%）
小学及以下	150	6.70
初中	2018	90.93
高中	48	2.18
大专及以上	4	0.19
合计	2220	100

第四，外来人口流出地分布广泛，主要以外省为主。七一村的外来人口户籍地基本上包括了全国所有的省、自治区，其中以江西、安徽、河南、贵州等省份居多；省内外来人口则以金华、衢州、温州等地区居多。

1. "外地人"和"本地人"间的隔阂与不亲近

七一村的外来人口主要来自江西、安徽、湖南、湖北、河南等中西部欠发达地区。笔者在调研中发现，这些外来务工人员大都是由老乡或者亲属带过来的，有的甚至一家人都在同一个工厂里干活。外来人口的社会交往圈子一般仅限于亲属或者老乡之间，有着明显的地缘和亲缘特征。除老板外，外地人同本地人很少有联系或者沟通，同老板的联系也仅限于工作上的事情。笔者在与这些外地人交谈时，他们近乎本能的反应即是："你是不是本地人？"在他们看来，本地人的生活无疑是令人羡慕的。他们出门多年了，根本不想回老家去继续从事农耕生活，他们也很想融入到当地人的社会生活中去。但是，因为缺乏必要的联系与沟通，外地人无法了解当地人的生活方式，更无法有效地融入到当地人的生活圈子中。

而对于本地人而言，这些与自己天天生活在同一个村落里的外地人，只不过是"来也匆匆，去也匆匆"的他乡异客而已。任凭在同一村落一起生活了几年，本地人也丝毫不会产生就近与外地人聊天甚至认识交朋友的念头。对于外地人而言，在迫不得已要与本地人打交道时，通常会以"老板"或者"老板娘"来称呼对方。用"老板"一词来称呼每一位本地人，未必贴切。不过这也可以从侧面证明，本地人与外地人之间有条不可跨越的鸿沟。在外地人看来，本地人是可敬而不可亲的。

2. 本地熟人社会公共舆论与道德规范无法对外来人口形成有效的约束

帕森斯的"社会系统"理论认为，"具备足够数量的行动者作为系统的组成部分，乃是社会系统内部整合及社会系统和文化模式之间整合的必要条件之一"①。从社会整合与系统融合的视角而言，七一村的外地人和本地人宛如两个泾渭分明的世界与系统。如果说，世世代代生于斯、长于斯的本地人还能够成为一个浑然一体的系统，那么来自五湖四海的外地人不可能形成一个完成的系统，自然也实现不了内部的整合。

在这样一个四分五裂、不成系统的村落世界里，本地熟人社会形成的公共舆论与道德规范很难对外地人构成有效的约束。一般而言，"行为的道德含量与行为主体面临的道德舆论压力成正比，其所预设的前提是：每个人都是要'面子'的。面子的获得来自道德舆论对个体行为的肯定性评价，一个对面子孜孜以求的农民，可以因此获得其所能争取到的'社会资本'——他人对自己的赞誉、信赖及必要时的扶助。可以说，'熟人社会'里的人群越是众多，一个有'面子'的人所缔结的有效人际关系网络就越是宽广，或者说作为社会资本的'面子'就越是具有扩张和增值的能力。在熟人社会里，你敬我一分，我敬你两分，大家无非图个'面子'"②。但是在一个陌生人世界里，熟人社会的这套"面子"规则显然无法发挥效力。挣脱了熟人社会里"面子"的羁绊，一些无耻的"小人"便大行其坏人之道。下述发生在七一村的两个案例可以为我们提供一些佐证。

案例一：外地人竟然在光天化日下随地大便

在七一村调研期间，该村村民向笔者转述了令全村人异常愤慨的事件。2007 年 3 月的一个下午，一位来自贵州的小伙子竟然脱下裤子，蹲在七一村村民广场的花坛边大便。他刚刚蹲下来，就被附近的一位村民发现，并立马制止了他，把他带到了村办公大楼。七一村村民广场是村民们平时休闲、聊天、娱乐的公共场所，这位贵州小伙子的不文明行径实在不敢令人苟同。当村民们纷纷责问他为什么在公共场所随地大便时，他的回答更加令人哭

---

① 转引自吴重庆《乡土儒学资源的再生》，《天涯》2005 年第 4 期。
② 吴重庆：《无主体熟人社会》，《开放时代》2002 年第 1 期。

笑不得。他说："反正我是外地人，大家又不认识我，我又不用觉得不好意思，看到了顶多把我骂一顿罢了！"

案例二：外地人无视村老年协会老人的劳动成果

七一村村老年协会为了发挥老年朋友的余热，动员老年人为村里做些力所能及的事。老年协会会员主动承担起了村里的保洁工作，不要村里出一分钱，义务为村里打扫卫生。每天按时交接班，秩序井然。只见他们戴手套红袖章，或是拿着扫把在村中主要干道上打扫卫生，或是巡逻在村中大道上监督村民们不乱扔垃圾。过去，七一村的保洁工作都是花钱请人做的。那时候，村民们可能会觉得反正是村集体出钱请你来干活的，我扔你扫，天经地义，不觉得难为情。可是现在，村内的卫生保洁工作是由老年人免费为大家做的，村民们如果再像以前那样随意乱扔垃圾，在面对老年监督员的质询时就会觉得难为情。况且，每家每户都有老人，知道老人出来干点事也不容易。为了不让老人们太费力气，村民们都逐步地改变了以前乱扔垃圾的坏习惯，村民们的道德文明素质水平也有了明显的提升。令人痛心的是，这套本地人默默遵循的规则显然无法对外地人产生有效的约束。外地人依旧我行我素，随意乱扔垃圾，任凭老人们在后头费劲地清扫。当老人们劝告他们不要乱扔垃圾时，部分外地人却以"关你屁事"相回应。

一般而言，在熟人社会，人们在从事某种不道德行为时，便不得不考虑这种行为发生后可能会遭受众多乡里乡亲的谴责，所以人们历来都把"兔子不吃窝边草"奉为金玉良言。但是在"半熟人半陌生人社会"里，一些外地人通常会有这样的念头，即"大不了拍拍屁股走人，以后再也不来了，你能拿我怎么样"。在这样的思维支配下，本地熟人社会的公共舆论与公共道德无法对外地人构成强有力的约束，无法形成"千夫所指"、"万人共斥"的"同仇敌忾"式的压力。

改革开放的30年是中国农村社区分化的30年，在那里村民被逐步地分化成具有不同社会地位与政治身份的阶层。由于市场化的变革，七一村的阶层结构发生了很大的变化，形成了一个以经济精英为主体的村庄治理精英群体，并且个人的职业与经济状况成为村庄分层包括在村庄的政治地位与社会地位的决定性因素。此外，由于村庄的开放性与非农经济的发展，由此吸引了大量的外来人口到七一村就业。村庄阶层结构的变化和外来人口的加入，从根本上改变了村庄多年来的同质性，而异质性大大增强，这种异质性会直接或间接地影响村庄的权力结构及其运行。这种分化与村庄的开放性，是村庄新的权力结构与政治生态形成的社会基础。

第三章　村庄的中共组织：村庄权力的核心

　　新中国成立后的中国村庄权力掌握在谁手中？毫无疑义，首先在村党支部手中，村庄的中共组织是村庄权力的核心，而党支部书记则是核心之核心。当然，这种权力核心地位的取得绝不仅仅依靠法律和文件的支持，而是以中国共产党强大的组织、动员、整合能力做支撑。1949年新中国成立后，中共开始大规模地向农村社会进行力量的延伸与渗透，通过政党下乡，将"分散的农民组织起来，使其成为政党组织网络中的成员，无政治的农民具有了政治意识，动员到党的目标之下，从而将一个传统的乡绅社会改造为一个现代政党领导和组织下的政治社会"[①]。在人民公社时代，党在农村社会的控制力量达到了极致，其权力核心地位得到了空前的保障。改革开放以来，这种权力核心的地位之获得，一个是来自党领导地位的天然的"合法性"，另一个是在实行村民自治以后，已经加上了选举的法理来源。村民自治条件下，随着国家放松了对农村社会的控制，以及竞争性民主选举制度的引入，农村基层党组织作为传统的村庄治理主体，其权力核心地位越来越受到村委会、个体工商户及私营企业主为代表的经济精英、以退休乡村干部为代表的边缘化政治精英、以乡村教师和医生为代表的乡村知识分子以及各种形式的农村民间组织、宗族势力等各种农村势力的挑战，农村社会权力结构[②]已发生了深刻的变化。

　　我们所要讨论的问题是：从历史发展的维度探讨，中国共产党是

---

① 徐勇：《"政党下乡"：现代国家对乡土的整合》，《学术月刊》2007年第8期。

② 农村权力结构是指村庄权力配置运作过程中形成的相对稳定的结构形态，即村庄各主要权力主体之间模式化的互动关系，反映了农村权力的分配状况。它是权力资源的分配模式、来源渠道、运行规范、权力强度或影响力等结构要素的有机组合。参见胡序杭《先富能人争当村官与村级权力结构的稳定性》，《中共福建省委党校学报》2007年第3期。

如何对农村社会进行力量的渗透，并最终嵌入农村社会成为乡村治理的主体？在村民自治条件下，村庄党组织的权力核心地位该如何巩固？在竞争性政治生态格局下，村党支部书记作为村庄党组织的带头人，其在村落社会的权威基础该如何建构？在新的历史条件下，村党支部该如何协调同村民委员会之间的关系？本章试图对上述问题进行探讨。

第一节　政党下乡：七一村党组织的发展历程

"在中国，农民社会是一个分散的而不是组织内分化的社会。要将一个'一盘散沙'的农民社会整合到国家体系中来，仅仅依靠外部性的政权机构是远远不够的。中国得以成功地进行乡土政治整合，得力于政党向乡村的延伸。"① 就此而言，政党下乡的过程也是中国农民政治化、组织化的过程，分散的农民能够被整合进国家政治体系，靠的就是执政党力量在农村地区的不断渗透。需要引起我们关注与讨论的问题是，新中国成立后，中共是如何从农村社会外部政治力量逐渐成长为村庄治理的主体，从而在农村社会权力结构中取得核心地位的？以下我们将通过对义乌市七一村党组织历史发展变迁个案的窥视，以期对政党下乡的过程有个动态的了解。

一　前人民公社时期：政党进村

中国共产党历来重视农村工作，早在 1923 年中共"三大"党纲就指出："至于农民占中国人口 70% 以上，占非常重要地位，国民革命不得农民参与，也很难成功。"② 20 世纪 20 年代，中共领导人李大钊发表的《土地与农民》等一系列文章，提出："中国浩大的农民群众，如果能够组织起来，参加中国革命，中国革命的成功就不远

① 徐勇：《"政党下乡"：现代国家对乡土的整合》，《学术月刊》2007 年第 8 期。
② 《中共中央文件选集》第 1 册，中共中央党校出版社 1982 年版，第 110 页。

了。"① 由于中国革命走的是一条农村包围城市的道路，在整个新民主主义革命时期，中国共产党的工作重心都在农村，因此农民在中共组织成员结构中的比例占据绝对优势，部分人员逐渐成长为党内的精英分子，担任重要领导职务。

新中国成立后，中国共产党得以在全国范围内大规模地向农村地区延伸。正如黄宗智所说："共产党在农村建立党组织当然在与国民党斗争时期已经开始，双方的斗争促使各自向社会的基层纵深发展，但是只有 1949 年共产党获得最终胜利后，它才能在新解放区充分建立党的机构。"② 在新中国成立初期，党在农村发展党员问题上还是显得相当谨慎的。毛泽东 1950 年在中共七届三中全会的报告中指出："必须注意有步骤地吸收觉悟工人入党，扩大党的组织的工人成分。在老解放区，一般应停止在农村中吸收党员。在新解放区，在土地改革完成以前，一般地不应在农村发展党的组织，以免投机分子乘机混入党内。"③

1949 年 5 月 8 日，东河随义乌解放而解放。1949 年 8 月，东河成立农民协会，作为党在农村地区过渡的政权机构，第一任会长由何永浩担任。新中国成立初期，党在农村工作的主要任务是土地改革与农村阶级成分的划定④。同全国其他很多农村地区一样，七一村的前身东河二村在当时并没有成立党支部，因此，党在"东河二村"的工作任务主要由上级政府委派的工作组领导当地农民完成。"工作组成员多是由从各地临时抽调的干部组成，到东河二村参与土地改革与农村阶级成分划定工作。他们同村民同吃住，白天同大家一起劳动，

---

① 《李大钊文集（下）》，人民出版社 1984 年版，第 834 页。

② ［美］黄宗智：《长江三角洲小农家庭与乡村发展》，中华书局 2000 年版，第 178 页。

③ 《毛泽东选集》第 1 卷，人民出版社 1991 年版，第 34—35 页。

④ 按照 1950 年 7 月 20 日新华社发布的《中央人民政府政务院关于划分农村阶级成分的决定》，新中国成立初农村社会阶级成分主要划分为：地主、富农、中农、贫农等，选自《人民日报》1950 年 8 月 4 日，"共和国文献网"（http://www.ndcnc.gov.cn/datalib/2003/PRCDoc/DL/DL - 173842/）。

晚上召集大家开会，宣传党的有关土改以及成分划分方面的政策文件精神，深受百姓欢迎。"① 东河村于1950年底开始土地改革。根据当时东河二村②农会1951年上报义乌县政府的统计资料表明③，东河二村（七一村的前身）共有农户120户，总人数529人，总田地792亩，房屋304间，划为地主成分的有5户，富农成分的1户，小土地出租的④3户，其他农户皆为贫农、中农和雇农。村民每人平均分田地为1.497亩。

二　人民公社时期：政党权力核心地位的树立与巩固

正如上文所述，在新中国成立初期，即人民公社成立前期，鉴于农村政权体系建设的不完善以及农村党员数量的有限，党在农村地区工作的开展主要依赖于委派工作组完成。但是这种外来的工作组是临时性的，不可能长期驻扎在当地，往往具有较强的任务导向性。况且，这种工作体制毕竟是外在于农民的，还无法真正融入农民日常的政治生活，农民将永远视其为"过客"。

在完成土地改革以及农村社会阶级成分的划定后，党在农村地区的一项主要工作任务就是进行农业的社会主义改造，把分散的农民组织起来。然而，要像过去那样简单地依靠委派工作组的形式来完成这项工作任务，显然是不合适的。正是在农业合作化运动进程中，党的力量得以在农村地区全面拓展。1954年5月中共中央农村工作部和中央作的《关于第二次全国农村工作会议的报告》指出，新区约有相当一部分乡村没有中共党员的支部，这种乡及党员过少的乡，均应

---

①　引自与七一村老书记的访谈记录。

②　据《七一村村志》记载，1951年11月成立东河第二村政委员会，这是七一村的前身。

③　相关资料由义乌市档案局提供。

④　革命军人、烈士家属、工人、职员、自由职业者、小贩以及因从事其他职业或因缺乏劳动力而出租少量土地者，应依其职业决定其成分，或称为小土地出租者，不得以地主论。详见1950年7月20日新华社发布的《中央人民政府政务院关于划分农村阶级成分的决定》，《人民日报》1950年8月4日，"共和国文献网"（http://www.ndcnc.gov.cn/datalib/2003/PRCDoc/DL/DL – 173842/）。

在社会主义改造运动中积极发展党员，建立支部①。随着合作社的建立和发展，合作社和行政村建立了党的组织。"就全国而言，农村党员发展的两个高峰期是 1956 年和 1958 年。"② 这时正值社会主义集体化运动的两次高潮时期。合作化运动的一个重要成果就是将党的支部由行政乡一直延伸到村庄和生产单位。"支部建在村庄"和"支部建在生产单位"都是为了推动分散农民的组织化③。

据《七一村村志》记载，1954 年，何关林、何恃金、何关海 3 人组织了东河二村的第一个初级合作社——"联民合作社"。1956 年，东河一村、东河二村、东河三村以及横山等几个初级社，联合成立了东河高级农业合作社。第二年秋，再与殿口、又溪、井头徐、枫溪、八一、塘下郑等联合成立了"东河联社"。1958 年，稠城人民公社成立，东河联社解散，东河二村大队下辖 7 个生产队。

人民公社时期，随着"一大二公"政策的逐渐落实，党在农村地区的权力达到了极致，政府对农村社会的控制也得到了空前的高涨。在东河，几千名农民被组织成一个生产队，办起了一个大食堂，但食堂只办了 1 年便显示出"后劲不足"。当时，每人每天口粮不足 3 两，食油不足 5 克。1961 年，义乌 7 大公社被分割成 40 多个小公社，东河村成了东河人民公社所辖的东河生产大队。大食堂也随之停办，重新恢复了传统的一家一户的赶灶做饭的日子。

1962 年，东河生产大队被分割为不等的三大块，一个下辖 5 个生产小组，一个下辖 6 个生产小组，一个下辖 7 个生产小组。为了便于区分，大家认为有必要对每一块起一个村名，于是有人提议可否根据各自所辖生产小组的数量进行命名，用三大节日（即"五一"国际劳动节、"六一"儿童节、"七一"中国共产党诞生纪念日）的月、日简称来命名三个队名，这在当时不失为一个革命性的倡议。这名字

---

① 崔乃夫主编：《当代中国的民政（上）》，当代中国出版社 1994 年版，第 122 页。

② 景跃进：《当代中国农村"两委关系"的微观解析与宏观透视》，中央文献出版社 2004 年版，第 8 页。

③ 徐勇：《"政党下乡"：现代国家对乡土的整合》，《学术月刊》2007 年第 8 期。

既简单好记，又颇有政治宣传意义。因此，这个倡议得到了全体村民的认同，就这样"五一"、"六一"、"七一"的称呼便被确定了下来，并一直沿袭至今。

正如徐勇教授所言："人民公社体制不仅进一步推动了农村党组织的建设，而且进一步确立了党组织的核心地位。人民公社既是'政社合一'的体制，也是'党政合一'、'党经合一'的组织体制。公社设立党委，生产大队设立党支部，生产小队设立党小组，由此形成党的组织网络。党组织、政权组织、经济组织高度重合，党的书记全面负责并处于领导核心地位，公社和大队管委会等组织处于'虚置状态'。只有在作为直接生产和核算单位的生产小队，生产队长的影响力更大一些。"①

新中国成立前，七一村的前身"东河村"并没有成立单独的党组织，直到1956年，七一村才开始成立第一个党支部。七一村党组织的历史沿革情况，如表3－1所示。

表3－1　　　　　　　　　七一村党组织的历史沿革

年份	组织名称	上一级党组织	书记	党员人数	成分
1956. 1 — 1958. 10	东河村	东河乡党总支	何樟兰	20	贫农
1958. 10 — 1962. 1	东河村	东河公社党委	何关贤	23	贫农
1962. 1 — 1970. 7	东河村	东河乡党委会	何关林	25	贫农
1970. 1 — 1981. 4	七一村	东河乡党委会	何恃森	30	贫农
1981. 4 — 1987. 8	七一村	东河乡党委会	何恃金	35	贫农
1987. 8 — 1998. 8	七一村	城西街道党委会	何恃熊	43	中农
1998. 8 —	七一村	城西街道党委会	何德兴	59	贫农

三　村民自治与政党传统权威地位

20世纪80年代初，随着家庭联产承包责任制这一新型农业生产经营体制在全国范围内的全面实行，导致了人民公社体制的解体，

① 徐勇：《"政党下乡"：现代国家对乡土的整合》，《学术月刊》2007年第8期。

"其结果不仅使农村经济管理体制发生变革，同时也带来农村政治社会体系的重大变动，并产生出新的问题"①。由此也导致了一系列新的问题，在农村社会一度出现了权力的真空、混乱和失序状况。农村基层党组织也因为失去了传统的人民公社体制下生产单位做支撑，而陷入瘫痪和半瘫痪状态。这一状况引起了中央的担忧。中共中央 1982 年 1 号文件在批转《全国农村工作会议纪要》的"前言"中指出："最近以来，由于多种原因农村一部分社队基层组织涣散，甚至陷于瘫痪、半瘫痪状态，致使许多事情无人负责，不良现象在滋长蔓延。这种情况应当引起各级党委的高度重视，在总结完善生产责任制的同时，一定要把这个问题解决好。"② 在中共中央关于 1984 年农村工作的通知中，强调要加强农村党组织建设，提高党组织的战斗力，改变软弱涣散的状况③。

鉴于此，中共中央进一步强调加强农村基层党组织的作用，并且及时做出了政社分开、建立乡政府的决定。1980 年底，广西宜山和罗城两县的农民在自己推举的带头人的组织下，率先选举成立了中国最早的村民群众自治组织（当时名称不统一，有的叫"管委会"，有的称"议事会"，有的叫"治安领导小组"等），制定了基于民主选举、民主管理和民主监督原则的村规民约，这标志着村民自治制度的诞生。为引导和规范村民自治的运作，国家在 20 世纪 80 年代制定和颁布了一系列的法律和制度，对村民自治做了理想的建构。1982 年通过的《中华人民共和国宪法》第 111 条对村民委员会的性质和任务作出了原则性的规定："城市和农村居民居住的地区设立的居民委员会或者村民委员会是基层群众性自治组织。居民委员会、村民委员会的主任、副主任和委员由居民选举。居民委员会、村民委员会同基层政权的相互关系由法律规定。""居民委员会、村民委员会设人民调

---

① 徐勇：《中国农村村民自治》，华中师范大学出版社 1997 年版，第 26 页。
② 中共中央文献研究室编：《三中全会以来重要文献选编》（下册），人民出版社 1982 年版，第 1061 页。
③ 中共中央文献研究室、国务院发展研究中心：《新时期农业和农村工作重要文献选编》，中央文献出版社 1992 年版，第 237 页。

解、治安保卫、公共卫生等委员会，办理本居住地区的公共事务和公益事业，调解民间纠纷，协助维护社会治安，并且向人民政府反映群众的意见、要求和提出建议。"1987 年 11 月，第六届全国人民代表大会常务委员会第二十三次会议通过的《中华人民共和国村民委员会组织法（试行）》，根据国家宪法的有关原则精神，对村民委员会的性质、任务、组织方式、活动准则等做出了较为具体而明确的规定。

经过上文的梳理分析，我们对中共进入农村社会政治场域的历史发展进程有了一个动态的阶段性了解。下面，我们将对这一动态发展过程用表 3-2 的形式进行演绎。

表 3-2　　　　　　　　　中国共产党在农村的发展进程

历史阶段 比较项目	人民公社成立前	人民公社时期	村民自治时期
政府控制	通过一系列政治化运作，政府逐步控制农村社会	与计划经济体制相对应，政府强力控制了农村社会的方方面面	政府逐步退出了对农村社会的直接控制
政党权威	政党力量进入农村社会，逐步发挥农村社会治理功能	政党权威地位树立并且得到巩固，处于农村社会权力核心地位	政党权威开始受到挑战
农民自主权	农民被组织化与政治化，自主权力受到限制	农民被高度组织化与行政化，完全缺乏自主权	农民的选举权、管理权、监督权与决策权逐步得到落实
乡土社会传统	乡土社会传统基础被破坏	乡土社会传统根基被剥离，传统伦理、制度、规则失去规范基础	乡土社会传统规范部分得到恢复

不过，在村民自治条件下，随着人民公社体制的解体、家庭联产承包责任制的推行，农村基层党组织所面临的环境及其组织形式发生了重大的变化。一方面，农村党支部的建立载体由过去的生产单位转移到村落行政区域，即行政村；另一方面，村民委员会这一新型农村政治组织的出现并且日益发挥着村庄治理主体的作用，从而改变了农村社会基层党组织独大的局面，农村基层党组织的传统权威与权力核心地位受到了挑战。但是，村党组织无论在新农村建设还是村庄的管理方面，依然发挥着重大的作用。我们的问卷调查数据表明（表 3-

3），100%的被访者认为村党支部在七一村新农村建设中能够发挥作用，其中95.6%的被访者认为作用还很大。当问到"七一村党组织带领发展农村经济、农村党员带头致富奔小康的能力如何"时，数据表明（表3-4）有32.7%的被访者认为很强，认为较强的有65.8%，只有1.5%的被访者认为能力一般和较弱。而党员整体上还是好的（表3-5）：62.5%的被访者认为七一村的党员整体印象是很好的，认为较好的有36.4%，而认为一般和较差的只有1.1%。

表3-3　　您觉得村党支部在本村新农村建设中能发挥多大作用？

选项	频数	所占比例（%）
没有作用	0	0
有点作用	12	4.4
作用很大	263	95.6
合计	275	100

表3-4　　您认为七一村党组织带领发展农村经济、农村党员带头致富奔小康的能力如何？

选项	频数	所占比例（%）
很强	90	32.7
较强	181	65.8
一般	3	1.1
较弱	1	0.4
合计	275	100

表3-5　　您对目前七一村党员队伍的整体印象如何？

选项	频数	所占比例（%）
很好	172	62.5
较好	100	36.4
一般	2	0.7
较差	1	0.4
合计	275	100

七一村村民也非常清楚村党支部这些年所获得的各项荣誉（表 3 - 6 的数据说明了这一点），并由此深感自豪，比如村民非常愿意向外人表露七一村来过多少的中央、省和当地的领导。

表 3 - 6　　您知道 2006 年中国共产党成立 85 周年之际，七一村
党支部被评为全国先进基层党组织吗？

选项	频数	所占比例（%）
知道	274	99.6
不知道	1	0.4
合计	275	100

第二节　村党支部书记：村落权威资源的成长

改革开放后，推行家庭联产承包责任制，"废除人民公社体制的一个未被完全预见的后果，就是弱化了传统农村精英的权力基础"①。由于家庭经营，村落精英丧失了人民公社体制下垄断乡村资源分配的权力。随着国家公权力对农村社会控制的放松，以村支书为代表的传统村庄领袖单纯地依靠国家正式体制赋予权威与地位的日子一去不复返了。

近年来，农村基层党组织、基层政权弱化问题，已引起了党中央的高度重视②。在新的历史条件下，加强党的农村基层组织建设，进一步改善党对农村工作的领导，巩固党在农村的执政基础，已成为当前新农村建设迫切需要解决的课题。问题的关键在于，在农村社会权力结构发生深刻变迁的条件下，农村基层党组织尤其是党支部书记能否在农村社会权威价值再分配中获取更多的资源？如何有效地进行农村社会权威资源的再造？下文，我们将通过对义乌市七一村何德兴书

---

① 徐勇：《"政党下乡"：现代国家对乡土的整合》，《学术月刊》2007 年第 8 期。

② 在党的十七届三中全会决议中，特别提到了"一些地方农村基层组织软弱"的问题，并且在决议中有专门章节论述"加强和改善党的领导，为推进农村改革发展提供坚强政治保证"。

记个案的剖析，对上述问题做出力所能及的探讨。

金华市委常委、义乌市委书记吴蔚荣曾说道：何德兴是新时代党员中涌现的一根标杆，他以"一人富了不算富、大家富了才是富"的"致富观"，以"公道处世，公正待人"的"公平观"，以"舍利取义，克己奉公"的"利义观"诠释着科学发展观的深刻内涵。

今年 50 岁的何德兴就出生于这个与党的生日同名的普通村庄——义乌市城西街道七一村。家境贫寒的他中学毕业后就选择了当兵，1988 年 5 月加入中国共产党，复员后回到义乌市徐村乡当了一名干部。1993 年，何德兴在自己亲戚开办的联托运入了股，年末获得了 3 万元红利。何德兴觉得下海经商也是很好的选择，便毅然辞职开办联托运。那时候，在"买全国货，卖全国货"的义乌，联托运行业经过几次整顿发展已相当成熟。一批联托运巨头抢占了义乌至全国各地最热门的联托运线路，这无疑使初涉商海的何德兴面临极大的挑战。固守义乌，不论资金实力还是实战经验，何德兴都不如他人，只有走出义乌寻找新的商机，才有可能做大做强。于是，何德兴毅然离开义乌到绍兴、萧山等地发展联托运业务。他成了义乌率先勤劳致富的一名共产党员。是继续拓展事业，还是反哺家乡带领乡亲们共同致富？何德兴对此不知思考了多少遍。最后，他毅然选择了后者。他认为自己作为先富起来的共产党员，有责任带领乡亲们共同奔小康。

何德兴从 1997 年起一直任义乌市城西街道七一村党支部书记。

2007 年 12 月 26 日下午，何德兴再次以全票当选村党支部书记，这已是他第 5 次以全票连任七一村党支部书记①。令人颇感惊讶的是，何德兴缘何连续 4 届以全票当选连任，赢得党员群众拥护呢？其威信来自哪里？

从某种意义上说，20 世纪 80 年代始在我国全面推行的村民自治制度，真正确立了广大农民群众在农村基层政治生活中的主体地位，村民成为了乡村治理的主体，使得大家第一次有权利用自己手中的选票把心目中不合格的干部给淘汰掉，从而也终结了人民公社体制下村

---

① 前面 4 次分别是在 1998 年 8 月、1999 年 4 月、2002 年 1 月和 2005 年 1 月。

干部由上级任命的历史。由此，"在村庄领袖①民主选举的背景下，民众认同成为了确定村庄领袖、形成村庄权威的基本准则和最高标准"②。

与政府官员任期不得超过两届的规定不同，根据现行的法律，村两委成员任期为 3 年一届，但可以连选连任。由此，在我国农村政治生活中出现了一部分村两委干部长期在任的现象，尤其是村两委主要成员，即我们称之为村庄领袖的村委会主任和村党支部书记。有学者③把这种现象称之为认同型村庄领袖，就是指这种村干部得到了村民群众的真正认可，能够经受住村民选票的长期考验。就此而言，七一村书记何德兴俨然是一位获得村民们高度认可与信任的村庄领袖，从 1998 年开始他已经连任 4 届并且每次都是全票当选。这从我们对七一村村民所进行的问卷调查反馈结果中也得到了验证。在我们向村民们问道："您认为七一村最有威信与地位的 10 个人是谁？"在收回的 357 份问卷中，村民们无一例外地都把何德兴排在了第一位。"这件事情最终还得由何书记最终拍板决定"，这是笔者在调研过程中经常听到的一句话。在有意无意间，村民们常常流露出对何书记个人由衷地钦佩、赞赏与尊重。可见，何书记在村中的权威与地位确实是非同一般的，而且这种权威更多的是民众发自内心的认同与服从④。

从学术探求的意义而言，"民主选举实质只是解决了村庄领袖的民众认同如何表达问题，并没有回答和解决村庄领袖何以取得民众认同的问题。那么村庄领袖何以取得村民群众的认同？尤其是得到持久

---

① 从现代领导学的角度看，广义上的村庄领袖"包括所有给以声望、权力、地位或其他影响力启发村民行为、组织和控制村民行为的人，即对村民的行为具有影响力的人"。参见卢福营《农民分化过程中的村治》，南方出版社 2000 年版，第 79—80 页。

② 卢福营：《个私业主主政的村庄治理》，华中师范大学博士学位论文，2006 年，第 59 页。

③ 同上。

④ 肖唐镖：《什么人在当村干部？——对村干部社会政治资本的初步分析》，《管理世界》2006 年第 9 期。

的民众认同？"① 换句话说，村庄领袖能够得到民众持久、高度认同的社会基础是什么？在新的历史条件下，以七一村党支部书记何德兴为代表的新型村落领袖是如何进行村落权威资源的重构与形塑的？

一　权威建构的道德基础

改革开放后，在市场经济和家庭联产承包责任制的双重冲击下，利益原则和个人主义价值观迅速渗透乡村社会。不可否认的是，行政共同体②的瓦解带来了乡村社会核心价值观的长期缺位，导致乡村社会公共舆论道德约束功能的迅速弱化，在一些群众中出现了"信仰危机、公德缺失、价值观念差异、是非观念模糊"③ 等不容忽视的伦理性危机问题，这些问题严重地影响了农村社会的稳定、和谐和可持续发展。倡导乡风文明，加强乡村社会公共伦理建设已经到了刻不容缓的地步。不可否认，"乡村公共伦理建设必须依靠具有权威性的道德先行者的教育引导"④。在计划经济时代，党员干部作为农村社会政治权威、行政权威和道德权威的代表，对广大乡民发挥着较好的道德教化作用。然而，"在农村实行家庭承包责任制以后，由于党政基层组织对农村社会控制力的弱化，同时也由于各种复杂社会利益关系的干扰与负面文化因素的影响，不少地方的乡村党政基层组织不是放弃了'教育乡里'的职责，便是陷于严重的瘫痪状态，不少乡村的党员和干部则完全丧失了作为先进文化代表的资格及其先进性和道德权威性"⑤。

---

① 卢福营：《个私业主主政的村庄治理》，华中师范大学博士学位论文，2006 年，第 66 页。

② 行政共同体是指广大乡民依靠行政纽带维持了彼此的团结与合作，集体主义道德观念取代传统伦理观念成为约束乡民的集体意识，国家、集体利益在乡民日常生活中取得突出地位，国家、集体共同构成乡民认同的核心。

③ 曹华：《文化建设是新农村建设的灵魂》（http：//scnews.newssc.org/system/2007/03/11/010283032.shtml）。

④ 龙兴海：《乡村公共伦理建设的难题解析》，《伦理学研究》2003 年第 6 期。

⑤ 同上。

在新的历史条件下，乡村社会伦理建设呼唤道德权威①代言人的出现。就此而言，义乌市七一村何德兴的道德践行正是迎合了时代赋予的特殊使命要求。道德权威是"在一定的社会关系中具有道德威望被信服的人"。我们不得不说的是，何德兴同志作为七一村党支部书记，其道德权威代言人形象的形塑过程，不是外力强加的，而是在相当长的历史时期内②，在一定的社会关系网络中自然而然形成的，是人们内在良心共鸣的结果，并且得到大多数人的拥护③。

（一）义与利的抉择：弃商当村官

何德兴是土生土长的义乌七一村人，家境贫寒的他中学毕业后就选择了当兵，1988 年 5 月加入了中国共产党，从部队复员后回到义乌市徐村乡担任了一名普通的乡干部。

1993 年，何德兴下海经商，生意越做越红火，麾下的物流网络遍布全国。逢年过节，每当他回到村里，看到乡亲们还是脸朝黄土背朝天却换不来小康生活的情景，时时令他陷入矛盾中，是继续拓展事业？还是反哺家乡带领乡亲们共同致富？何德兴对此不知思考了多少遍，常常折磨得他彻夜难眠。经过深思熟虑后，何德兴毅然选择了后者。1997 年何德兴放下自己红火的生意，担任了义乌市城西街道七一村党支部副书记。

对于这一举动，家里人开始不理解，母亲曾苦口婆心地劝道："村里的事情搞好了会有人说你占公家的便宜，好人背个坏名声；要是搞不好又会说你没能力，自己不愁吃不愁穿的，何苦呢？"一起办公司的朋友也劝他，农村工作比较难做，千人千心，吃力不讨好，你要做善事，资助点钱算了，何必回去做村官。村民更是风言风语，有

---

① 道德权威是道德的一种存在形式，这种道德由于具有符合大多数人的利益要求和价值追求而使其道德规范具有让人信服的力量和权威。参见鲁芳《道德权威及其认同》，《湖南师范大学教育科学报》2007 年第 5 期。

② 何德兴自 1996 年始担任村委委员、1998 年始担任村党支部书记，至今已担任村干部 12 年。资料来源于 2008 年 4 月对七一村党支部委员何春建的访谈。

③ 鲁芳：《道德权威及其认同——兼论走出道德教育的困境》，《湖南师范大学教育科学学报》2007 年第 5 期。

人说他为了图"名"，为捞取政治资本铺一条捷径。也有人说为了图"利"。土地征用，旧村改造开始了，回家当村干部，肯定为自己牟私利。不图名，不图利，无缘无故当村干部不可能。

"人活着不单是为了赚钱，要学会感恩，在推动社会进步的过程中最大限度地实现人生价值。在义乌，有钱人很多。你有钱，说明你有能力办好个人的事；但当村干部，还要有能力为老百姓办事，让村民过上好日子。我作为先富起来的共产党员，有责任带领群众一起奔小康。"此时此刻，作为一名共产党员，没有人能够阻挡何德兴脚下的路，第二年他以全票当选村党支部书记。

"没有信仰的人生是苍白的一生。"一个人的责任，是建功立业的前提。只有想任、敢任、能任、善任，才能谱写出社会主义新农村建设发展的新篇章。我们的农村，到底需要什么样的人来当村干部？当村干部图什么？义乌市七一村何德兴书记给出了一个响亮的答案。在调研过程中，我们也曾经直截了当地询问何书记："你丢下自己的产业，回家乡来当村支书，经济损失不少吧？"何书记坦言说："经济损失当然是比较大的，如果自己坚持做生意的话，那现在早就有几千万的资产了，而现在只能把自家的产业交给亲戚朋友来打理，无法得到更大的发展……我自己的企业放弃了 6 年，个人事业的损失就不说了；今年两个娘舅要我去管理一个公司，给我三成股份，利润很高。个人的最多只能守业，发展是不可能的，牺牲也很大。"当我们问他是否后悔时，何书记非常坚定地说，自己从来都没有后悔当初的决定。每个人有自己的价值观，何德兴诚恳地说："有些事是不能用金钱来衡量的。农民的感情最朴素、最有人情味，只要通过自己的努力，让村民过上了富裕的生活，让村民得到了实实在在的实惠，只要让老百姓从心里接受了我、认同了我，那种心情比多赚 100 万还要高兴！"

（二）请老百姓放心：不花村里一分钱

在义乌，富人治村现象正变得越来越普遍。在何德兴看来："村干部家里的经济条件好，老百姓更容易信任你。老百姓有一种非常朴素的想法：如果村干部的家里条件不好，那村干部肯定会打村集体经济的注意，毕竟村干部一家也要生活的。"①

何德兴自从当上村干部，一直做着给村里贴钱的"买卖"。村里事情多，又搞旧村改造，为全心全意替村民办实事，谋福利，把自家企业经营上的事全权委托给他人去打理，每年要减少收入二三十万元以上，手机话费就达上万元。

随着七一村知名度的提高，全国人大常委会副委员长韩启德，全国妇联副主席黄晴宜，民政部部长李学举，中央文献出版社、《香港大公报》……全国各地的媒体考察参观队伍纷至沓来，络绎不绝，2007 年就来了 427 批，但是何德兴从未让村里报销过 1 元钱，确保"零招待费"村规的顺利执行。

"善施斯为大。"村老年协会会长何恃金说，何德兴每年都要自己出钱组织全村老年协会会员到杭州、金华等地风景区旅游，逢年过节，自己掏钱为村里老人们购买年货，10 余年里仅花在为老人送温暖方面的钱累计就有 20 多万元。这几年他也从未领过 1 分钱的误工补贴，由村老年协会代领，作为村老年人活动基金。就连他每年因工作出色获得的 5000 元年终奖金和被评为浙江省"为民好书记"获得的 1 万元奖金也全部捐赠给了村老年协会。

奉献，是一种伟大的品格，是一种崇高的境界，是一种永恒的精神，这就以"小利"获得了"大义"。

（三）社会责任的担当：急民之所急

2003 年初冬，在浙江义乌农村合作银行东河营业大厅里，村民林仙妹不时走到门口张望，等待着一个人的到来。

这时，只见一辆宝马车停在银行门口，何德兴下车后，大步走进营业大厅，在林仙妹贷款申请表上签上了自己姓名。不一会儿，8 万元住房贷款就办妥了。

林仙妹是旧村改造首批拆迁户，由于子女们体弱多病，经济困难，建房时她拿出了长年累月一分一角积累起来的所有的钱，但是这些钱离新房所需的资金还差一半左右。找银行贷款？因为家里穷，银

---

① 引自与何德兴书记的访谈材料。

行怕他们还不起，不肯贷；找自己的亲戚给她家担保，大家都不愿意，当时急得她想要跳楼了。

此时，何德兴向她伸出了援助之手。每当说起这件事儿，林仙妹感激不已，"何书记帮了我们大忙，我们从心底里感激何书记的恩德，这不是拍马屁"。

现在，林仙妹家得到银行的贷款如愿建起了新房，她将新居留一部分自用，其余的全部出租，租金每年有近 2 万元，加上村里每年给村民的年终分红等，她家的建房贷款早已还清了，并且还小有积蓄。

村官不是官，却是一村之长，为了父母兄弟，要有先天下之忧而忧，后天下之乐而乐的心境。在乡村社会，"存在一种政治领袖，把村庄视为村落共同体，并倾向于拓展一种符合村民道德期望的能力"①。何德兴作为七一村的当家人，作为村庄的道德权威代言人，无不以"一种家长式的、道德化的力量辐射到每一个农户，他必须关心农户的生产、福利及其有关的一切事务"②。村庄就像一个大家庭，他要关心到家庭里的每一位成员。

人品，即为官之德是村庄领袖得到村民群众认同的重要因素。在中国农民看来，"为富不仁"、"为官不正"、"贪污腐败"是最让人难以接受的。中国传统的政治文化倡导："为官一任，就要造福一方百姓；当官不为民做主，不如回家卖红薯。"受传统政治文化的影响，村民们在选举村庄领袖时也顺理成章地把个人品德作为重要参考因素。改革开放后，在义乌农村确实已经涌现出了一大批先富起来的村民，但是个人的财富与才能并不能自然而然地为村民和村庄带来福祉，"先富"要能够带动"后富"需要道德做保证，要有奉献精神做支撑。这正如何德兴所言："在义乌，有钱人很多。但是你有钱，只能说明你有能力办好个人的事；但当村干部，还要有能力为老百姓办

---

① 郑欣：《运动中的乡村道德与权力——毛泽东时代的陈村领导及其道德困境》，《二十一世纪》（网络版）2002 年第 9 期（http://www.cuhk.edu.hk/ics/21c/supplem/essay/0209139g.htm）。

② 张静：《历史：地方权威的授权来源》，《开放时代》1999 年第 3 期。

事。自从我担任村支书的那一刻起，就暗自下决心，要努力让我们村的老百姓过上好日子。"

这在其他学者的研究案例中也得到了验证。"选择村干部要看人品，到底是哪一个能为群众利益着想……当干部不想着为群众干点事，随便混混3年过去了，那是很简单的事情。你要让老百姓下届选你，必须为群众干点事出来。……我觉得当干部要有那个实实在在、埋头苦干的劲，切实为群众利益着想的精神……"①

二　权威建构的社会事件过程

村庄社会权威的建构，"不仅体现在组织结构关系上，还表现为社会过程"②。正如何德兴书记所说的："村干部的威信来自于他们平时能不能踏踏实实为老百姓干一些事情。"在义乌，有一部分老板富裕了之后，在"官本位"思想的作用下，很想过一把"官瘾"，到村里混个村官当当。在费了九牛二虎之力选上了村委会主任后，却发现事情远非当初想象得那么简单。一方面，他们还舍不得丢掉自己的生意，把自己的大部分时间和精力放在自己的生意上，很难有时间到村里去。即使到村里去，他们也往往觉得无事可做。于是乎有很多老板，在选上村委会主任后向我们大倒苦水，说这个村委会主任并不能给自己带来更多的威望，纷纷表示当完这届后再也不当了。另一方面，村民们对于自己选出来的主任整天不见人影也是相当地不满。在处理一些村里的纠纷时，需要听听村干部意见，却找不到人。在调研中，一位村民就曾对我们说：我们村的几个村干部全家都住在城里，村里的水能不能喝，又不关他们的事。更何况，就算有水喝了，他们也喝不到。也许这只是村民一时的气话，但是也从侧面反映出一个问题：当村干部却整天不在村里，那么又如何能够关心和帮忙解决村民

---

① 卢福营：《个私业主主政的村庄治理》，华中师范大学博士学位论文，2006年，第70页。

② 刘金海：《乡土权威与法理权威的形成及演进——湖北省武汉市徐东村观察》，《中国农村观察》2001年第4期。

们的疾苦痛痒？试问：这样的村干部又怎么会得到老百姓的好评，又怎么能够在人民群众中拥有崇高的威信与地位呢？① 或许，七一村何书记的做法能够给我们一些重要的启示。

（一）赢得村民信任：坚持"公平、公正、公开"办事

加快七一村旧村改造进程，让村民都能住上宽敞、明亮、整洁的新房子，让整个村庄的面貌能够焕然一新，是何德兴的一大心愿。2000年，当何德兴提出旧村改造时，立刻得到了村民们的热烈响应。但是，旧村改造是一项异常艰难的工程，村民们还是有不少担忧。在当时，义乌的一些农村已经先期进行了旧村改造，对于这些村庄出现的问题，村民们也有所耳闻，他们生怕这样的事情也发生在自己村里。比如一是担心旧村改造成了半拉子工程，只搞了一期，而二期、三期却因故不能按期开工；二是担心好的地段都被村干部占了。"其他村，旧村改造过程中，村民对村干部的意见比较大；村干部的房子往往地段好、外观也气派。老百姓普遍认为旧村改造是让村干部受利的。"② 当时，何德兴曾经专门就本村开展旧村改造事项找老书记商谈，老书记意味深长地对他说："旧村改造是一件大好事，但是你的头肯定会长满白发，旧村改造很难很难；要受气、难听话不会少，你自己要谨慎，不要虎头蛇尾，搞了一期，搞不了二期。老百姓顾虑大，都持怀疑态度。"

为了打消村民们对旧村改造工程的种种疑虑，何德兴提出旧村改造工程在开展过程中，必须要坚持"公开、公平、公正"的原则。为了打消村民们对旧村改造是村干部得利的想法，以何德兴为首的七一村村两委干部向村民们做出郑重承诺："七一村村两委干部要等到全村90%以上家庭住上新房后，才能分房。"这项承诺无疑是给村民们吃了一颗定心丸，这是一项了不起的承诺，需要相当大的勇气和决

---

① 目前，义乌市专门发文规定周五为全市村干部驻村集中办公日，让那部分不在基层的村干部，撇下手中的生意，沉下心来处理村里的琐碎小事，不做来也匆匆去也匆匆的人。参见《当好名副其实的村干部》，《义乌新闻网》2008年11月17日。

② 引自2008年4月29日与七一村村委会主任何仲连的访谈。

心。事实上，对于这样的决定，有些村干部的家属很是想不通，甚至还有村干部夫妻为此闹离婚。当时家属问得最多的一个问题就是："你当这个干部到底为了啥？连个自家的房子都解决不了。"在七一村党支部书记何德兴看来，当干部可不是为个人牟私利。正是在何德兴的倡议下，七一村两委干部才提出了上述承诺。当然，这也是建立在何德兴个人崇高道德威望的基础上，他带头承诺，其他人自然也就跟上了。"人格化的道德权威具有内在的令人信服的高尚品质，其言行对他人的道德意识的养成和道德行为的发生具有引导作用。"① 几年来，七一村的村干部们牢牢地坚守了自己当年作出的庄严承诺。村委会主任的旧房子早在 2002 年就带头拆掉，但到现在也还没有分到新房子。至于村党支部书记何德兴，为了分新房子，更是有着一段听了令人肃然起敬的故事。

案例：真实的谎言

何德兴的父母身体不好，一直住着两间"赤膊屋"，老屋前后距离近，被前后高楼挡住了阳光。因此，他们一直盼望着何德兴能让他们在有生之年圆上住别墅的梦，在有生之年享受新农村建设的成果。第一批村民们搬进了别墅新房时，他的老父亲却住进了医院。在医院的老父亲每当听到住进新房的农户放起了爆竹，他就含泪问何德兴："别人都已经住进新房了，什么时候轮到我们？"为了安慰老人家，何德兴编造了一个美丽的谎言："快了，就要住上了，现在正在装潢呢。你就好好在医院养病，等病好了，出院后也就可以住到新房里去了。"可是，直到 2005 年正月，何德兴的父亲撒手西去，他老人家一直心愿未了，没能看到自家人搬进新房。

2007 年 2 月，中央电视台"面对面"节目主持人王志采访何德

---

①　鲁芳：《道德权威及其认同——兼论走出道德教育的困境》，《湖南师范大学教育科学学报》2007 年第 5 期。

兴时问了两个问题："一是，亏不亏，自己在做这项工作，却不能住上新房；二是，孝不孝，当别人都住进了新房，而你却让两位老人住着两间旧房，而且最终让自己的父亲冷冷清清住进了公墓。"此时此刻，何德兴的眼泪情不自禁地流了下来，说实在的，他是多么想让父亲生前能够住上一天新房，可是他的回答令人震撼："没有大家就没有小家，要顾全大局，只要 90% 村民住上新房以后，我自己再建新房，这是我自己承诺的，就必须做到。"

言必信，行必果。如今七一村旧村改造已经完成了两期，已有67% 的农户圆了像城里人一样住洋房别墅的梦想。但是，到目前为止，何德兴和其他的村两委干部都还住在老房子里，没有一家造新房。

"无欲则刚，舍小利取大义。"一诺千金，是人格内在魅力。当村干部需要有"舍小家，顾大家"的思想，需要有不与村民争利的风格，需要有先人后己的精神，"让利"才能得到"大义"。

（二）尊重村民意愿：收集民意，为民办实事

民主选举、民主决策、民主管理和民主监督共同构成了我国基层民主制度的主要环节和内容。最大限度地激发村民群众平等参与村庄重大公共事务的决策与管理，是我国村民自治制度的理想价值目标追求。就此而言，广大村民群众应成为民主决策的主体，村民同意应成为村庄社会权威建构的基石所在。在村级事务重大决策中，何德兴书记始终坚持民意基础第一。在他看来，"一切大事要事都要与村民通通气，让村民知道你在干什么，为什么要这么干？"① 这在程序上、法律上为其个人获得的村庄代理人身份奠定了坚实的权威基础。

在七一村，岁末年初，村两委会给村中的每户家庭下发了一份村庄下一年度工作意见征求表。村民们希望村两委干部下一年重点完成什么事项，可以在这张表格上反映出来。春节是中国人亲人团聚的日子，在外务工经商的人员也都回来了，这些长年在外经商做生意的人见过大世面，往往能够带回来丰富的外部信息，他们对家乡的建设有

---

① 引自与何德兴书记访谈材料。

什么样的要求也可以填写在表格上。一年一度的意见征求表填写，对于七一村村民来说，已经是每年春节吃年夜饭之前一项必不可少的作业。每年的这个时候，村中的老百姓都会不约而同地聚集在一起，对村中哪些事情需要重点解决进行讨论。过完正月十五，村委会主任助理会把下发给村民的意见征求表收上来，然后对村民的意见进行分门别类的整理、总结，按照事项的重要性进行排序，制作成一张工作表格，进一步细化形成工作计划。下一年村两委的主要工作开展，要严格按照村民意见征求表来做。由于村两委来年开展的工作事项都是老百姓最关心、最急切的问题，这样村两委干部工作开展起来就比较顺畅了，没有什么阻力，因为这些事情都是老百姓自己提出来的。正如七一村村委会主任何仲连所说的："工作计划中的事情是一定要做的，要完成的。村民自己提出来的，就会支持，配合村里，做起来就比较容易，因为阻力没了。村里建路就是个很好的例子，村民自己提出来的，村委采纳，所以村民就很开心，做起来也就比较容易，很顺利。"在笔者调研过程中了解到，这几年村民们的意见反映还是比较集中的，一是希望加快旧村改造的进程；二是道路改造问题；三是环境卫生问题；四是村两委干部的团结稳定问题。

（三）规范村干部行为：用制度办事

村民自治作为农村基层社会管理的实验，客观上要求在一套科学的制度规范和程序下运作。否则，会影响村民自治的运作效能和进一步发展，甚至有可能使村民自治扭曲变形或失控。完善的法律、规章、制度是保证乡村治理有序化运作的根本，从而让村庄公共生活都有法可依、有章可循。

自从何德兴担任七一村党支部书记以来，他带领村两委干部制定了大大小小一系列的制度，以至于村民们都称何书记为"何制度"。正如何德兴所言："没有制度就不成规矩，不成方圆，用制度来管理和凝聚人心，那就要我们村的主要干部首先要执行好这个制度。"[1]有制不依已是当下乡村治理运作中的棘手问题，已成为乡村治理制度

---

① 引自与何德兴书记访谈材料。

化面临的重大挑战。乡村干部带头遵守村规民约，无疑为广大村民们起到了良好的示范作用。而且，在七一村现有的 10 项制度里，其中最重要的 3 项制度就是用来约束村干部的承诺制度。自从再次连任七一村党支部书记后，何德兴就把自己的就职承诺书张贴在村务公开栏上："各位村民，本人当选为村党支部书记，一方面感到很光荣，另一方面觉得担子很重，街道党委重托，48 名党员 23 名村民代表厚望，1100 余名村民的期盼，都寄托在我们 6 个村两委干部的身上，我们会尽心尽责为村民办事。我们宁可多牺牲自己的时间精力，多为村民解决实际困难，提高村民收入，改善村民生活居住环境，发展壮大集体经济，多办实事多办好事，力争在本届任期内完成新社区建设任务，给全体村民一个圆满的答复。"完善的制度应当是程序性制度与惩戒性制度的统一。既规定应做什么、怎么做，又规定做或不做什么、这样做或不这样做，将会受到何种奖励或处罚。

正如七一村村委会主任何仲连同志所说的："村干部要为老百姓做实事，让老百姓信任，就要制度化。"村级财务支出问题是村民们比较关心的问题，在七一村有着异常严格的村级财务制度，村会计会把每月的村级财务开支情况进行详细地公布，老百姓能清清楚楚地知道村里花了多少钱，还有多少钱。而且，每一笔财务收支都由 3 个代表审核。现如今，七一村名声在外，一批又一批的客人成群结队地到七一村参观考察，仅 2006 年全国各地到七一村考察的各级领导干部就达 426 批之多。如此大规模的客人到七一村来参观考察与学习，那就得有一笔相当大规模的招待费支出？何书记断然否定了笔者的想法，在七一村实行严格的零招待制度。用何书记的话说就是："这么多的客人来，我不可能用自己的钱去请客，但更不可能用村集体的钱去请。"原来这么多的客人都是义乌市各部门介绍过来，或者是慕名而来，一般都是考察单位自行解决。

三　权威建构的绩效基础

随着农村经济改革和社会发展，一批懂经营、善管理，在经济发展中具有超凡能力且卓有成效的农村经济能人迅速崛起，并且随着农村民主政治特别是村民自治制度的发展而逐渐进入乡村公共政治领域，成为村庄领袖人物，在村庄政治运作中居主导或支配地位，从而在中国农村大地上形成了独特的能人治理型村治模式，对中国农村政治稳定与经济社会发展产生了深刻影响①。如果说在人民公社时期，村庄更多地是需要能够听从上级领导的指示的忠厚老实型的村干部。那么，在改革开放后，在村民自治条件下，村民们对村庄领导人的能力有了更多的要求，传统意义上的老好人已越来越不受村民们的欢迎。正如何德兴所说的："一个村庄，书记很重要。书记选好了，这个村子就发展上去了；书记选不好，这个村庄就没有战斗力。一个好的书记，素质是第一位的，能力很重要的，自身的经济条件是基础。以前七八十年代的村干部讲究的是道德素质和政治眼光，现在的村干部更注重素质、能力和经济条件。现在浙江省委提出来，农村的书记必须是'双带'——带头致富，带领群众致富。村干部必须要能够带头致富，这样才有可能带领群众致富。所谓素质就是要能够利用自己的行为去感化群众、去影响群众，从而把群众团结在党组织的周围；所谓能力是指有没有办法替群众办实事。"在村民看来，何德兴就是他们心目中的理想书记。村中的老党员何关宝曾经风趣地对我们说："何德兴有胆量，敢于做大事情；有魄力，像个老板的样子；有路头，懂得要办的事该找哪些人、哪些部门。同时他为村里做事舍得奉献，既贴钱又贴时间，我们当然要选他。"

（一）经营理念的创新：壮大村庄集体资产

改革开放后，在家庭联产承包制条件下，生产经营以户为单位，致富和发展经济成了一家一户自己的事情。与农户个人财富不断增长形成鲜明对比的是，村庄集体经济却每况愈下。像义乌这样市场经济比较发达地区的农村，很多村庄的集体经济却是个空壳子，甚至是负债运营。在这样的背景下，村落领袖能不能壮大村庄集体经济，有没有发展经济的本领，已经成为村民们衡量与认同村干部能力素质的一

---

① 卢福营：《论能人治理型村庄的领导体制——以浙江省两个能人治理型村庄为例分析》，《学习与探索》2005 年第 4 期。

个重要因素。何德兴书记早年做过生意、办过企业，在担任七一村党支部书记后，他自然而然地会把过去经营企业、做生意时形成的一些成功经验和做法运用到村庄治理中去，从而实现了村庄集体资产的增值与再生产，实现了村庄治理理念的创新。

1. 农户土地集中流转，年终按股分红

在历史上，七一村是个典型的农业村。改革开放后，七一村村民搭上了义乌小商品市场快速发展的列车，纷纷弃农从商，从而导致大量的良田被抛荒、弃种。正如何德兴所言："让村民们守着这点土地搞小农生产，饭都吃不上。刨去农药化肥的成本，种田是没得赚的。"毕竟在市场经济条件下，农民们都是精于算计的理性经济人。但是祖祖辈辈赖以生存的土地就这样被闲置浪费了，这实在是一件令人痛心的事情。正是在这样的背景下，早在2003年七一村就开始了土地流转工作。据何德兴介绍，当时召开村民大会表决是否支持土地流转时，得到了99%的村民支持。七一村筹划成立了"七一果蔬合作社"，村民以自己的承包地入股，加入合作社，然后由合作社集中转包经营土地，所得收益年终按股分成。土地所有权归集体，股份化后每个集体成员都有股份，承包权仍归农户，不改变承包关系。经营权归合作社，由合作社出面将园区内的农田"公开投标招租，村集中统一发包，经村同意，承包户在同等条件下，有优先承包权"。

2. 借鸡生蛋：兴办集贸市场

在第一期旧村改造区位招投标①过程中产生了260万元钱，随之而来的问题是这笔巨款该如何分配，这在当时七一村老百姓中引起了很大的争论，当时有相当一批老百姓主张把这260万元钱平分掉。但是，极具企业家经营战略思维的何德兴显然不同意把这笔钱简单地分给农户，按照他的说法，他要"借鸡生蛋"，这只"鸡"就是利用这260万元钱在村子周边造一个农贸市场，这样不仅大大方便了村民的生活，也给七一村村民产生了源源不断的经济效益。现如今，红红火

---

① 所谓区位招投标即指旧村改造过程中，农户房子的区位选择采用招投标的方式进行，谁出的钱多谁就能够拥有较好地段的区位房。

火的集贸市场不仅产生了相当可观的摊租收益，还带动了周边地块的商业价值。在第二期旧村改造时，市场边上的房子投标款就达到了1560多万元。据何德兴介绍："由于这个市场建好了，市场里面的摊位费、市场边上那些店铺的房租费，我们现在整个村每年可以收入100多万元。"

在市场建设的过程中，也遭遇了一些人的强烈反对，因为他们的利益从中受到了损失。在调研过程中，何书记就非常无奈地跟我们讲起了一个发生在他身上的故事：

> 村民何恃洪的家紧邻七一村老菜市场，每年5间店面的租金就有五六万元。投资一个新的东河综合市场，菜市场实施整体搬迁意味着他要白白损失几万元的租金收入，这是他极不愿意看到的事实。当时他强烈反对集贸市场建设，指着鼻子骂我。我当时只好让他冷静下来，好好跟他讲道理。晚上又上门去跟他沟通，但是他心里还是很不舒服，因为这个牵涉到他的切身利益太大了。所以他后来制造了一些谣言，最难听的谣言都有。说我被抓进去了，刚好那两天我去开会不在村里，我又不能跟人家说我去开会，村民两天没看见我，到了第三天他就跟村民说，明天早上9点钟要开追悼会。他说我被汽车撞死了，村民都炸开锅一样以为是真的。结果家里人打我电话打不通，因为那时候刚好我在飞机上，这就更让人相信那个谣言了。后来村民打电话过来了，其实就是想听听是不是本人接的电话来证实谣言是否是真的。

3. 村庄多元经营：提高农民收入

在土地集中流转后，农村剩余劳动力怎么办？这是何德兴时常思考的一个问题。在七一村，有30多家民营企业。在每年春节过后企业招工季节，何德兴都会上门劝说这些企业主，让他们招工时尽量录用本村的农业剩余劳动力。另外，何德兴还在村里搞起了来料加工，让赋闲在家上了年纪的农村妇女也有赚钱的门路。

一年三熟的田藕是东河农业的拳头品牌，"东河田藕"也已经

"走"上全国各大城市的餐桌。2006 年，不满现状的何德兴又提出农业要走科技、生态、绿色环保之路的设想，建起了一个集科研生产、生态休闲、旅游观光的农业园。如今，一幅"出淤泥而不染"的莲藕基地的规划图高高挂在村口路边，总投资为 1000 多万元的国内第一个"藕博园"已经启动。不久后，这里将是全国精品莲藕的汇集地，既有专门长藕的藕莲，也有只长莲蓬的籽莲，还有只开花不结果的花莲，市民将不再需要为了观赏不同的莲花奔走各地，"东河田藕"除了"食用"标签，还将增加一个"观赏"标签。

2006 年，七一村同遂昌县的贫困村——云峰镇潘坞村结为帮扶对子。机遇总是偏爱有准备的人，财富也是如此，嗅觉灵敏的何德兴在多次走访中发现，潘坞村有从事布鞋加工的传统，潘坞布鞋曾是皇家贡品，他顿时眼前一亮，寻到了商机。为了尽最大可能地帮助潘坞村脱贫致富，何德兴就采用项目对接的办法，发挥潘坞村村民一技之长，委托潘坞村村民加工手工布鞋，由七一村提供样品信息和经销。加工后的布鞋贴上"七一"商标后，每双布鞋价格达 148 元，双方走上了共赢之路。现在的潘坞村家家户户做布鞋，成为了名副其实的布鞋村，2008 年共销售了 1800 余双布鞋，经济收入有了大幅度提高。

（二）事无巨细：为村民提供公共服务

对于村落精英而言，他们只有积极投身于地方的公共事务，为村民群众提供各种力所能及的帮助，才能得到村民群众对其能力和地位的确认。每周二是七一村村民的咨询日，不仅所有村两委干部参加，村里的水电工、保洁员、村民代表等都要列席，在汇报重大事务时还要接受村民的责询，把财务支出的来龙去脉说清楚，自觉地接受大家的监管，发现问题及时整改，避免了"一支笔"审批的随意性和盲目性，让村民真正享受知情权。谁家的自来水管漏水了，谁家的电器有问题，谁家有什么困难和矛盾，提出来后，一般事务承诺 1 周内务必帮助解决，形成不以事小而不为，不以事杂而乱为，不以事急而盲为，不以事难而怕为的良好作风。

（三）福利渗透：村庄认同感的强化

对于村落权威主体而言，他们必须有能力建构一个地方性的利益共同体，从而使得共同体内部的各分散的利益必须被相关化，即分散的利益被政治地或经济地组织化为一体，必须有一系列的规则确保共同体的内聚，从而避免其分散。只有在这个时候，地方权威主体才能获得社会服从的力量。由此而言，地方权威的建构需要与地方体内部利益关联的建构融为一体，需要依赖于建构地方共同利益的贡献，需要地方体内部利益整体关系的主动建构。正如一些学者所研究的那样，"雄厚的集体经济为村庄的政权建设和各项公益事业提供了财力基础，发挥了社会保障和社会支持系统的功能与作用，并强化了村民之间的经济纽带，为村民提供了各种经济、社会利益……村民对于村庄的社会认同得以增强，村庄的凝聚力、整体性得到提高"①。

　　正如前文所述，在何德兴的带领下，七一村的村集体资产得到了迅速壮大，到年终时，七一村 420 户 1128 人，无论男女老少，人人都能分到 1000 元钱。此外，村里还为村民交了 4000 元的养老保险金，让村民可以安享晚年。为了解决村民们因病致穷问题，村里特地为村民交纳了大病医疗统筹保险。同一些沿海发达地区相比，这些钱可能不算多，但是这种福利是以村户籍为资格进行发放的，从而强化了村民们对本村的自豪感与认同感。毕竟，在义乌的农村，绝大多数村庄集体经济都已经是个空壳子，是没有任何村集体福利可言的。七一村村民 1000 元钱的福利也能够引来邻村村民的羡慕，尤其是丧失了劳动能力的老人们对于每年都能拿到这笔钱感到格外的欣喜。在调研过程中，就曾有七一村的老人直言不讳地说："我们村当真是好啊，每年都能白白发给我们那么多钱！我还很想多活几年啊！"

　　（四）天下无贼：村庄社会治安的维护

　　精英必须是一个有责任的社会领袖，这样才能取得村民群众的广泛认同。只有能够提供社区公益的需要，能够以多种方式提供人身保护的人，才能在众多主体力量中取得与众不同的精英地位。

　　2006 年 4 月 5 日，在杭州西子国宾馆浙江省党政负责干部座谈会

---

　　① 张静：《论共同体与中国乡村社会的发展》，山东大学硕士学位论文，2007 年，第 40 页。

上，中共中央政治局常委、国家副主席曾庆红听取了浙江省五级党组织书记的汇报。当何德兴介绍道，"自从村里安装了'电子眼'后，至今未发生过一起刑事案件，现在'天下无贼'了！"曾庆红副主席满意地笑了。

在七一村里曾经发生过这样一件事情，在村子后面有一户是建筑包工头，他在那一天刚好结了笔工程款，数目比较大，足足有 260 万元。他人比较胖，平时很喜欢睡觉还打呼噜，可是这天晚上他怎么也睡不着，担心放在床底下的这笔钱的安全问题。到半夜三更的时候，他果然听到窗子外面有动静，听到有人在爬窗户，他大声问了一下是谁？还立马追了出去，叫他不要跑。可是等他追出去一看不对劲，发现不只是一个小偷，而是有 4 个，而且他们还很狂，想冲上来打他，他立马逃回了家里。第二天，村民们听说了这件事后都议论纷纷，对村里的社会治安问题十分担忧，村里的外来人口实在太多了。

何德兴听到这件事后，非常震惊。七一村里有大小企业 117 家，住地人员治安状况比较复杂，村里小偷小摸的事时有发生，村民们普遍感到没有安全感。何德兴立即借鉴宾馆电子监控管理模式，投资 6 万元在全村主要公共场所、道路上安装了 20 多个监控探头，在义乌市农村率先安装电子监控摄像探头，成了村民们茶余饭后的新鲜事，在老百姓眼里，"电子眼"使他们多了一位"平安守护神"。

四　权威的体制性赋予

改革开放后，在村民自治条件下，广大农民群众拥有了真正管理农村社会公共事务的权利。与人民公社时代村庄领袖由上级委派或任命形成鲜明对比的是，广大农民群众拥有了选举村庄领袖的权利。由此，村庄领袖的权力来源也发生了结构性的改变，从"自上而下"转向了"自下而上"。但是，这绝不意味着国家公权力从农村社会彻底退出。乡（镇）一级政权仍旧发挥着对农村社会控制管理的职能，只是控制与管理的方式同人民公社时代相比，有了比较大的转变。正如一些学者所说的，在中国农村社会出现了独特的"乡政村治"格局，即"国家对农村的行政管理和村民群众对村务的自我管理同时并存"①。

（一）村庄领袖政治合法性的汲取与获得

正如上文所述，在村民自治条件下，村民的认可成了村庄领袖权力合法性的社会基础，我们姑且把其称之为社会合法性。但是在"乡政村治"体制下，村庄领袖只有社会合法性还显然无法应对复杂的农村公共事务治理，无法适应外部政治生态环境的要求。由此，村庄领袖还必须得到上级政府的支持和认可，我们姑且把其称之为政治合法性。在"乡政村治"体制下，村庄领袖承担着双重代理角色，在国家与村庄群众中间发挥着沟通互动的功能。一方面，村庄领袖是经由村民选举产生，必须要代表和实现村民的利益，向上传达村民的意见和要求；另一方面，村庄领袖还承担着把党和国家的方针政策传达给广大村民群众，协助乡（镇）干部管理农村社会的要求。需要引起我们特别注意的是，这种"政治合法性"的汲取与获得符合村庄领袖、村民群众、上级政府三方共同的意愿，是三方共同追求的结果。

1. 为了更好地实现对农村社会的控制和管理，政府对村庄领袖进行了"有选择性"的权威赋予。

在村民自治背景下，村民委员会作为群众自治性组织，乡镇政府无权对村委会发号施令，但乡镇政府作为国家政权末梢，承担着具体实施国家各种命令和要求的任务，为此必须想办法实现对村庄的控制和管理。当然，这种控制更多地是借助于村中的党组织实现的。一方面，《村民委员会组织法》明确规定：村民委员会由村民直接选举产生，不受任何个人和组织的干扰。由此，乡镇政府也无法直接操控村委会主任人选的产生。从法理上而言，乡镇政府与村民委员会只存在业务上的指导与被指导关系，而不能对村民委员会主任进行直接的行政命令与控制。另一方面，乡镇党委和政府对村党支部的操控要容易得多。虽然农村党支部现在也普遍实行党员直接选举，甚至很多地方都已经实行了"两票制"，即村党支部书记要经受双重考验，既要得

---

① 卢福营：《个私业主主政的村庄治理》，华中师范大学博士学位论文，2006 年，第 54 页。

到大多数党员的同意，还要得到村民群众的投票考验，以获得广泛的合法性。但是根据《党章》规定，上级党委有权任命下一级党组织书记。在义乌比较通行的做法是：经党员投票产生村党支部组成人选，但是村党支部书记的人选必须交由上级党委任命决定，这样就给乡镇政府对村党支部的控制管理留下了足够大的空间。当然，乡镇政府还可以采取其他一些变通的方法，比如："乡镇政府为了贯彻自己的行政命令，先召集各村支书开会，再由支书传达给村委会执行。这样，村党支部和村支书，就成为乡镇政府对村庄进行行政领导的二传手。"① 如此看来，乡镇政府对村庄领袖政治权威的赋予是有选择的，即尽量地把这种来自体制内的权威资源策略性地转让给村党支部书记，带有明显的厚此薄彼倾向。由此，同村委会主任相比，村党支部书记具有天然的体制性优势。

2. 村民群众期盼村庄领袖获得更多的体制性权威资源，从而为村庄谋求更多的福利。

众所周知，我国的改革开放是在国家主导下进行的，因此国家依然在公共资源分配中起着主导作用。近年来，随着国家发展战略重心的转移，随着工业反哺农业、城市支持农村时代的来临，中央对"三农"的财政倾斜力度也在逐年加大。像义乌这样财政实力比较雄厚的县市，政府财政对农村的资金扶持力度达几十亿元之多②。问题的关键在于这批数额庞大的支农资金将如何发放到各行政村，毕竟义乌的行政村达 792 个之多。义乌采用的是项目报批的办法，即每一个村庄搞建设需要上级政府给予资金上的支持，这就必须通过项目向上报批。曾经有一位分管义乌"三农"的市委领导在全市村两委主要干部大会上公开表示："现在义乌市委市政府对'三农'的财政扶持力

---

① 王慧敏、樊东霞：《村支书和村委会主任：村民自治背景下的权力博弈》，《学术探索》2005 年第 4 期。

② 2002 年至 2006 年，义乌市财政对"三农"的实际投入分别为 8.4 亿元、8.9 亿元、12.5 亿元、15.4 亿元和 20.48 亿元，占财政总支出比例分别达 25.5%、26.1%、28.6%、27.9% 和 30.2%。参见张银曙《义乌市财政支农：钱从哪里来？》（http：//www. e-gov. org. cn/xinxihua/news007/200607/30624. html）。

度确实是比较大的，关键就是看你们有没有本事能够从我这个口袋里面把钱拿走。"这就对村庄领袖的能力素质提出了很高的要求，村民们为了获得更多的上级政府资金对本村的投入，势必要求村庄领袖能够同上级政府领导搞好关系。那些和上级政府部门领导长期保持密切关系，其工作能力与业绩得到上级赏识的村庄领袖自然能够得到特别的青睐，他们村庄上报的项目也就自然而然地能够得到顺利批准。

3. 村庄领袖热衷于同上级政府搞好关系，以获得更多的社会资本。

在调研中我们发现，村庄领袖对于同上级政府保持良好关系一事上，保持高度的一致性，鲜有村庄领袖敢于公开同上级政府唱反调。究其原因，一方面是因为这符合了村民群众的意愿。在村民自治条件下，村民群众的意愿对村庄领袖有着异乎寻常的重要性。但更为重要的另一方面是这大大拓展了村庄领袖个人的社会关系网，为其个人增加了不少社会资本。义乌的村干部在同他人交流时，时常被问到的一个问题是："当村干部一年能拿多少工资？"这是个哭笑不得的问题，因为在义乌农村，当村干部还没有正常的工资一说，有的只是年终的考核奖金。这笔钱也是少得可怜，一年下来就几千块钱。正如大家所说的，这点钱连打打电话都不够，更别提为村里办事买烟贴油钱了。近年来，一个令人关注的现象是，在义乌以个体私营企业主为代表的富人群体越来越热衷于参与村干部的竞选，或是参选村民代表，大有一届比一届激烈之势。那么，到底是什么原因促使大家都那么踊跃去竞选村干部？这里面到底有什么利可图？

国内有学者[①]曾经对上述问题做过专门的论述，在他看来，这并非是令人费解的现象。个私业主是自利的人，但利益不只是眼前的，也不仅仅是物质的、经济的。人有多层次的需要，个私业主实质是一个社会理性人。他们竞选村干部，目的主要不在于从村干部职务上获得较高收入或从村集体那儿牟取个人私利，主要是基于以下两方面的考虑。

---

① 卢福营：《个私业主主政的村庄治理》，华中师范大学博士学位论文，2006 年，第118 页。

第一，是为了获取间接的和长远的经济利益的需要。如果说，从眼前的经济利益来计算，个私业主竞选村干部肯定是得不偿失，3年任期的收入还不及竞选时的投入，更无法计算任职所需要的开支。但是，他们清醒地认识到，当村干部可能为其带来许多间接的和长远的经济收益。比如：当村干部与乡镇、市有关部门的领导有较多的接触机会，可以趁机积累一定的社会关系资源，建立良好的互动关系，为企业建立一种社会关系保护网，争取相对安全的经营和发展环境，扩大企业的发展空间。在调研中，不少人认为："当村干部能够结识方方面面的人，企业办事可能会方便些。"又如：当村干部后，在村庄里的地位和威望相应提高，企业扩大规模需要用地等，可能也会有所倾斜，可以在村治运作中争取更大的发言权，为企业发展带来相对宽松的社会环境和有利的人际关系。如此，在企业生产与村庄权力之间架起了一座互通的桥梁，把企业的资金投向村庄或村民而获取村庄公共权力，再用村庄的公共权力促进和扩大企业的再生产。间接的长远的预期经济收益，成为了个私业主谋求村干部职位的重要目标。

第二，是为了提高政治地位。20世纪80年代以来，农村社会成员发生了多元性的流动和分层。在农村社会成员的经济分化过程中，个私业主逐渐上升到农村社会成员中的最高层次，成为收入分层中的上层。实证研究反复证实了这一点。义乌的个私业主确实也属于农村中收入最高的富人阶层。但是，个私业主的政治地位因种种原因还没有与其经济地位实现同步提升，从而造成了农村个私业主的经济地位排序与政治地位排序明显不在同一层级上。所有地位不一致的社会成员都一样，希望保持自己原有的优势地位不变，同时改变和提升自己的不利地位，实现多种地位的一致。个私业主也希望一方面保持自己经济上的高地位，另一方面改变自己相对较低的政治地位，使经济地位和政治地位在最高层次达到一致和平衡。因此，个私业主表现出特别高的政治参与积极性。然而，在当前政治体系只对个私业主有选择地实行有限性开放的前提下，难以谋求国家政治体制中的代议性政治角色的个私业主，更多地将提高政治地位的希望寄托在谋取村庄领袖职位上。为此，个私业主们根据自身的条件和实力，策略性地选择了各种提高自身政治地位的切入点和路径。

（二）村庄权威体制性赋予路径分析

那么，接下来需要引起我们重点探讨的问题是，上级政府对村庄权威资源的体制性赋予到底是通过什么样的途径来完成的？下文，我们将通过对义乌市七一村的个案剖析来回答上述问题。

1. 体制性权威资源赋予的层层叠加

我们党在革命、建设与改革的各个历史时期，涌现出了一大批可歌可泣的英雄式人物。当然，我们党也需要这样的英雄式人物为人民群众树立榜样，以此来鼓舞人、激励人。及时地发现和树立身边的典型，进行榜样的塑造向来是我们党领导工作的重要内容与优势所在。而且，在当前的压力型体制环境下，上级政府所塑造的先进人物与典型往往会对下级政府具有很强的风向标作用，从而造就了体制性权威资源赋予的层层叠加效应。

2006 年 4 月，时任中共中央政治局常委、国家副主席曾庆红来浙江考察时，曾专题听取了何德兴同志的工作汇报，对七一村的新农村建设给予了高度评价。

2007 年 12 月，中共中央政治局委员、中组部部长李源潮在新华社《国内动态清样》中发表的《义乌市一位村支书的"社会公平观"》报道中做出了这样的批示："党员让'小利'获'大义'，这是新时期共产党员应有的模范和品德，请注意弘扬这方面的先进典型。"随后，浙江省省委书记赵洪祝，省委常委、组织部部长斯鑫良等省委领导也分别做出了批示，要求在全省总结宣传一批像何德兴这样的优秀村干部。

在中央领导高层及省委领导文件批示精神的指导下，2007 年 12 月 26 日，义乌市委下发了《中共义乌市委关于开展向何德兴同志学习活动的决定》，由此拉开了在全市范围内掀起学习何德兴同志先进事迹的序幕。2008 年 1 月，金华市委组织部下文要求在全市范围内学习何德兴同志的先进事迹。

在对上述个案的分析中，我们可以看出，在对何德兴同志先进事迹的弘扬与认可，先进典型人物形象的塑造问题上，上至中央政府、省级政府、地市级政府以至于县市级政府都有所反应，我们姑且把其称之为连锁反应。令人感兴趣的问题是：这种连锁反应为什么会发生？在调研过程中，何书记向我们做出了坦率的回答。在义乌市委领导决定在全市范围内大规模的宣传先进事迹时，他颇为着急地找到了市委主要领导，希望市委领导不要这么高调地宣传他，表示这会让他很为难，让他深感压力。市委领导当场明确表示："这不是市里哪个人的决定，而是省委主要领导甚至是中央高层的决定。"在当前的政治体制环境下，上级政府领导甚至是中央高层领导的指示精神，对于下级政府来说无疑具有极大的影响力，下级政府不但不会忽略反而会"不折不扣"、"变本加厉"地去执行。从而导致体制性权威资源在政府层层传递过程中发生了叠加效应，何德兴个人的政治威望也在从中不断地得到提升。

2. 新闻主流媒体的强力宣传

随着信息化时代的来临，新闻舆论媒体在人们的日常生活中的强大影响力日渐显现。社会中的一些所谓热点、焦点问题也往往是由新闻媒体制造的，就此而言，媒体正在不可避免地控制着人们的思想。正因为新闻媒体对人们的思想、意识形态的形成有着如此大的影响力，我们党从来都不曾放松对新闻媒体的控制和引导，尤其是影响面更广的主流媒体，希望通过主流新闻媒体对社会舆论进行正面的引导，正所谓主流媒体要发挥党的舆论喉舌作用。一直以来，我们党保持着对新闻媒体的强大领导力。我国的新闻主流媒体必须要不折不扣地宣传党的理论方针政策，完成当地党委部门交代的宣传报道任务。

2007 年 12 月 26 日，中共义乌市委下发《关于开展向何德兴同志学习活动的决定》，《义乌商报》在第二天就发表了《何德兴同志，情系"七一"建新村》的长篇通讯报道，而后又在报纸头版以评论员文章的形式连续发表 4 篇"学习何德兴同志先进事迹"[①]。《义乌商

---

① 参见《敢为人先　开拓创新——一论学习何德兴同志先进事迹》，《义乌商报》2007 年 12 月 28 日；《勤劳为民　共同致富——二论学习何德兴同志先进事迹》，《义乌商报》2007 年 12 月 31 日；《公道处世　公正待人——三论学习何德兴同志先进事迹》，《义乌商报》2008 年 1 月 1 日；《舍利取义　克己奉公——四论学习何德兴同志先进事迹》，《义乌商报》2008 年 1 月 4 日。

报》作为中共义乌市委机关报，在全市发行量达 9 万份之多，一连几天就同一个话题展开深入讨论，势必会对社会舆论公共话题形成强有力的冲击与塑造作用，一时之间，在义乌的街头巷尾，人们都在议论何德兴同志的先进事迹。甚至一些比较落后村庄的村民发出这样的感慨："要是何德兴同志能到我们村去任职该多好啊！"应该说，通过新闻主流媒体一系列的舆论宣传造势，何德兴俨然成了义乌市的"名人"，也成了义乌市新农村建设对外宣传的一张亮丽的名片。很多外地的领导干部来义乌参观考察，义乌市政府各部门的领导不约而同都会把他们带到七一村来。

3. 个人荣誉的体制性授予

在我国当前的社会各阶层群体政治生态分布圈中，私营企业主无疑是最为特殊的。同其他社会阶层相比，他们在收入排序和经济地位上无疑是处于最高层次的。然而，由于种种原因，在改革开放初期，个私业主的权力和声望未能与财富实现同步增长，其政治地位和社会地位暂时还得不到政府和社会的承认，从而形成了严重不一致的地位关系，导致了个私业主群体的社会焦虑。由此，私营企业主群体纷纷利用自己拥有的优势经济资源积极参与政治生活和社会行动，以谋求自身政治、社会地位的改善和提升。

在调研中，一位义乌市工商局的领导曾经饶有兴趣地告诉我们发生在个私业主身上的故事："一些老板在同他人通电话时，往往会告诉对方自己正在同市里的某位重要领导一起吃饭或者正在市里召开一个重要的会议，以此来说明自己的社会政治关系网四通八达，也以此来提升自己的政治身价。"在他看来，私营企业主阶层是一个"政治心态畸形"的阶层，虽然他们有着比较雄厚的经济实力，但是在政治地位方面他们往往有着比较强的自卑心。比如，一些私营企业主在同他人交换个人名片时，往往会看到密密麻麻的一大堆头衔，有时甚至是一面还印不下，不得不印两面。虽然其中大多数头衔都是名不副实的，但是丝毫不影响他的兴致，因为这能增加他的底气。

从阶层类别归属而言，何德兴无疑也可归类为私营企业主阶层。但他除此之外更重要的角色是七一村的党支部书记，这是七一村其他个私企业主所不具备的。正如上文所述，要当好农村党支部书记，确实需要花费个人大量的时间和精力，往往需要个人作出很大的自我牺牲。可能从经济实力上而言，何德兴并不能算得上是七一村的首富。但是何德兴身上所具有的这种无私奉献、乐于为村民服务而牺牲自我的精神，是其他先富群体所不具备的。因此，上级政府对于何德兴这样的"为民好书记"的肯定的最佳方式就是给其授予各种政治荣誉。这种政治荣誉往往能够发挥多方面的功能：其一，政治荣誉的授予，能够对何德兴个人起到正向激励作用，这是对其个人工作成绩的最高褒奖；其二，政治荣誉的授予，大大提升了何德兴本人的社会政治地位，为其积累了更多的社会政治资本；其三，政治荣誉的授予，在农村先富群体中起到了榜样和标兵的作用，从而促使更多的农村先富群体"富而思源"，能够为家乡人民作出更多的贡献，带领大家共同致富。正如上文所述，私营企业主由于先天不足，导致了他们想方设法提升自己的社会政治地位。但是，对上级政府给予的各种政治荣誉则是很难通过经济影响力得到的，换句话说，真正具有"含金量"的政治荣誉对于一般的农村私营企业主而言是很难争取到的，而何德兴正好给他们树立了一个光辉的榜样。

　　正是基于上述要点的考虑，自从 1998 年何德兴担任七一村党支部书记以来，截止到 2008 年，他已经获得了 24 项上级政府颁发的各种政治荣誉（见表 3 - 7）。

表 3 - 7　　　　　　　　何德兴个人荣誉

年 份	荣誉称号	层 级
1998	义乌市富民书记	县市级
1999	义乌市富民书记	县市级
2000	义乌市富民书记	县市级
2001	义乌市先进党组织书记	县市级
2002	义乌市先进党组织书记	县市级
2003	义乌市先进党组织书记	县市级
2004	义乌市为民好书记	县市级

年　份	荣誉称号	层级
2004	金华市"三有"①农村党组织书记	地市级
	浙江省为民好书记	省级
2005	义乌市为民好书记	县市级
	金华市优秀共产党员	地市级
2006	义乌市为民好书记	县市级
	义乌市群众文化先进个人	县市级
	义乌市优秀人民陪审员	县市级
	金华市优秀共产党员	地市级
	金华市共产党员先进性教育活动先进工作者	地市级
	浙江省新农村建设优秀带头人"金牛奖"得主	省级
2007	金华市首届"魅力村官"、金华市优秀共产党员	地市级
	义乌市"双十佳"农村党组织书记	县市级
	义乌市关心支持妇女儿童工作贡献奖	县市级
	义乌市优秀人民陪审员	县市级
2008	浙江省优秀共产党员	省级
	义乌市劳动模范	县市级

在中国政治体系中，荣誉具有重要的意义，它对于政治运作包括权力结构的分配有着相当的影响力，"对乡村权力结构替换影响最大、效果最显著的是与各种运动相结合的劳模英雄运动"②。何德兴所获得的这些荣誉成为他治理村庄的重要政治资本，而这一资本又成为他与上层政治人物进一步接触、扩大其交往和活动的网络的中介，由此其政治资本再不断地积聚，成为七一村政治生活中的绝对主角，某些情形下还超越了地方党政官员的权力或权威，成为乡村的一种"新式权威"人士。事实上，在中国农村尤其是经济发达的沿海地区，党和政府培养了一大批像何德兴这样的乡村新式政治权威。

---

① "三有"是指，加快发展有本事、解决困难有办法和化解矛盾有权威。

② 王先明：《变动时代的乡绅——乡绅与乡村社会结构变迁（1901—1945）》，人民出版社2009年版，第430页。

五　"富人"治村模式下村庄权威的正当性

近年来，随着我国农村基层民主政治进程的不断加快，在村级换届选举过程中，群众的参选热度、操作的透明程度、组织选举的激烈竞争程度都有了长足的进步。由此也出现了许多新情况和新现象，其中一个十分引人注目的现象是，越来越多富裕起来的村民积极参与村委会主任和委员的竞选，而且当选比例相当高。从 2002 年始，在义乌市连续三届先富群体①当选村两委成员的比例都在 65% 以上，被人形象地称之为义乌"富人治村"模式，七一村书记何德兴正是这一群体的典型代表。需要引起我们特别关注的是，是否有可能对"富人治村"模式下村庄领袖权威正当性（合法性）的形成，进行更具抽象意义的类型学层面上的讨论呢？

众所周知，德国著名思想家马克斯·韦伯对政治正当性和权威问题进行了深入的探讨。韦伯根据对历史上存在过的政治统治秩序事实的考察，指出任何现实的政治统治秩序的有效性均以两个方面的有效性为基础：一是外在的客观的有效性，如服从的习惯或习俗以及强制性的法律；二是内在的主观的有效性，即被统治者发自内心地认为统治者有权指挥他们，而自己则有义务服从统治者。② 根据正当性赖以建立的社会基础的差异，韦伯从理想层次上区分了 3 类正当性：一是基于传统的正当性；二是基于领袖人物超凡感召力之上的正当性；三是基于合理合法准则之上的正当性。与 3 种正当性相对应，权威可以分为传统型权威、魅力型权威和法理型权威等。

传统型权威的基础在于人们相信常规与传统的合理性和神圣性。

---

① 所谓"先富群体"，在农村而言，主要是指先富起来的企业家、工商户或种植业、养殖业大户。这个群体土生土长在农村，但是又基本脱离了传统农业的生产方式，属于新型的农民群体。他们的致富，主要得益于党的富民政策，是通过经商办企业和自己辛勤劳动富裕起来的先行者。详见张旭光、任强《"先富群体"竞选"村官"现象的调查与思考》，《资料通讯》2003 年第 9 期。

② Max Web：Economy and Society，Vol. 1，Berkeley：University of California Press，1978，p. 213，p. 80.

领袖人物之所以能赢得人们的服从，依靠的是他们的传统地位。

魅力型权威的基础在于领袖人物的超凡魅力，人们相信领袖人物具有特殊的品格和超人的能力，能够带领他们走向幸福，因而愿意服从其统治。魅力型权威的关键不在于某个人是否真的具有某种素质，而在于拥护者是否以为领袖人物具有这种素质。

法理型权威是建立在遵守正式制定的法律法规基础上的权威。人们只服从拥有合法政治职位的人的统治。它要求包括领袖人物在内的一切人都忠实于法律并对法律负责，从而将合法性建立在理性的法律关系之上。

在讨论"富人治村"模式下村庄领袖权威正当性类型是否符合韦伯所列举的 3 种权威正当性类型时，我们有必要对其形成要素进行更具一般意义上的抽象概括。何德兴书记明确地表示，村党支部书记"素质是第一位的，能力很重要，经济条件是基础。'双带'——带头致富，带领村民致富。首先要自己致富，然后带领村民致富。七八十年代的村干部模范，讲求的是道德素质和政治眼光；现在村干部应该注重素质、能力和经济条件。必须要有致富和带动村民致富的能力。经济条件好，具备能力和素质，才能当好村支书。"在对上述七一村何德兴个案全面考察的基础上，我们认为，"富人治村"模式下村庄领袖权威正当性的形成主要包括以下几个方面的要素①：

第一，经济条件。村庄领袖是否拥有较雄厚的财富基础，已成为其能否得到民众认可的关键因素。随着市场经济大潮向广大农村地区的不断推进，广大老百姓的价值观念已经发生了深刻的变化，人们谋求富裕、追求经济利益的欲望得到了最大限度的激发，具有浓厚革命传统的"越穷越光荣"的思想观念已被时代彻底抛弃。在这样的时代背景下，农村的先富群体无疑得到了广大老百姓的尊重与羡慕。村庄老百姓期待先富起来的村民能够带领大家一同致富，让先富起来的村民担任村庄领袖，他们不会贪污集体资产，因为他们犯不着，而且

---

① 卢福营：《个私业主主政的村庄治理》，华中师范大学博士学位论文，2006 年，第76 页。

先富起来的村民还有可能为村庄的社会公益事业、福利事业提供支持。正是上述原因决定了村民们更加钟情、青睐于先富群体，纷纷选举他们来担任村干部。正如七一村何德兴所说的："在义乌，经济条件差一点的人来担任村干部，人家难免要起疑心。你家里老婆、孩子的生活怎么办？毕竟义乌的村干部没有固定的工资，光靠一年几千元的误工补贴，根本没办法生活。"何德兴早年从事联托运，积下丰厚的家产，这也让他有了底气，担任村支部书记，不但不拿村集体一分补贴，还要往里倒贴几十万元。

第二，个人才能。才能即我们通常所说的本事，是村庄领袖获得村民群众认可的重要因素。挽起裤腿，刚刚走出田野的村民群众，面对市场经济大潮，既有无限的遐想，又有些许担忧，他们迫切期望那些经过市场选择和实践考验，懂经营、善管理的新型农村经济能人能够带领大家致富。由此，七一村的村民对何德兴的创业才能无不表示钦佩，曾多次向我们津津乐道地讲述何德兴的创业史①。

1993 年，何德兴在自己亲戚开办的联托运入了股，年末获得了 3 万元红利。何德兴觉得下海经商也是很好的选择，便毅然辞职开办联托运。

那时候，在"买全国货，卖全国货"的义乌，联托运行业经过几次整顿发展已相当成熟。一批联托运巨头抢占了义乌至全国各地最热门的联托运线路。这无疑使初涉商海的何德兴面临极大挑战。固守义乌，不论资金实力还是实战经验，何德兴都不如他人，只有走出义乌寻找新的商机，才有可能做大做强。于是，何德兴毅然离开义乌到绍兴、萧山等地发展联托运业务。

1994 年 10 月，一个意外发现让何德兴兴奋异常：当时浙江桐乡濮院羊毛衫市场还没有配套联托运，外地到濮院进货的客商大都依靠客运班车、火车等捎带货物。因此，全国各地许多客商喜欢到江苏常熟采购羊毛衫。如果全国最大的羊毛衫市场桐乡濮院能够配套联托

---

① 朱晓忠、贾献华：《何德兴，永不落幕是精神》（http://lxnews.zjol.com.cn/Get/bwzz/20060801084124869.htm）。

运，直接发货，每件羊毛衫要比从常熟进货省 5 元钱。何德兴敏锐地抓住了这个商机，迅速带人进驻桐乡濮院。当地政府和市场主管部门欢迎何德兴的到来。何德兴将自己在义乌、绍兴、萧山等地经营联托运的经验运用在桐乡濮院的创业上。

第一站，何德兴来到湖北襄樊，向当地的羊毛衫经销商谈了自己的想法：谁想到濮院看一看，吃、住、行全部免费。结果，原来计划 1 辆大巴不够用了，又增加了 1 辆大巴。这一趟，何德兴为濮院羊毛衫市场引进 100 多个客商。在何德兴的带动下，桐乡濮院的联托运行业发展很快，几个月就建立起濮院至北京、天津、内蒙古、湖北、四川等省市的 36 条联托运线路，其中 12 条是何德兴投资兴建的。不到 1 年时间，濮院到全国各地建立了上百条联托运线路，其中何德兴投资的就占了 20 多条。

由于何德兴作出了突出贡献，1997 年桐乡市政府授予何德兴"荣誉市民"称号。如今，何德兴还担任桐乡市联托运行业协会会长。

何德兴创办联托运市场的名声在外，山西太原、江西南昌、福建厦门等城市的政府官员慕名来请他帮助规划。何德兴先后在不少城市或市场承包了联托运线路，业务十分繁忙。

一次，在上海举行的全国招商会上，何德兴与内蒙古自治区呼和浩特市市委书记杨晶不期而遇。何德兴三句话不离本行，向杨晶书记谈了自己对全国联托运市场发展前景的看法。杨晶书记很感兴趣，当即邀请何德兴西行考察，并签下了投资建设呼和浩特大型保安货物运输市场的意向书。

1999 年，何德兴风尘仆仆地多次去呼和浩特考察市场，发现当地有不少大型市场，却没有联托运市场。为了开拓西部联托运市场这块处女地，何德兴没日没夜地奔波，上午还在桐乡、嘉兴，晚上又到了内蒙古。这使他养成了在车上休息的习惯。他的轿车上，车尾塞满了被褥，他一上车就休息，到了目的地就投入紧张的工作。

何德兴写出在呼和浩特市创办联托运市场的可行性报告，上报呼和浩特市政府。他提出的关于成立内蒙古大型公路联托运公司及卸货市场的建议被列入 2000 年呼和浩特市十大为民办实事内容之一。何德兴因此被呼和浩特市政府授予"先进民营企业家"和呼和浩特市"荣誉市民"称号。何德兴投资 1200 万元创办的内蒙古联托运及卸货市场获得了极大成功。

第三，个人人品。人品是村庄领袖取得民众认同的保证。个人的财富和才能并非必然给村民和村庄带来福祉，个人的思想品德才是村庄领袖造福村民的保证。那些不能够"情为民所系、利为民所谋、权为民所用"的村庄领袖势必为村民群众所不耻。正因为这样，村民"选择村干部要看人品"，选那些"为群众利益着想"的人。只有那些具有优良人品的好人，品德高尚的贤能，村民才放心将自己的权力委托其行使。

第四，社会资本。社会关系是村庄领袖取得民众认同的条件。村庄管理上联国家和政府，下联村民群众，是一项复杂的工程。从一定意义上说，社会关系是村庄领袖借以提高影响力、有效实施村务管理的重要条件，村庄领袖所拥有的社会关系在相当程度上影响着村庄管理的效能。

在对"富人治村"模式下村庄领袖权威基础形成的要素进行一般性分析的基础上，我们试图对此进行类型学意义上的分析。

需要指出的是，韦伯所给出的 3 种权威正当性类型是建立在理想模型基础上的，在现实生活中很难找到纯粹的所属类型对象。应该说，在现实政治生活中，往往是 3 种权威正当性类型要素兼具。真正的差别，恐怕更多的体现在哪种类型的要素多些少些而已。当然，这绝不意味着韦伯所给出的 3 种权威正当性类型失去概念分析与判断上的意义。相反，下文我们将还是以此作为分析的概念工具，对"富人治村"模式下村庄领袖权威正当性类型进行分析。

需要我们事先说明的是，如图 3-1 所示，4 个象限的群体都是村庄的先富群体，但是先富群体并不能自然地成为村庄权力的领袖。

在第一象限，这类群体拥有了受村民群众敬仰与爱戴的具有领袖型个人品质与才能，即韦伯所说的魅力型权威类型。但是，其不具备成为村庄领袖必需的法理型基础。在村民自治条件下，任何人想获得

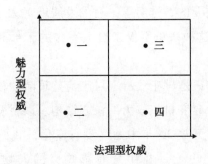

图 3 - 1　村庄权威正当性类型分布

治理村庄公共事务的权力，都必须获得村民的投票认可，否则就失去了正当性基础。所以，这类象限群体属于村庄的能人，但是并不拥有实质管理村庄事务的权力。这类群体可能在村庄公共事务治理中发挥一定的影响力，但是不得直接插手管理，村民群众可能会认为其是"狗拿耗子，多管闲事"，并常常以"你又不是领导，管得着吗"之类的有力理由而拒绝和反对。

在第二象限，这类人群既没有获得受人尊重的领袖型魅力权威，也缺乏治理村庄的法理权威，说明这类人群虽然是村庄中的先富群体，但是由于种种因素决定他们的社会、政治地位并没有随着经济地位的提升而提升，并没有得到村民群众的尊重，村民群众自然不会选举他们担任村庄的权力领袖。

在第三象限，这类人群是当之无愧的村庄权力领袖，他们因为自己拥有魅力型权威素质、能力与人品，村民群众用自己手中的选票对这类人群表示了尊重、肯定与支持，从而使得这类象限人群既拥有了比较高的魅力型权威要素，也拥有了比较高的法理性权威要素。

在第四象限，这类人群虽然赢得了村民群众的选票支持，从而成为村庄权力领袖，但是从村民群众的内心世界而言，却是对这类群体的能力、素质与要求持不满意态度，只是一种别无选择的无奈之举。

第三节　结语

"村党支部是村的权力中心，对于农村发展有着重大的影响。选农村的书记是很重要的，选对了，村的发展就上去了；选的不好，就没有战斗力了。"这种认识不仅来自七一村的干部和党员，也是村民普遍的实际感受。

村党支部和书记是村庄政治、村庄精英政治的核心所在，改革与市场没有实质性地改变村庄权力的核心结构。以村党支部为核心的村庄权力结构在改革开放 30 年中始终没有变化，我们的问卷调查"根据你的了解，请列出七一村中最有影响力的人物（请写出具体姓名）"的结果充分地说明了这一点。调查结果的排序如下：第一何德兴、第二何仲连、第三何关林、第四村两委、第五龚美弟、第六何春建、第七何恃勇、第八何伟东、第九何福能、第十何恃熊，随后是何恃军、何华锋、何恃大、何恃华、何恃金、何浩、何关宝、何瑞、何关琴、何俊剑、市场管理员、妇女主任。最有影响力的为村两委成员，而名列首位的自然是七一村目前的当家人、党支部书记何德兴。

现在的村书记与毛泽东时代的不同之处在于，虽然其权力合法性仍然来源于政党的合法性，权力仍然来自上级外，但是也有一些变化，那就是权力的获得授予方式有了一些变化，这就是选举因素的加入（选择与选举）。七一村的何德兴在外经商，他是乡镇领导找他回来做书记（选择）并通过参加选举当选的（选举）。忠诚政治依旧，但是党支部书记的正当性还来自道德本身，除了正式的权力授予外需要道德文章，这种道德文章与传统社会的道德不同，其不仅表现在个人的道德修养方面，更重要的是为村民谋福利，带领村民致富，是致富的楷模，是村庄里的"善人"。"我的压力也很大，辞职书已经写了好几次了，都没被批准。我自己的企业放弃了 6 年，个人事业的损失就不说了；今年两个娘舅要我去管理一个公司，给我三成股份，利润很高。个人的最多只能守业，发展是不可能的，牺牲也很大。现在最大的设想和心愿就是旧村改造能基本完成，个人能早点退休。"他的富裕成为一种成就的象征，加上他这几年的社会经济活动所创造的各种社会关系，使他具备了相当的社会威权。他众望所归地当选为村党支部书记，他开始进行旧村改造，进行村庄新农村建设，即他的政绩。

第四章　村民自治与村庄精英政治的再造

改革开放以来，七一村权力结构的一个显著变化就是引入选举制度，这种引入无疑给村庄的各类精英尤其经济精英进入村庄领导层、扩大其权势及影响地方带来了机会。但是，村民自治制度在重回村庄自主性的同时，实际上国家对于乡村社会的影响不仅依然存在，并且其影响能力也日益增强，因此，这种村民自治是否就是村庄重回自治体的一种制度安排自然不能贸然下结论。这里要关注的是，村民委员会选举与村民自治制度的引入是怎样引起村庄权力的重构，更为重要的是它怎样进一步影响农民对村庄领导层的认知，而这些认知形塑着村庄精英进入村庄权力的策略，或者与各种权力尤其与村党支部作斗争的策略。这个引入带来的变化，其核心内容就是村民确立和接受新的村庄领导体制即"两委"的过程。

作为一种制度安排，村民自治是中国农村一系列改革中的一个，而在市场经济发展的逻辑之下农村阶层分化了，有些地区先富了，有些农民先富了，这些先富群体即村庄经济精英在村民自治的制度中找到自己身份转换的空间，通过村民选举成为政治精英，成为村庄权力精英中的一员，从而改变了以往村庄的权力结构及其权力运作。

第一节　从"地方自治"到"乡村自治"
再到"村民自治"

传统中国，国家力量止步于乡村社会，即县以下的乡村属于自治的社会，而从晚清开始，由于实行"新政"，这种力量开始延伸与渗透到乡村社会，到了 1949 年以后，得到前所未有的强化，这是史学家们普遍的看法，尽管对此还有稍稍的分歧。学术主流的观点认为，中国的帝制时间，"王权不下县"，国家体制性的正式权力只到县一级为止，县以下主要依靠非体制性的权力进行治理，即"官治"之外的各种形式的地方自治，"地方权威控制着地方区域的内部事务"①，也就是说传统乡村所呈现的则是一种自治的状态，形成"县官治县，乡绅治乡"的权力格局：一层是国家政府，另一层是乡绅领导下的自治。在这一格局下，农民直接面对的是乡绅、族长、头人等组成的一个个"小权者"，农民与国家的联系主要是纳税服役。"国权不下县，县下唯宗族，宗族皆自治，自治靠伦理，伦理造乡绅。"②（需要指出的是，这不是秦晖的原意）正如孙中山先生所说："在清朝时代，每一省之中，上有督抚，中间有府道，下有州县佐杂，所以人民与皇帝的关系很小。人民对于皇帝只有一个关系，就是纳粮，除了纳粮之外，便和政府没有别的关系。因为这个缘故，中国人民的政治思想就很薄弱，人民不管谁来做皇帝，只有纳粮，便算尽了人民的责任。政府只要人民纳粮，便不去理会他们别的事，其余都是听人民自生自灭。"莫金戈（David Mozingo）和倪志伟（Victor Nee）的说法恐怕最为典型不过了："在'中华'帝国时代，地方与国家的权力关系是由士绅进行调节，士绅把政府的地方行政（最低一级的政府）与地方社会联系起来。封建帝国并没有能力直接把它的权力贯穿到地方社会，当时中央与地方的关系十分微弱，而且地方具有相当大的独立性。在社会主义时期，国家在地方上建立各种各样的组织，使其自身能够与地方的社会和经济过程联结起来。国家对村落的组织性渗透，使国家能够充分地利用村落的人力和生产资源。更为重要的是，它提供了一种渠道，使得国家有可能在村落里推进社会变迁。"③ 七一村的村政历史也是如此。

晚清以来，发生于中国乡村社会政治变革中最为引人注目、"最

---

① 王先明：《近代绅士》，天津人民出版社 1997 年版，第 21 页。

② 秦晖：《传统中华帝国的乡村基层控制：汉唐间的乡村组织》，载黄宗智主编《中国乡村研究》第 1 辑，商务印书馆 2003 年版，第 3 页。

③ 转引自王铭铭《溪村家族——社区史、仪式与地方政治》，贵州人民出版社 2004 年版，第 93 页。

为喧闹的活动"①，恐怕就算所谓的"地方自治"了。自晚清开始，国家政权开始由县到乡村，出现了所谓"政权下乡"的过程。要实现权力集中和渗透的国家目的，需要有相应的制度建构。从晚清"新政"到孙中山，都以地方自治制度为框架。孙中山集中表达了地方自治的理念："以当地人，用当地财，办当地事。"他的地方自治理论有两个特点：一是以县为自治单位，二是以民权为基础，"移官治于民治"。他的结论是："中华民国之建设，务当以人民为基础；而欲以人民为基础，必当先行分县自治。"在清末"新政"时期，1909 年清政府颁布了《城镇乡地方自治章程》，建立了乡村董事会，废除了传统的保甲制而推行警区分划，推行"自治运动"。事实上，在这些规章颁布之前，浙江一些工商发达的城镇就开始进行地方自治活动，颁布之后浙江的地方自治由局部地区的士绅自发性半自主进入到官方倡导和主持的新阶段。1909 年 4 月，浙江巡抚增韫设立了"浙江地方自治筹办处"，并制定了《浙江地方自治筹办处》；1909 年 11 月，省自治筹办处制定了《筹办城镇乡地方自治事务所章程》；1910 年 2 月，省自治筹办处制定并经巡抚批准颁布了《调查员办事细则》、《投票所办事细则》等厅州县筹办自治的 9 个规章；1910 年起，浙江地方自治的各项具体筹备工作在全省各地全面展开。民国肇建后，袁世凯在 1914 年 4 月下令停办清末以来的地方自治，并令内务部重新厘定自治制度，1914 年底北洋政府公布了《地方自治试行条例》、《地方自治试行条例施行规则》，1915 年内务部在相继颁布《地方自治试行条例》及《施行细则》，重新实行地方自治后，1921 年 7 月再次公布《乡自治条例》。

　　乡村自治是民国时期国家规划的乡村政治变迁模式。1929 年，南京国民政府根据孙中山地方政府自治的原则发布了《区域组织管理法》。根据这个法律，5 户为一"邻"，五"邻"即 25 户为一"闾"，

---

① 王先明、常书红：《传统与现代的交错、纠葛与重构——20 世纪前期中国乡村权力体制的历史变迁》，载复旦大学历史学系、复旦大学中外现代化进程研究中心编《近代中国的乡村社会》，上海古籍出版社 2005 年版，第 51 页。

4 "闾"即 100 户为一"乡"，20—50 个乡组成一个区，由几个区组成一个县。这个《区域组织管理法》强调地方自治的功能，并规定所有这些单位的长官由议会选举产生，实行自治。1933 年 5 月 24 日通过《地方自治指导纲领》，重申实行地方自治。虽然前后所列事项基本相同，但是这一过程变化反映了法律上乡村自治的职能回归到保甲组织。费孝通在《江村经济》中提到保甲制度于 1935 年引入到开弦弓村。1939 年，国民政府进一步推行所谓新县制，对县以下基层组织重新进行编组，并规定保、甲、乡为县的基层组织，正式确立了保甲与自治融为一体的乡镇自治制度，乡村组织完全变成了国家"下级行政机关，负传达公文及征发之任，于其本身之责任，几于渺不相涉"。这样，"使民国以来以行政村为区域、以直接民主为灵魂的乡村自治制度严重变形"，民权从根本上被架空和动摇了。

晚清和国民政府所实行的地方自治是乡村政制改革的一场运动，实质是企图将国家权力渗透到广大的乡村，将乡村权力行政化和正式化，即乡村社会建立起一个行政意义上的"自治体"：通过这个"自治体"可"以地方之人治地方之事，而间接以达国家行政之目的，如教育、警察及关乎地方人民安宁幸福之事是也"①。晚清时期所提出的"地方自治"，是清政府改造乡村控制体制、将专制国家权力向乡村延伸以此取代乡村传统权力结构的一种努力和尝试，"实现国家政权的扩张，最大限度地将农村的资源集中到国家政权手中，以实现所谓'富国强兵'的目标"②。国民党所推行的"乡村自治"，其本意也是为了强化国家政权对基层的控制而已，"名为自治，实为官治"③，由此使乡村权力结构开始突破传统制度的框架，发生剧烈的变迁。

---

① 转引自王先明、常书红《传统与现代的交错、纠葛与重构——20 世纪前期中国乡村权力体制的历史变迁》，复旦大学历史学系、复旦大学中外现代化进程研究中心编《近代中国的乡村社会》，上海古籍出版社 2005 年版，第 51 页。

② 张鸣：《乡村社会权力和文化结构的变迁（1903—1953）》，陕西人民出版社 2008 年版，第 3 页。

③ 王培棠：《江苏乡土志》，民国刊本。转引自张鸣《乡村社会权力和文化结构的变迁（1903—1953）》，陕西人民出版社 2008 年版，第 99 页。

　　1949 年新中国成立后，在中国共产党的领导下，先后开展的广泛的土地改革运动，实施了由土改到互助组，再到合作社，对乡村进行的改造和社会重构。"政社合一"的人民公社制度的建立，造就了一套自上而下的经济控制与行政控制网络，在这个组织之下，自治空间已经荡然无存，乡村自治没有任何可能了。人民公社体制因其存在着窒息乡村社会生机、抑制生产力发展的弊端，最终难逃被抛弃的历史宿命。20 世纪 70 年代末期，人民公社体制开始逐渐走向衰落，至 80 年代初渐渐退出了历史舞台。80 年代初，广西宜山、罗城两县的部分农村基于社会管理的实际需要，自发组织建立村民委员会，取代了生产大队。1982 年通过的新宪法确认了村民委员会的法律地位：村民委员会是农村基层群众性自治组织，村民委员会主任、副主任和委员由村民选举产生。1983 年 10 月，中共中央、国务院发出《关于实行政社分开建立乡政府的通知》，正式宣布了人民公社制度的终结，为在全国范围中推广村民自治奠定了基础。1987 年《中华人民共和国村民委员会组织法（试行）》颁布，试行 10 年后，1998 年《村委会组织法》的正式实施，以法律形式确立了村民自治及其程序的合法性，中国农村又一次进入了"自治"期。

　　有学者指出，目前在中国农村实行的村民自治也是由国家强制制度供给并推动的一种制度安排，这一点与近代推行的"乡村自治"并没有什么不同，只不过其实施的逻辑是倒过来的，这就是近代所做的"乡村自治"属于"加法"，而改革开放以来的"村民自治"属于"减法"：晚清与国民党推行的"乡村自治"其目的在于将乡村权力行政化和正式化，即乡村社会建立起一个行政意义上的"自治体"。而 20 世纪 80 年代所推行的"村民自治"则是去除已经实现了并且高度的行政化村庄权力结构，而某种意义上回归到传统意义的"自治体"。民国乡村自治是指国家推行的、以行政村（南京国民政府曾称村为乡）为基本区域的地方自治，是在国家与社会分权的框架内运作的，是国家推动乡村社会由传统向现代转变的制度形式。[①]

---

　　① 参见《村治月刊》第 1 卷第 1 期，1929 年 3 月。转引自李德芳《民国乡村自治问题研究》，人民出版社 2001 年版，第 4 页。

从《村委会组织法》来看，村委会应该是农村基层社区群众的自治性组织，有义务维护村民的合法权益，在工作职能上，它只是协助乡镇政府开展工作。但是这种村民自治与传统意义的自治并不相同。一是村民自治属于国家组织体制的内在组成部分。二是村民自治具有现代政治的意义，其主体是全体村民，属于主权在民主原则下的群众自治，而不是少数精英。绅治是传统乡村社会的基本特征，换句话说，王朝体系下的乡村自治并不是村民自治，而是士绅自治，自治权不是民权，而是绅权。三是村民自治与传统绅治、近代自治具有本质的区别，后者是完全人治，前者则由村自治执行机关与议决机关组成，具有一定的法治化、民主化的特征。

20 世纪 80 年代以来，村民自治制度的实践从一开始就确定以乡村组织重建为重心，在相当长的时间内村民自治的主要任务也是定位在组织建构上。"村民自治的组织建构并不是对人民公社组织的简单替代，否则就没有必要制定法律制度并用相当长的时间进行组织建设。村民委员会组织作为人民公社的替代，最根本的不同就在于乡村治理的主导权由'干部'转移到村民。它的天然属性是民治而不是官治，是各村村民因地制宜和内在需求的多样化治理，而不是依据统一的国家意志的单一的行政化治理。"① 实践已经证明，村民自治从根本上改变了乡村权力的基本格局，无论是对权力资源的配置、权力合法性的来源，还是对权力运行准则、权力效能的衡量标准，都起着极大的影响作用，乡村治理结构从清一色的国家行政主导型向因地制宜的乡村社会内生型转变。

第二节　七一村"村民自治"历程

何仲连现为七一村村民委员会主任，2005 年前从未当过村干部，一直在外经商，搞联托运和办厂。2005 年因为一个支部委员年龄大

---

① 徐勇：《村民自治的深化：权利保障与社区重建——新世纪以来中国村民自治发展的走向》，《学习与探索》2005 年第 4 期。

退休了，他成为支部委员。同年，村民委会员换届选举，何仲连一次性竞选成功了。从经济精英转向治理精英，构成了改革开放以来七一村村庄权力结构变化的一个重要画面，这种变化的主要动力来自村民自治制度的引入。

七一村村民自治的历程与整个国家和浙江省的相一致，或者说是根据省与国家相关规定而进行的，这也说明村庄的自治是由国家引入并由国家规定的。村民自治大体上分为三个发展阶段。

第一个阶段为村民自治的"自发性与试验性"阶段。

20 世纪 80 年代初，广西壮族自治区罗城县等地的一些村庄首先开始建立村民委员会与推行村民选举的试验。与此同时，在一些中共高层领导人尤其是彭真的支持和授意下，民政部官员被授权领导村民选举与自治事务。

村民选举与村民自治的产生有着深厚的历史渊源，更重要的是，正是 20 世纪 70 年代末 80 年代初出现于中国农村的经济改革，彻底改变了农村经济、政治和社会关系。农村经济和政治关系的重大改变是村民选举与村民自治产生的重要动力。首先，家庭联产承包责任制导致了农村经济体制中新型经济关系的产生，为村民选举与村民自治提供了相应的经济基础。其次，自改革开放以后，农村社会结构和农村政治发生了很大变化，比如，家庭联产承包责任制使得农民获得比过去自由些的身份地位。最后，新生的许多问题对社会安全、法律以及秩序构成了挑战。事实上，在当时的农村地区，干群冲突、赌博、斗殴、偷窃甚至谋杀等现象十分常见，农村社会问题成为中央政府所关注的焦点问题，1982 年中共中央农村工作会议的文件就充分表明出来："近来一些农村组织十分松懈，他们的工作部分甚至全部陷入停顿，许多事务被搁置。"① 在很多情况下，很多村民道德水平低下，根本不关心村庄事务。人民公社解体、新的经济体系确立之后，面对这些异常严峻考验的现实，中央政府不得不开始考虑如何重建农村的权力组织体系。正是在这

---

① 中共中央文献研究室：《十一届三中全会以来重要文献导读》，人民出版社 1982 年版，第 1061 页。

样的背景下，20 世纪 80 年代初期自发产生于广西壮族自治区罗城县等地的村民自治组织，很快就进入了中央政府的视野。

1981 年，在传统生产大队管理体系遭到彻底破坏后，来自广西壮族自治区罗城县四把公社冲弯村、宜山县三岔公社冷水村、原合寨大队的农民建立了村委会。彭真对此高度重视，认为"这是农民群众的伟大创造"，并吩咐全国人大和民政部调查研究并总结宜山县的经验，进而推广它。1982 年 4 月，在一次关于新的宪法草案的讲话中，彭真提出村民委员会应该成为一个群众的自治组织，全国人民代表大会应该把它列为新宪法中的一个条款并敦促全国人大在村民委员会实践成熟后制定出村民委员会的规则。1982 年 11 月 11 日，在《中华人民共和国宪法草案》的报告中宣布村民委员会已经被列入宪法条款之中。1982 年 12 月，全国人大五届五次会议审议通过了《中华人民共和国宪法》。宪法第 111 条规定："城市和农村按居民居住地区设立的居民委员会或者村民委员会是基层群众性自治组织。居民委员会、村民委员会的主任、副主任和委员由居民选举。居民委员会、村民委员会同基层政权的相互关系由法律规定。""居民委员会、村民委员会设人民调解、治安保卫、公共卫生等委员会，办理本居住地区的公共事务和公益事业，调解民间纠纷，协助维护社会治安，并且向人民政府反映群众的意见、要求和提出建议。"这些规定明确了村民委员会的性质、基本任务、组织设置和选举等有关事宜，从而确立了村民委员会在我国的法律地位，也为制定村民委员会组织法提供了法律依据。

标志性事件是 1982 年修订的《中华人民共和国宪法》第 111 条确认了村民选举和村民自治的合法地位。进而，人民公社制度于 1983 年正式解体后，再也没有得以恢复。1984 年，中央政府授权民政部起草《村民委员会组织条例》。1987 年 4 月，由于这个条例的重要性，全国人大六届五次会议建议将《村民委员会组织条例》的名称修改为《中华人民共和国村民委员会组织法》①，并于 1987 年 12

---

① 白益华描述组织法的诞生过程，请参阅白益华《中国基层政权的改革与探索》（上册），中国社会出版社 1995 年版，第 282—309 页。

月得以通过。

1983年1月，浙江省委召开工作会议。这个会议肯定了金华地区进行的撤销人民公社恢复乡村建制的试点经验，对改革"政社合一"的人民公社体制进行了部署。1983年2月22日至3月2日，义乌县委召开全县三级干部大会，围绕"立志改革"这个主题开展讨论。县委书记谢高华在讲话中指出：要清除"左"的思想影响，联产承包制要长期不变，作为一项制度定下来；要发展和完善生产前、生产中、生产后的专业化、社会化的服务公司；努力发展商品生产，使国家和农民都尽快富起来；认真搞好公社的体制改革，政社分设。8月，全县开展政社分设工作。1984年1月至4月，县委在田心公社开展了政社分设的试点工作。实践证明，改革公社体制势在必行。8月20日，以县委、县政府名义发出《关于政社分设若干问题的意见》，提出除已批准分乡外，都以社建乡；村的规模，一般以大队建村，不再拆并。对个别规模过大、居住分散、群众生产和生活很不方便或者自然条件差别很大的大队，如果多数干部、群众坚决要求调整，应按照规定报经批准，允许调整规模。乡一级的经济组织全县统称"工农商联社"，大队、生产队两级经济以不动为宜。大队一级，行政上建立村民委员会。隶属于东河人民公社管委会的七一生产大队管委会因人民公社的解体，于1983年7月隶属于东河乡人民政府，1984年7月，七一生产大队管委会更改为七一村村民委员会，下辖东河自然村部分和麻车自然村，又称为东河第二村。从1984年至今已有6届村委会。

第二个阶段为村民自治的"试行"。

大体上的时间从1988年到1998年。但是，在地方上实施村民自治依然有不少阻力。不过，自20世纪90年代中期以来，由于沉重的税费负担，农民十分频繁地提出抗议，农村的不稳定再度成为除了干群关系恶化之外的一个大问题。这个问题的解决需要一个新的农村治理形式。此外，越来越多的地方领导也看到了村民选举与自治的积极一面。正是在这些背景之下，国务院决定在十年的试验之后重新修订《中华人民共和国村民委员会组织法》。新的组织法吸收了一些来自改革派的提议，于 1998 年 11 月得到通过，取消"试行"而正式施行。1998 年，党的十五届三中全会对村民自治给予高度评价，指出"扩大农村基层民主，实行村民自治，是党领导亿万农民建设有中国特色社会主义民主政治的伟大创造"。总体上来说，这个阶段有两个主要明显的成就：一是村民选举为核心的村民自治从示范探索到基本普及展开；二是四个民主（"民主选举、民主决策、民主管理、民主监督"）为主要内容的制度框架确立。

第三个阶段为试行村民自治的"全面与深入"阶段。

这个阶段时间从 1998 年底开始，村民自治从基本普及到全面展开，并且从"四个民主"进一步深入到农村社区建设。2007 年党的十七大报告史无前例地把"基层群众自治制度"确立为我国社会主义政治的四项制度之一和中国特色社会主义政治发展道路的重要内容，村民自治的地位得到重大提升。

2000 年 3 月 30 日，根据浙政发〔1999〕314 号和金政发〔2000〕15 号文件精神，义乌市政府下发义政〔2000〕34 号《关于调整部分乡镇建制的通知》的文件，决定对部分乡镇建制做出调整。2001 年 1 月 10 日，义乌市人民政府办公室下发义政办〔2001〕15 号《关于行政区划调整会议纪要》的文件。2001 年 3 月 20 日，根据浙政函〔2001〕326 号《关于义乌市行政区域调整的批复》和金政发〔2001〕22 号《关于义乌市行政区划调整的通知》的文件精神，设立大陈、苏溪、廿三里、佛堂、赤岸、上溪、城西、义亭 8 个镇和稠城、北苑、稠江、江东、后宅 5 个街道办事处。而城西镇将原夏演乡、东河乡重新组合，并将原稠江镇官塘办事处的何泮山行政村划入，称城西镇，共辖 47 个行政村。2003 年 12 月 11 日，义乌市人民政府下发义政〔2003〕157 号《关于行政区划调整的通知》的文件，根据《浙江省人民政府关于义乌市部分行政区划调整的批复》（浙政函〔2003〕187 号）文件精神，撤销廿三里镇、城西镇建制，设立廿三里、城西 2 个街道办事处。城西街道办事处所辖范围为原城西镇的行政区域，共辖 47 个行政村，七一村成为城西街道办事处下辖的一个村（见表 4 - 1）。

表 4 - 1　　　　　　　改革开放以来七一村的村政变化情况

年份	名称	上一级政府
1983	七一生产大队管理委员会	东河乡人民政府
1984	七一村村民委员会（东河二村）	东河乡人民政府
2000	七一村	城西镇
2002	七一村	城西街道办事处

第三节　村民委员会和村民代表结构的精英化

"穷人当村长，说话也不响。"这样的话现在不难听到。事实上"老板书记"、"老板村长"在中国农村尤其是沿海地区的农村越来越多了，他们是一个"先富群体"。这批先富起来的企业家、工商户或种植、养殖业大户，土生土长在农村，但是又基本上脱离了传统农业的生产方式，属于新型的农民群体。他们过上富足的生活之后，逐渐萌生出参政议政的愿望，并在村级选举中崭露头角。从政治上讲，经济精英或者富有的村民进入权力层是乡村社区最重要的变化之一。他们利用国家提供的制度，如村民选举、村民代表会议，已经对并将继续对中国农村产生影响。在村民委员会选举时，他们的当选被视为村级权力结构的一个重大变化。村民选举打破了原先村干部继替的规则，为精英尤其是经济精英提供"从政"的机会与渠道，而且在不少地方已经实现了从经济精英向政治管理者的转变。当然，实行村民自治和村民选举以来，经济精英在村庄中所扮演的角色对乡村社区的权力结构与运作提出了一些挑战性的问题。由于越来越多的村庄富有者或经济精英当选为村干部，尤其是当选为村委会主任，所以有关经济精英与乡村权力的关系问题近年来也逐渐地受到人们的关注。

一　村庄精英与村委会成员的结构

只要是年满 18 周岁有选举与被选举权的村民，从理论与法律角度上讲，都有机会成为村委会成员。但是，法律、法规和政策，地方政府尤其是直接面对村民的乡镇政府和村民本身的期待等因素使然，真正成为村委会领导的通常都是地方的精英，在浙江等经济发达的农村，经济精英通过选举转变为治理精英，成为村委会领导的机会要大大地高于其他村民。《中华人民共和国村民委员会组织法》第 12 条规定："年满十八周岁的村民，不分民族、种族、性别、职业、家庭出身、宗教信仰、教育程度、财产状况、居住期限，都有选举权和被选举权。"法律强调平等的同时却隐含着另一种鼓励性的用语，比如，1999 年 10 月 22 日浙江省第九届人民代表大会常务委员会第十六次会议通过，2004 年 9 月 17 日浙江省第十届人民代表大会常务委员会第十三次会议修订的《浙江省村民委员会选举办法》第 4 条规定："选民应当推选遵纪守法、办事公道、廉洁奉公、身体健康、具有一定文化水平、热心为村民服务、胜任村民委员会日常工作的选民为村民委员会成员。"再比如，《浙江省村民代表会议工作规程（试行）》（浙江省民政厅，2008 年 12 月 30 日），第 6 条对于村民代表的条件作了规定："村民代表应具备以下基本条件：（1）拥护党的路线、方针、政策，遵纪守法；（2）依法具有选举权和被选举权；（3）关心集体，办事公道，在群众中有较高威信；（4）具有履行代表职责的能力、时间、精力。"而地方官员则通常倾向于或钟情于让村庄经济精英当选。事实上，在乡镇领导希望能人来主政的背后有两种主要的因素支配着。一个是希望通过能人治村来改变村庄落后的面貌，发展经济。另一个是能人治理有助于顺利地完成乡镇安排的任务，因为这些人掌握着各种资源，尤其是经济上的资源，具有号召力。可以这样说："富而优则仕。"一些地方刻意培养能人，让他们入党，让他们参加竞选，当选为村委会主任。农民的认识与思想随着时代的发展而变化了，他们的意愿推动了能人走上村政的前台。因为农民并非简单地看待与对待选举，在他们认识或行动背后的是他们对农村经济发展与他们自身利益的一种期待与要求。新富阶层或能人走上了致富道路必然会引起广大村民的向心力作用，从而起到榜样和示范作用，因而他们具有较强的号召力。

　　七一村就是如此。无论是村委会成员还是村民代表，来自经济精英的比例逐届提高，以至于到了非经济精英就难以当选的地步，这从某种意义上来说，经济成为当选村委会成员或村民代表的一个必要条件。但是，我们的问卷数据并不支持这一点。当问及"您是否赞同这样的说法：现在能否当选上村党支部书记或村委会主任，主要是靠经济实力说话"时，75.6%的被调查者否认当选村干部依靠经济实力，21.8%的被调查者表示说不清楚，只有1.8%的被调查者赞同这种说法（表4-2）。另一个问题也有着相类似的数据，当问到"有人说，'穷人当村长，说话也不响，您是否赞同这种说法？"时，调查数据表明（表4-3），高达70.2%的被调查者明显否认"穷人当村长，说话也不响"这种说法，只有2.5%的被调查者持肯定态度，另有26.9%的被调查者对此表示说不清楚。

表4-2　您是否赞同这样的说法：现在能否当选上村党支部书记或村委会主任，主要是靠经济实力说话？

选项	频数	所占比例（%）
赞同	5	1.8
不赞同	208	75.6
说不清	60	21.8
未填	2	0.8
总计	275	100

从以上两个问题的数据来看，被调查者并不认为经济因素在村级干部选举中起到作用，这与笔者于2005年7月到9月在临海市和杭州市余杭区进行对当选为村委会主任所做的抽样调查的数据（表4-4）接近。对于"当选村主任，靠经济实力"的看法，有高达75.8%的被调查者否认当选村干部依靠经济实力，而当选的原因主要是"群众推选"，持肯定的态度有10.1%。而对于"穷人当村长，说话也不响"的看法，高达69.6%的被调查者明显否认这种说法，有19.9%的被调查者持肯定态度，另有10.5%的被调查者对此表示说不清楚（表4-5）。持否定态度的人数比例两次相当，但是对此做法持肯定态度的当选村委会主任要高于七一村的数据，前者为10.5%而后者为2.5%，并且说不清楚的比例前者要低些，这其中差别的原因恐怕在于，普通村民不太清楚村干部办事的情况，而村主任对于个人是否

有经济实力对于做好村干部有何影响有着亲身的体验。

表4－3　有人说，"穷人当村长，说话也不响"，您是否赞同这种说法？

选项	频数	所占比例（%）
赞同	7	2.5
不赞同	193	70.2
说不清	74	26.9
未填	1	0.4
总计	275	100

表4－4　　　　对"当选村主任，靠经济实力"的看法

选项	频数	所占比例（%）
赞同	18	10.1
不赞同	135	75.8
说不清楚	25	14
总计	178	100

　　不过，上述两个问题的否定性数据似乎与实际上当选的情况有差异，因为在浙江经济发达的农村当选的村委会成员为先富者、经济精英占相当大的比例。以 2005 年浙江省第 7 届村委会换届选举为例。2005 年乐清市北白象镇村委会换届选举的情况表明，31 名当选的村委会成员（主任、副主任和委员）中先富者 27 名，所占比例高达 87.1%。①台州市黄岩区北城街道所辖的农村是经济十分发达的地区，2005 年村委会换届选举所辖 26 个村，其中 21 名村主任为企业主，另 5 名也是当地富有的手工业者。② 宁波市北仑区小港街道 2005 年村委会换届选举结果表明，共 40 个村，21 个村的村主任连任；19 名新当选的村主任中，其中 11 名是当地的有钱人；超过 50% 的村主任属于先富者。他们的竞选一是得到选民的信任，二是以物质作基础。③ 即使经济相比较而

---

① 数据来源于乐清市北白象镇袁会丛。
② 数据来源于台州市黄岩区北城街道党委冯洁清。
③ 数据来源于宁波市北仑区小港街道林静芬。

言更落后的县市区，其先富者有相当大的比例当选，比如，从衢州市衢江区第 7 届村民委员会 502 个村选举中的 494 个村的调查数据来看，共选出村委会成员 1291 名（其中主任 468 名，副主任 25 名、委员 798 名），他们当中有 615 名或是各类经商、企业的业主，或是种植、养殖业的能手，即属于先富群体，占 47.6%。[①]

表 4 – 5　　　　对"穷人当村长，说话也不响"说法的看法

选项	频数	所占比例（%）
赞同	34	19.9
不赞同	119	69.6
说不清楚	18	10.5
总计	171	100

权力精英的来源的确发生了变化。以上所提供的只是一个侧面，并非意味着代表所有的村庄，但是的确让人们可以感受到村委会干部来自什么类型的村民，以及村民选举后村庄权力结构中人员组成有了什么样的变化。对七一村第 1 届村委会成员到第 8 届的当选人员的背景分析，我们不难看到在经济发达的农村其权力精英的转变，即从经济精英转向村庄管理者。这就是说，七一村从第 1 届到第 8 届村委会成员的变化，可以说村庄的重要的正式权力组织逐步地由村庄经济精英占有了（表 4 – 6—表 4 – 13）。

表 4 – 6　　　　　　七一村第 1 届村民委员会情况

（1984 年 7 月—1987 年 8 月）

姓名	性别	民族	出生年月	政治面貌	现任党内职务	现任村委会职务	村其他组织任职情况	文化程度	职业
何恃熊	男	汉	1940.9	党员	副书记	主任	/	高中	务农
何春德	男	汉	1951.1	党员	/	委员		高中	务农
杨成森	男	汉	1946.8	/	/	委员		初中	务农

---

① 数据来源于衢江区工商局陈利民。

表 4 - 7   七一村第 2 届村民委员会情况
(1987 年 8 月—1993 年 7 月)

姓名	性别	民族	出生年月	政治面貌	现任党内职务	现任村委会职务	村其他组织任职情况	文化程度	职业
何留光	男	汉	1946.11	党员	支委	主任	/	小学	务农
何春德	男	汉	1951.1	/	/	委员	会计	高中	务农
龚美弟	男	汉	1953.1	党员	支委	委员	出纳	初中	村医

表 4 - 8   七一村第 3 届村民委员会情况
(1993 年 8 月—1999 年 7 月)

姓名	性别	民族	出生年月	政治面貌	现任党内职务	现任村委会职务	村其他组织任职情况	文化程度	职业
何春建	男	汉	1955.3	党员	支委	主任	/	初中	务农
龚美弟	男	汉	1953.1	党员	支委	代主任	/	初中	村医

表 4 - 9   七一村第 4 届村民委员会情况
(1999 年 8 月—2000 年 6 月)

姓名	性别	民族	出生年月	政治面貌	现任党内职务	现任村委会职务	村其他组织任职情况	文化程度	职业
缪海生	男	汉	1958.4	党员	支委	主任	/	初中	农业
何恃熊	男	汉	1940.9	党员	支委	委员	会计	高中	务农
龚美弟	男	汉	1953.1	党员	支委	委员	/	初中	村医
何留光	男	汉	1946.11	党员	支委	委员	/	小学	务农
何春建	男	汉	1955.3	党员	支委	委员	/	初中	经商

表 4 - 10   七一村第 5 届村民委员会情况
(2000 年 6 月—2001 年 12 月)

姓名	性别	民族	出生年月	政治面貌	现任党内职务	现任村委会职务	村其他组织任职情况	文化程度	职业
龚美弟	男	汉	1953.1	党员	支委	代主任	/	初中	村医
何德兴	男	汉	1958.3	党员	书记	委员	/	大专	经商

姓名	性别	民族	出生年月	政治面貌	现任党内职务	现任村委会职务	村其他组织任职情况	文化程度	职业
何春建	男	汉	1955.3	党员	支委	委员	民兵连长	初中	经商
何恃熊	男	汉	1940.9	党员	支委	委员	/	高中	务农
何留光	男	汉	1946.11	党员	支委	委员	/	小学	务农

表 4 – 11　　　　七一村第 6 届村民委员会情况

（2001 年 12 月—2004 年 11 月）

姓名	性别	民族	出生年月	党员	现任党内职务	现任村委会职务	村其他组织任职情况	文化程度	职业
龚美弟	男	汉	1953.1	党员	支委	主任	/	初中	村医
何德兴	男	汉	1958.3	党员	书记	委员	/	大专	经商
何春建	男	汉	1955.3	党员	支委	委员	民兵连长	初中	经商
何恃熊	男	汉	1940.9	党员	支委	委员	会计	高中	务农
何留光	男	汉	1946.11	党员	支委	委员	出纳	小学	务农

表 4 – 12　　　　七一村第 7 届村民委员会情况

（2004 年 12 月—2008 年）

姓名	性别	民族	出生年月	党员	现任党内职务	现任村委会职务	村其他组织任职情况	文化程度	职业
何仲连	男	汉	1964.11	预备党员	/	村主任	/	初中	企业主
何恃勇	男	汉	1962.5	党员	支委	委员	/	初中	企业主
何伟东	男	汉	1968.8	党员	/	委员	出纳	初中	企业主

表 4 – 13　　　　七一村第 8 届村民委员会情况

（2008—2011 年）

姓名	性别	民族	出生年月	政治面貌	现任党内职务	现任村委会职务	村其他组织任职情况	文化程度	职业
何仲连	男	汉	1964.11	党员	/	村主任	/	初中	企业主
何星际	男	汉	1957.6	/	/	委员	出纳	初中	企业主
何恃均	男	汉	1951.7	党员	/	委员	/	初中	务农
王彩仙	女	汉	1954.12	党员	/	妇女主任	/	初中	务农

第 1 届至第 3 届的村干部基本是务农的,这一方面说明七一村那时经济结构还没有发生根本性的变化,即从农业转向以非农产业为主的经济结构;另一方面也说明,尽管七一村有了不少致富者,比如村级工业从 80 年代开始,1983 年,何关林、何恃熊和徐美云等办起了七一村第一家工厂——"服装厂",随后"小工厂遍地开花,难计其数",但是先富者参政的意义低而参政的环境也并不是相当鼓励的。但是从 2000 年第 5 届开始,村里的主要领导干部基本是企业主或经商者。第 7 届村委会成员三个都是兴办实业的企业主。下面就七一村的历任村委会主任情况作些交代。

第 1 届村委会主任何恃熊。1961 年高中毕业回家务农后,就开始担任生产队的记工员(集体经济时代记工分的人员),然后是会计兼团支部书记、生产队长、民兵连长以及生产队副大队长,1984 年 7 月至 1987 年 8 月任人民公社解体后第一任村民委员会主任,干了一届后,开始当村党支部书记,并在这个位置上干了 11 年。1998 年,由于年纪的关系,他退居二线,此后继续担任支部委员、村委会委员兼会计等职。1998 年至 2003 年间曾当选为义乌市人大代表。

第 2 届村委会主任何留光。2009 年已年近 65 岁,以前当过兵,后来一直以务农为生,现在村里农业生态园帮忙。

第 3 届村委会主任何春建。以前也当过兵,自己搞托运部(物流运输及场站业务),从村委会主任上退下来之后就一直担任村党支部委员。何恃熊老人说,"那时村委会主任不是直选的,不像现在这样,而是村里面选出来几个人然后拿到乡政府里去批,然后乡长跟书记来向我这个支部书记询问,问我希望谁当主任,问我个人认为谁当主任比较合适,我认为是何春建比较合适,这样何春建就上来了"。

第 4 届和第 5 届村委会主任龚美弟。龚美弟之前的村委会主任为缪尔星,原先是村里的一个电工,担任过一年多的村委会主任,但因为贪污电费被判刑三年,其剩下的任期由龚美弟接任。龚美弟先是当了 1 年多代理村委会主任,后来经过选举正式担任一届村委会主任。龚美弟是村里的赤脚医生,在村里开设七一卫生室,去看病的人很多,生意还不错,平时去他那里玩的人也很多。他为人比较随和,较乐观，人缘关系较好，从村委会主任职位上退下来后，就一直担任村支部委员。

第6届和第7届村委会主任何仲连。何仲连家里有三兄弟，他排行第二。三兄弟经济条件都比较好，分别在办厂、经商、搞托运。他哥叫何仲一，弟弟叫何仲迎（村民代表）。当时是他哥哥一定要让他出来竞选村委会主任，并许诺会在各方面给予他支持。当时何仲连跟龚美弟竞争，何仲连多三十几票。第7届选举的时候，何仲连是同支部委员何恃勇竞争的，当时的竞争确实非常激烈，双方的选票非常接近，只差了3票。

二 村民代表会议：村庄精英的聚集地

村两委自然是村庄权力结构中最为重要的组织，除此之外，在正式组织机构中的村民代表大会（村民会议）也成为继两委后另一个重要的权力组织。从法律上讲，村民会议是村庄最高的决策机构，但是因人口规模、社会流动等因素导致难以召开村民会议，因而代之为村民代表会议。事实上，村民代表会议在村级治理中有着重要作用，对此早已为学术界所认识，徐勇认为：相对村民而言，村民代表一般素质较高或社会影响较大。在农民的政治文化素质普遍较低的背景下，村民代表会议在村民自治中的实际影响和作用较大。[1] 郎友兴、何包钢认为：村民代表在村中具有较高的威望，并且相对素质较高，易具有荣誉感、成就感和责任感，村民代表会议的实际影响力与作用比村民会议大。[2] 张静认为：村民自治要走上正确的发展方向，重要的在于通过制度安排对权力进行再分配，赋予村民代表会议足够的权利并将这种权利制度化。[3] 村民代表会议通过各种利益传递、利益表达和利益诉求的方式，实现村民对公共事务管理和公共利益整合的民

---

① 徐勇：《中国农村村民自治》，华中师范大学出版社1997年版，第88—89页。

② 郎友兴、何包钢：《村民会议和村民代表会议——村级民主完善之尝试》，《政治学研究》2000年第3期。

③ 张静：《基层政权——乡村制度诸问题》，浙江人民出版社2000年版，第207—212页。

主参与。

即便是村民代表，其来源也是如同村委会成员。吴毅曾经指出：在白鹤村村民自治的制度架构内，村庄精英从事社区公共参与的制度化渠道主要是村民代表会议。村民代表会议从制度规定上看是村民会议闭会期间的村最高权力机构，但它实际上要接受党支部的领导，经过村党支部提名和村民选举者，方能当选为村民代表会议代表。从当选村民代表的构成看，它包括这样几方面的人：（1）全体村委干部；（2）全体党小组长和村民小组长；（3）前任村干部；（4）村办企业负责人；（5）其他有影响的村民。① 这几种村民基本上属于村庄的精英。

从七一村第 7 届（表 4－14）、第 8 届（表 4－15）村民代表来源看大体上也是如此。第 7 届 21 个村民代表中只有 1 位务农和 3 位务工，另有 2 名其职业为司机，其余 15 位属于村庄中的经济精英，或办企业或经商。而于 2008 年上半年换届而当选的 21 位村民代表中，属于经济精英的依然占多数，有 14 名。

表 4－14　　　　　　　七一村第 7 届村民代表情况
（2004 年 12 月—2008 年）

姓名	性别	民族	出生年月	党员	现任党内职务	现任村委会职务	村其他组织任职情况	文化程度	职业
何仲迎	男	汉	1964.11	预备党员	无	无	无	初中	企业主
楼士忠	男	汉	1949.6		无	无	无	小学	监工
何朝东	男	汉	1967.9		无	无	无	初中	经商
何斌	男	汉	1965.3	党员	无	无	无	初中	企业主
何恃潮	男	汉	1957.4		无	无	无	高中	经商
何流根	男	汉	1971.12		无	无	无	初中	司机
何恃华	男	汉	1936.7		无	无	无	高中	经商

---

① 吴毅：《村治中的政治人——一个村庄村民公共参与和公共意识的分析》，《战略与管理》1998 年第 1 期。

姓名	性别	民族	出生年月	党员	现任党内职务	现任村委会职务	村其他组织任职情况	文化程度	职业
何恃均	男	汉	1951.7	预备党员	无	无	无	小学	务工
何福能	男	汉	1936.7		无	无	无	小学	务工
何留高	男	汉	1958.2		无	无	无	初中	经商
何成明	男	汉	1972.10		无	无	无	初中	企业主
何永灶	男	汉	1962.3	党员	无	无	无	高中	经商
何茂远	男	汉	1954.2		无	无	无	初中	经商
何占田	男	汉	1953.4		无	无	无	初中	务工
何关秋	男	汉	1952.8		无	无	无	小学	企业主
何南六	男	汉	1952.2	党员	无	无	无	初中	经商
何雄飞	男	汉	1969.3		无	无	无	高中	企业主
陈明贤	男	汉	1968.1		无	无	无	初中	司机
李国建	男	汉	1979.6	党员	无	无	无	初中	经商
杨飞良	男	汉	1972.8		无	无	无	高中	经商
何留培	男	汉	1950.4		无	无	无	初中	务农

由此可以说，村庄的重要的正式权力组织基本上由村庄经济精英所占有了。村民自治后，村庄政治与权力从根本上说由村庄的各类精英尤其是经济精英所操作和把持着。当然，这里无意做道德上的评论，主要是呈现出实情。

表 4 - 15　　　　七一村第 8 届村民代表情况（2008 年至今）

姓名	性别	民族	出生年月	党员	现任党内职务	现任村委会职务	村其他组织任职情况	文化程度	职业
何海兵	男	汉	1974.10	预备党员	无	无	无	初中	经商
王小芳	女	汉	1969.7		无	无	无	小学	经商
何朝东	男	汉	1967.9		无	无	无	初中	经商
何留军	男	汉	1964.12		无	无	无	高中	包工头
何恃义	男	汉	1965.3		无	无	无	初中	手工业
何凌涛	男	汉	1964.6		无	无	无	初中	农业

续表

姓名	性别	民族	出生年月	党员	现任党内职务	现任村委会职务	村其他组织任职情况	文化程度	职业
何恃华	男	汉	1936.7		无	无	无	高中	经商
何成明	男	汉	1972.10		无	无	无	初中	经商
何福能	男	汉	1936.7		无	无	无	小学	农业
何建华	男	汉	1979.8		无	无	无	初中	经商
何永灶	男	汉	1962.3	党员	无	无	无	高中	经商
何茂远	男	汉	1954.2		无	无	无	初中	经商
何恃敏	男	汉	1957.8		无	无	无	小学	农业
何关秋	男	汉	1952.8		无	无	无	小学	农业
何楼根	男	汉	1971.12	党员	无	无	无	初中	农业
何贤辉	男	汉	1958.11		无	无	无	小学	经商
何斌	男	汉	1965.3	党员	无	无	无	初中	经商
李国建	男	汉	1979.6	党员	无	无	无	初中	经商
杨正良	男	汉	1972.8		无	无	无	高中	经商
何留培	男	汉	1950.4		无	无	无	初中	务农
何南六	男	汉	1952.2	党员	无	无	无	初中	经商

第四节　村民自治与村庄治理精英的再造

在改革状态下的中国农村是一个分化的社区，在那里村民被分为不同阶层。当把目光停留在村民选举中，我们可以发现权力精英的转化。那么我们如何解释中国农村的精英形成路径呢？东欧学者所习用的精英循环或再生产的概念框架是否适用于中国农村？维克多·尼提供了一个精英循环的假设，这一假设认为中国的市场化道路有利于新经济实践者，而从前的干部则被抛弃了。然而安德鲁·瓦尔德则坚持精英再生产的观点，宣称旧精英阶层中的技术统治论者从改革中获取了好处。王汉生探讨了中国农村精英再生产的现象，注意到了村干部转变为经济精英的事实。然而，他也指出了独立精英形成的可能性仍是存在的。

　　从 20 世纪 70 年代末到今天，村庄领导权的掌握在由上级政府任命的政治精英逐渐转到通过选举（无论是村党支部还是村委会）而产生的村庄精英手中。他们中最为突出的当属村党支部书记和村委会主任，这两个职位通常由村中最有影响力的人出任，并且他们通常是村庄里的先富人群，属于村庄的经济精英。按照《村民委员会组织法》第 12 条规定：年满 18 周岁的村民，不分民族、种族、性别、职业、家庭出身、宗教信仰、教育程度、财产状况、居住期限，都有选举权和被选举权；但是，依照法律被剥夺政治权利的人除外。从这一法律规定中可以看出，能够被选举为村委会干部的人员，必须具备以下资格：一是年龄条件，必须年满 18 周岁；二是政治条件，必须享有选举权和被选举权；三是属地条件，其户籍应当在所在村。由此可见，村民委员会民主选举制度所强调的是机会均等，它为每个村民打开了通过选举途径进入村庄公共权力组织的大门提供了可能。事实上，为拥有更多社会资源的村民当选村庄领袖，主导和操纵村庄治理提供了有力的制度支持。

　　经济精英上升到权力组织已经改变了村干部更替的规则与村庄政治的运作。一般说来，1949 年新中国成立前的中国农村，占有土地的"地方精英"占据着村里的权力，换而言之，地主家庭通常是村庄的干部。① 不过，1949 年新中国成立以后，村庄干部更替的规则就有大大的不同，尤其在毛泽东时代，中国共产党将那些忠于党的"贫下中农"放到领导岗位上，而这又不同于现行的村庄干部继替的做法了。现行的村民选举与村民自治制度为经济精英、能人、富人提供了进入村干部行列的机会与渠道。村委会是一个群众的自治组织，通常由一个主任、一个副主任、3—7 名委员组成，而这些成员是由村庄年满 18 周岁的有选举权与被选举权的村民直接选举产生，任期为 3年一届。

---

　　① 例如，Sidney D. Gamble 在 20 世纪 30 年代初期在中国北方农村所做的调查资料也表明了这一点。可参阅 Sidney D. Gamble：North China Villages：Social，Political，and Economic Activities before 1933. Berkeley：University of California Press，1963。

　　从理论上说，村民选举为所有的村民，无论穷还是富，党员还是普通村民，都提供了从政、进入村庄权力机构的机会与可能性，而这在实行村民自治制度以前是根本不可能的事。但是，又是谁能成为村委会的成员？村委会的成员是从哪些人中选出的？事实只能是这样：村民选举为村庄精英，尤其是经济精英、能人、富人提供了正式的参政的机会，也就是说村委会吸纳的是经济精英，通过村民选举这一中介，越来越多的村庄经济精英成为村庄的管理者。

　　改革开放以来，中国农村出现了一种新形势下的"绅治"现象。这些"乡绅"主要指的是经济精英或者称之为能人的人。在农村经济的发展过程中产生了大量的经济能人，这些人不断地问鼎乡村的权力并向权力精英转变。基于浙江的经验，我们可以说村庄的干部主要来自两种人员：一个是原先为村干部的或者有干部家庭背景的村民。这类村民中不少人往往也是经济精英，村庄中的能人，是中国农村先富起来的人。这些人如果没有强有力的经济作为后盾，他们会被逐渐挤出村庄权威圈。另一个就是经济精英。通过村民选举与村民自治的制度，他们中不少人涉足村庄政治，成为政治管理者，有了双重身份。

　　结合七一村的案例，我们应该从下面 3 个方面来分析富人从政，即从经济精英到村委会干部这个现象或趋势。

　　第一，农民的认识与思想随着时代的发展而变化了，他们的意愿推动了能人走上村政的前台。因为农民并非简单地看待与对待选举，在他们认识或行动背后的是他们对农村经济发展与他们自身利益的一种期待与要求。新富阶层或能人走上了致富道路必然会引起广大村民的向心力作用，从而起到榜样和示范作用，因而他们具有较强的号召力。在中国农民的眼中，基层民主并不是作秀；他们是讲求实际的，愿意选择那些能够带领他们致富过上好日子的村民作为村领导。事实上，农民并不简简单单地将村民选举看做只是村委会干部的更换，存在他们投票背后的欲望更多的可能是村庄经济的发展与人们生活的改善。尤其在经济发展落后的农村，村民更希望有能力的人来主政，以改变落后的面貌，摆脱贫困走上致富之路。浙江三门县六敖镇是一个经济较为落后的乡镇，仍然以农业为主，全镇第二、第三产业比例极低，因此不少村民特别是年轻人不得不外出打工。调查表明，在村民中，"选有能力领导全村人致富奔小康，能带头、有知识技术学历的人"为村主任之欲望普遍存在，并且颇为强烈①。

　　第二，党的政策和地方政府态度与认知也是一个重要的因素。改革开放以来，党的政策一直强调经济发展，强调致富，这在客观上将不少经济精英推到政治管理者的位置。而地方政府对待富人从政的态度与认知也有一个变化发展的过程。根据我们的调查来看，由于能人影响力增强，有些乡镇领导对能人主政开始时持较为谨慎的态度，有些乡镇领导并不希望能人来主持村政。但是，随着经济与社会的发展，越来越多的地方领导鼓励并支持经济精英参与村委会职位的竞选。事实上，在乡镇领导希望能人来主政背后有两种主要的因素支配着。一个是希望通过能人治村来改变村庄落后的面貌，发展经济。另一个是能人治理有助于顺利地完成乡镇安排的任务，因为这些人掌握着各种资源，尤其是经济上的资源，具有较强的号召力。可以这样说："富而优则仕。"一些地方刻意培养能人，让他们入党，让他们参加竞选，当选为村委会主任。七一村的党支部书记何德兴在外经商多年，就是乡镇领导多次动员他回村任职的结果。

　　第三，我们相信竞选环境变化是促使经济精英能够成功地进入村级权力组织的另一个重要因素。竞选需要各种资源，如关系，还有是经济资源。只有乡镇政府或村党支部的支持现在看来是不够的，当然这两者对于最初的几次选举来说也许是很重要，也是相当管用的。现在有两种逻辑或力量支配着村民选举的竞选。一种是如何发展村庄的经济与村民的致富是村庄选举政治中的主要议题，这也是村民主要关心的问题。另一种是竞争激烈程度的增加导致需要动员各种社会资源，需要制定或选择竞选的策略，否则就难以在如此激烈的竞争中取胜。从根本上说，竞选者是基于这两种逻辑或力量来选择他们自己竞选的策略与手段。当

---

① 资料来源于我们所做的"选民问卷调查"的开放式问题："您对选举制度有何建议？"此问卷调查在2000年进行，在浙江省通过抽样，对村民进行调查。

然，策略、方法多种多样，但是所有这一切都离不开对经济资源的拥有与掌握。比如，从前一种逻辑来看，一种常用的策略就是打"经济牌"，"让我们选一个能够而且愿意带领致富的人作为村长"。大多数村庄与大多数农民依然是穷的，这是打"经济牌"的基础。通常不少候选人都会用送礼、请客吃饭、上门访问、许愿等，这些都需要一定的经济实力支撑着，在这方面经济精英自然更有优势了。

此外，能人们自身的参与意识也在不断地提高。比如，一些私营企业主萌发了强烈的参政意识，不再满足于经济上的成功，因而比较积极地谋求一个"老板村长"或"老板书记"当当①。而这种日益提高的参与意识在如此的政治生态环境之下就很容易转为实际的行动，即参与竞选，并且设法获得成功，完成从经济精英到政治管理者的转换。

总的来说，新的政治生态环境促使经济精英走向乡村的政治舞台。它在乡土层面上展现出了先富群体参与政治的"政治投资"与"政治吸纳"的双重逻辑。"老板们也有参与村民民主管理的积极性，他们往往承诺在当选后能把自己的事业和集体的事业结合在一起，"先富群体的诸种参政动机构成了"政治投资"的逻辑，而客观的因素，尤其是地方党政领导想要利用老板们的"经济头脑"、"经济实力"和能力以发展农村经济，这就构成了"政治吸纳"的逻辑。这两者的结合，用地方官员的话来说这是"双赢"的思路，致使"老板执政"成了"普遍现象"。

我们可以做出这样的结论：七一村通过 7 次村民委员会的选举，村庄的政治权力结构发生了相当深刻的变化，形成了以经济精英为主体的乡村新的村庄权力架构模式，通过诸多途径而成为村庄治理精英的经济精英占据着乡村政治、经济和社会生活的中心地位。

第五节　分工而不分家：七一村两委关系之形态

选举后的村庄政治中出现一个重要而又相当微妙的关系需要慎重

---

① 沈延生：《村政的兴衰与重建》，《战略与管理》1998 年第 6 期。

而艺术地加以处理，这就是村党支部与村委会的关系，即两委关系。

邹谠教授用"全能主义"这个概念来揭示当代中国宏观政治社会的基本特征。全能主义政治就是建立在一个总体性社会基础之上的、以党为核心的政治同心圆结构。在全能主义模式的影响下，农村所有正式组织，包括党支部、村委会、民兵营、妇女会、共青团等，都是国家自上而下建立并纳入了国家控制范围的组织形态。可以说，农村权力结构是国家制度框架在农村的延伸，农村党政关系是政权层面的党政关系的缩影。因此，农村党政关系的重建无疑对宏观政治结构的重构具有深远的影响。不难发现，在实行村民选举以前，农村权力关系是以党的一元化领导为特征的一元权力结构。1949 年新中国成立后，党通过人民公社体制逐步完成了对农村传统社会力量的整合，从而树立了党组织在农村社会权力结构中的核心地位。从体制特征上而言，人民公社既是"政社合一"的体制，也是"党政合一"和"党经合一"的组织体制。党组织、政权组织、经济组织高度重合，党的书记全面负责并处于领导核心地位。公社设立党委，生产大队设立党支部，生产小队设立党小组，由此形成党的组织网络。

而村民选举制度的导入，改变了村委会权力来源的基础，村委会权力的合法性渠道与党支部出现了分野。中国的村民选举在很大程度上改变了农村权力合法性的基础，"从长远来看，不断重复的选举可能会逐渐引起中国农民对于政治合法性的理解的深远变化"①。村委会及其干部的权威来自村民选举和村民选票，而村党支部书记的权威来自党在整个政治系统的地位（是固有的权威）。因此，在这些权威之间通常会有一种张力。村民选举削弱了中国共产党在农村的合法性吗？村民自治并没有从根本上改变以村党支部为核心的村庄权力结构，村书记依然在村庄中继续保持其多年来形成的可以称之为新传统的领导地位。答案是部分肯定的，因为村民选举的一个重要方面就是通过选举权威来削弱后者的合法性，并让政党权威认可选举的权威

---

① Li Lianjiang, "The Empowering Effect of Village Elections in China", Asian Survey 43, No. 4, 2003), p. 660.

性。另一方面，答案又是部分否定的，因为政党通过民主选举来凸显自己，并巩固自身的合法性。"两票制"是一个重要的进步，它不仅加强和提升了基层党组织的绩效，同时也拓宽了党在农村的领导和合法性。最终的结果是民主选举将为农村政权和权威打下基础。

一　村两委关系的几种类型

20世纪90年代初，东北的一个村委会主任喊出了村委会主任与村党支书记权力谁大谁小的问题。按照他的逻辑，村主任是几千个村民选出来的，而党支书只是十几个人选出来的，从而历史性地出现了村委会向村党支部叫板的问题。近年来，村两委之间的关系混乱以及矛盾问题受到了学者们的广泛关注①。在村庄政治的实际运作中，出现了与理想制度规定相偏离的现象，"根据制度规定，村党支部委员会和村民委员会是村庄内两个性质和功能不同的村级组织，各自承担着相应的村级管理职能。但是，在乡村治理的运作过程中，两个村级组织之间时常呈现'党政不分'的状态。要么'以党代政'，党支部委员会直接参与村庄公共事务的决策和管理，干预和代行法律和制度赋予村民委员会的职责；要么两块牌子、一套班子、一体化运作，村支委和村委会成员统一分工，共同管理村庄公共事务"②。

义乌市委组织部曾经对村两委关系不协调问题进行了专题的调研分析③，并且进行了颇有意义的分类。

一是一方能力强，导致"一把抓"，属于高度集权型。这主要出现在党组织书记和村委会主任有一个能力比较强的村。一些村党组织书记独断专行，力图将村民委员会当作摆设，甚至完全包办代理村委会的工作，使村民自治流于形式；而一些村委会主任仗着自己雄厚的

---

① 参见景跃进《当代中国农村"两委关系"的微观解析与宏观透视》，中央文献出版社2004年版。

② 应小丽、卢福营：《村民自治实际运作与理想制度的偏离》，《求实》2008年第9期。

③ 参见义乌市委组织部调研报告《试论农村两委关系不协调问题》，《义乌商报》2008年6月10日，第14版。

经济实力和自己是全村村民选出来的良好自我感觉，不服从党组织的领导，凌驾于党组织之上。

二是双方能力强，导致"争着管"，属于争权夺利型。这类村两委思想不统一，互不服气，明争暗斗，互相争权夺利。有的党组织书记认为农村党组织是农村一切组织和工作的领导核心，村里一切事务都应该自己说了算，忽视发挥村委会的职能作用；有的村委会认为党组织的领导体现在党建和管理党务上，村里的其他事务都应该由村委会承担，在具体工作中不接受党组织领导，与党组织争权。

三是双方不作为，导致"两不管"，属于各自为政型。这类村的村两委一般能力不是很强，在工作上不相互支持，却互相推诿、扯皮，有利的事、好做的事抢着做，不利的事、难做的事推着做；有的书记或村委会主任甚至长年外出，工作毫无头绪，对村的经济发展，思路不清晰，注意力不集中，干脆埋头自家事业，造成"两不管"的情况。

农村两委关系不协调现象的存在，对当前农村经济社会的发展可能带来一些负面的影响。主要表现在以下3个方面。

第一，两委关系不协调，削弱了农村党组织的领导核心地位和党在农村的执政基础。由于一些村民委员会对村级事务领导权的争夺，农村党组织的执政能力受到严重削弱，对农村社会的控制力下降，说话不响亮，工作得不到认真执行，要求得不到有效落实。作为领导核心，一些党组织已经不能有效地协调和控制其他的组织，部分农村党组织对老年协会、护村队等一些配套组织和民间组织几乎丧失了控制权，更谈不上对其行使领导和管理的职能。

第二，两委关系的不协调，影响了农村社会稳定和民主政治建设。两委关系的不协调，不仅是农村基层组织的分裂，而且往往导致村民以党组织和村委会为中心形成重大的分化现象，进而也造成干部与群众的分裂，最终形成村两委"两张皮"的情况。两派势力在农村的各种问题上形成对立，严重影响了农村的社会秩序，也严重影响了农村民主政治建设的顺利进行。

第三，两委关系的不协调，制约了农村经济社会的发展。凡是两委关系不协调的村，干部之间、群众之间、干群之间往往关系紧张，矛盾重重，由于受制于村里的"内耗"，村民关注的热点、难点问题得不到及时解决，村内各项工作难以开展，村里的集体经济发展无人问津，阻碍了农村公共事业和农村经济的发展，最终影响了绝大多数群众利益的实现。

我们将基于对"七一村"两委现实运作的考察，着重探讨和谐两委关系的构建问题。

二　和谐两委关系的建构：分工而不分家

当被问及"村两委在权力上是怎么分工"的问题时，村党支部书记何德兴明确地回答："我们村两委是分工不分家的，有具体的负责人，但是不是单独的。比如分管市场的，有什么事情，不可能只有他一个人管的，大家一起参与的，这样就很有战斗力。要联系领导，每一个具体负责人都要联系领导。农村工作很多，每一块都不能疏忽，很难的啦。农村是一个大家庭，条条块块，事情很多，很难管的。今年我一定要提的就是要提高农村干部的待遇，不是说为我个人提的，而是干工作辛苦的这些干部，待遇不提高，工作怎么能做好，农村怎么能管好。"

（一）村两委主要负责人间的相互认同与尊重

在村庄的现实政治运作过程中，村党支部书记与村委会主任的权力之争往往是村两委之间的冲突源泉。就此而言，七一村村党支部书记与村委会主任间的合作配合已相当默契，这也是七一村村两委关系和谐的一个重要因素。下文，是我们在对七一村村委会主任何仲连访谈时的一些摘录。

今年事实上我是不想做了，家里人也反对，说当村干部没有什么好处，反而得罪别人，还是不要当了。我也向何书记说了，但是他反对，并劝我说：旧村改造还没做好，现在正是关键时候，新的村干部上来可能和村党支部对立，要顾全大局。老百姓选我，就是信任我，就继续做下去了。也有一些村民以当时支持我而要求特殊安排，说：我当时是选你的，你不为我做事？这些都是很难处理的，但是一定要做到公平。2005 年前一点也不懂怎么当干部，但是，尊重老书记，配合和多沟通。认识到与书记对着干，遭殃老百姓，所以一定要团结。这就像夫妻一样的，不沟通，不团结，肯定是不行的。我是新上来的，虚心接受，老书记经验多，但是不是百依百顺，他为村里作贡献，肯定是全力支持的。他所做的一切确确实实让我感动，一定要支持。

我和何书记共事 3 年，从来没有红过脸，不同想法很多，但是最后都顺利解决。沟通、冷静，把问题分析透，从不考虑个人利益，两人都站在集体利益的角度上考虑问题，慢慢就会趋同，好好解决，最后就把问题一一解决了。这次选举，我是不想出来选了，家里人不支持，容易得罪人，而且村里结怨代代相传，自己也正处在最佳时光，出去赚钱，事业上应该容易成功。和何书记商量不当了，压力大。何书记说：要顾全大局，不能退；我们两人是最佳拍档；一个人担子太重，要为村民考虑，关键时刻，不能中途退出。后来做家里人的工作，支持再竞选一任，事业先放一边，付出代价，全力以赴为村里工作，只能往前走，不能停。

（二）"合作治理"理念主导下的村两委和谐关系

事实上，"严格依法进行村民选举与切实加强党对农村工作的领导是相互促进的，村两委之间不存在不可调和的利益和矛盾，两委之间没有互相拆台的任何理由。在村委会选举中及选举之后村两委出现的紧张局面，既不是村民选举的过错，也不是党的领导制度不好，而是具体履行村两委职能的村干部们，还没有真正意识到群众才是村民自治的主体，而是自觉或不自觉地把村民自治当成村里一小撮人的特权。"① 如果把农村社会公共事务的治理过程简单地理解成权力的运

---

① 郭正林：《村民直选后的村委会与党支部——现状与调适》（http：//www. aisixiang. com/data/3331. html）。

用与行使，那就很可能形成村委会与村党支部两个权力中心的相互竞争与冲突。反过来，如果从"善治"的视角，即最大限度地实现村民的公共利益，最大限度地为村民多做实事来思考农村社会公共事务的治理，那么村两委之间的关系就容易协调得多。就此而言，七一村的何德兴书记就有着朴素的"合作治理"思想：

"我们村两委是分工不分家的（表 4 - 16），有具体的负责人，但不是单独的。比如分管市场的，有什么事情，不可能只有他一个人管，大家一起参与的，这样就很有战斗力。要联系领导，每一个具体负责人都要联系领导。农村工作很多，每一块都不能疏忽，很难的啦。农村是一个大家庭，条条块块，事情很多，很难管的。"

表 4 - 16　　　　　　　　七一村两委干部分工

姓名	具体职务	分管工作
何德兴	支部书记	主持支部全面工作，联系团、老年协会、普法工作
何仲连	村委会主任	主持村委会工作，主管财务、农业生态园、民工工资维权
何春建	支部委员	分管组织、民兵、综合市场工作
龚美弟	支部委员	分管政法、纪检、信访、文化、体育、水电工、禁毒、反邪教工作
何恃均	村委委员	主管旧村改造
王彩仙	村委委员	主管创建、妇女、计划生育工作
何星际	村委委员	主管旧村改造兼村出纳
陈　丹	村主任助理	主管来宾接待、资料及妇女工作
楼阁芬	村主任助理	主管来宾接待、资料及团总支工作

仔细探究"七一村"两委关系和谐的原因，我们可以发现，这是政府、群众与村庄领袖三股力量共同起作用的结果：第一，政府农村工作的有力开展，有赖于村两委关系的和谐；第二，为了实现村庄公共利益的最大化，村民们盼望村两委关系和谐；第三，为了推动村庄各项公共事业的发展，村庄领袖建构和谐村两委关系的愿望强烈。

三　村两委和谐关系状态下的村庄治理绩效

正如上文所述，农村社会公共事务的治理是一项极其复杂的工程。在调研中，不断有村干部向我们反映："农村的情况实在是太复杂了，村民们太过于注重眼前的利益，对村干部的工作不够配合。在农村当干部，是要受气的，老百姓都是为自己着想，你为他干了 10 件好事，只要有一件事情不合他的心意，就可能骂你。"由此，村两委干部只有紧密团结起来，形成有效的战斗力，才能较好地实现村庄公共事务的"善治"。

在同何德兴书记访谈时，他也向我们讲到了这一话题，在他看来，当前义乌市村两委关系存在着 3 种类型：第一种类型是村两委干部比较团结，关系较和谐融洽的村庄。这样的村庄村两委能够形成很强的战斗力，村干部能够确实为村庄做一些实事。第二种类型是村两委干部关系非常紧张，村庄内部权力结构异常复杂，形成多个派系，内耗严重。这样的村庄村两委干部根本形不成合力，也不可能有战斗力，甚至是相互拆台。这样的村干部派系观念严重，做工作往往是对人不对事，只要是对方阵营提出的工作事项无论是对村民百姓多么有利，统统反对。这样的村两委关系无疑是最糟糕的，村民们将在村干部们的内耗、内斗中丧失村庄公共事业发展的机会。第三种类型是介于上述中间，即村两委关系本身既谈不上和谐，也谈不上紧张，因为他们的村干部缺乏为村民谋福利、干事业的信念，大家都各忙各的，村两委工作基本上处于松散状态。应该说，这样的村两委干部是严重的不作为。

从村两委关系性质所属类别的视角而言，七一村两委关系无疑是和谐融洽的。而且正是因为村两委关系的和谐，才啃下了一块又一块村庄治理中的"硬骨头"。

案例：村两委干部合力奋战 17 天　全面完成一期旧房拆迁

实施旧村改造的一个基本条件是旧房的全面拆迁。虽然说旧村改造是全村人的共识，但是要大家真正把祖上留下来的老房子或者是自己亲手造起来的房子拆掉，大家还真有些下不了决心，在感情上还无法接受，村民们的观望情绪颇浓，谁都不愿意把自家的房子拆掉。而且从经济利益出发，一些出租户也迟迟不愿意把房子拆掉，毕竟迟一段时间拆，就可以赚取更多的租金。鉴于此，七一村村两委干部召集村民代表一起开会协商，如果长此下去，必定会延误整个旧改进程，一定要速战速决，想个应对的法子。在会上，大家一致投票决定于 5 月 28 日前必须要把本村规划中的第一期旧改 192 户农户 490 间共计 1.4 万平方米的旧房完成连片拆除。为了表示大家拆除旧房的决心与信心，七一村村两委还与义乌市新农村建设办公室联系，决定于旧房拆除的当天，召开城乡一体化旧房拆除行动现场会，要把市里面的 4 套班子领导都请到现场观摩。但此时离 5 月 28 日拆迁日子只有 17 天时间，时间万分紧张。会上，对拆迁动员工作作出周密的部署，要求村两委干部通力合作，户头分摊到个人，哪 6 户由自己挑选。在这 17 天时间里，村两委干部坚守岗位，中晚饭都在工地上。一次又一次地上门做工作，丈夫一方工作做不通，就从妻子一方下手，甚至是从家里面的老人下手，动用一切可以动用的关系力量，千方百计说服村民支持村里的旧房拆迁工作。到正式拆迁的前一天，即 5 月 27 日那天，第一期旧房拆迁总共 192 户农户全部同意拆迁，并且实现举家搬迁。到了 5 月 28 日正式拆迁的当天早上，村两委干部还组织人力到拆迁现场进行网络化搜索，在推土机正式开进前，看还有没有人滞留在旧房中。村两委干部的这些举动，百姓们看在眼里，感动在心里。至此，首期规划旧改 192 户农户的旧房在 5 月 28 日当天得到了顺利拆除。

近年来，在村两个班子的紧密团结和通力合作下，七一村的各项工作都取得了不俗的成绩，这可以从表 4－17 中看出：从 2006 年 4 月到 2008 年 6 月两年的时间里，七一村曾获得各种荣誉 21 项，资金计 167.46 万元。由此可见村两委工作的成就，也可以推论出村两委关系的和谐。

表 4 – 17　　　　2006—2008 年七一村获得各类奖金汇总明细单

年份	收入款项内容	金额（万元）
2006.4.28	金华市魅力村庄奖	0.6
2006.4.29	市卫生合格村奖	0.86
2006.7.5	民主公开示范村	1
2006.8.21	省级党组织奖	4
2006.8.21	中组部、省委组织部奖	7
2006.9.1	全国先进基层党组织奖	4
2006.11.30	全国先进基层党组织奖（市委组织部配套奖）	7
2006.12.5	农业生态园建设奖励资金	20
2006.12.27	金华市文化示范村创建活动奖	1
2006.12.30	环境保护事业奖励基金	3
2007.5.8	省文化示范村奖	1
2007.6.1	省小康村市配套奖	15
2007.6.1	市乡风文明村奖	5
2008.1.1	金华市科普奖	0.3
2008.1.18	省级文明村奖	0.5
2008.1.29	市农业重点项目奖励资金	80
2008.2.19	市科普示范村奖	0.2
2008.4.23	省妇联下拨奖	2
2008.5.27	市民政局省级公益奖	3
2008.6.5	全国民主法治示范村奖	2
2008.6.19	全国巾帼示范村、双学双比科技示范村基地（全国妇联下拨）	10
合计	共计 167.46（万元）	

第六节　结语

村民委员会是村庄权力的另一个主要掌控者，但是村民自治不同于传统的自治。作为一种制度，这种权力中心不是内生的，是国家构建起来的，但这个权力主体的权力是内生的，它是通过村民选举而获得的，选举是其合法性的来源。通过选举获得村民的授权已成为村级权力合法性的来源，人们认同选举对村庄权力的授权及由此而产生的权力结构，而选举也成为村庄政治中的一个有机部分。另外，这个权力精英的来源变化了，在经济发达的农村主要从经济精英转为村庄权力精英。20 世纪 80 年代初的村民自治的兴起为精英们参与广泛的社会政治活动提供了一个舞台，越来越多的经济精英对政治发生兴趣，他们在活动中增强了竞争意识、集体意识以及对国家和地方事务的积极参与意识，进入村庄社区的权力组织。从政治上看，这种现象的确是改革开放以来中国农村最重要的变化之一。

　　这种精英政治，一方面符合选举的逻辑，符合村民自治制度的安排，符合自治的逻辑；另一方面这种精英政治重要的是要处理与另一个权力中心即村党支部的关系，这就构成了村两委的关系。村两委的关系状况在某种意义上成为了解村庄权力模式本身、精英政治的一个重要面向，也就是说通过两委关系可以看出村庄权力的运行模式。七一村的村两委关系在村党支部居于核心地位的情况下是和谐的。

　　不过，我们看到，村民自治其内生性（社会）权威来源和体制性（国家）权威支持决定了它具有双重品格：体制外权力来源和体制内组织形式。国家与农民就是在这一组织场域中相遇，纠纷与互动尽在其中。

　　总之，村民自治从制度上成为村庄的经济精英与村庄权力直接联系的渠道，它改变了原先村庄治理精英的来源，从而引起了乡村社会结构和权力结构的重构。村民自治机制的引入，导致村庄权力结构发生了变化，这种变化实质上就是村庄政治的重塑，一次村政的再造。在改革与市场化的两种发展过程中，市场经济的发展彻底改变了乡村的经济结构，从而引发乡村社会阶层的分化和社会构成的根本性的改变，而村民自治的制度安排又改造了村庄的权力结构状况，并且将打通经济精英转向政治精英的道路，形成了以经济精英为基干的权力结构模式。相信这种产生于沿海发达农村的权力模式会在相当长的时期里持续下去，并将长时期地影响中国农村政治演变与发展的进程，今后也会在中国的中西部农村重演。

第五章　社区组织与村庄治理

2006 年 10 月，中国共产党十六届六中全会决议提出："全面开展城市社区建设，积极推进农村社区建设，健全新型社区管理和服务体制，把社区建设成为管理有序、服务完善、文明祥和的社会生活共同体。"提出"农村社区建设"，表明农村社区建设对于加强社会建设和管理、推进社会管理体制创新、构建和谐社会具有重要意义。本章重点是勾画出七一村社区组织的体系与运行规范机制，在此基础上从村庄治理的绩效上讨论社区组织的功能。

第一节　从村落到行政村再到农村社区

一　治理的转型：从行政村到农村社区

众所周知，村民自治是 20 世纪 80 年代初在人民公社体制解体后，为了避免"治理真空"而产生的，与家庭联产承包责任制相对应，是中国农民在农村基层政治领域的一大创举。但是，随着市场化、工业化改革浪潮在广大农村地区的深入，村民自治原有的形式已经越来越难以适应时代背景的快速变化，作为人民公社体制的替代型治理模式，已难以承担农村小康社会建设的重任，必须加快转型，因为作为一种外部性的制度安排，村民自治使村民委员会及其下属的村民小组"更多的具有行政化的色彩，即它们的主要任务仍然是完成政府交办的各种任务，而不是基于本社区内部需要的公共事务"①。

---

① 徐勇：《现代国家乡土社会与制度建构》，中国物资出版社 2009 年版，第 329 页。

（一）国家城乡发展战略从城乡分离向城乡一体化转变，要求构建城乡一体化的基层组织与管理体制①

改革开放后，村民自治的实施并没有改变自新中国成立以来一直沿袭的城乡二元组织与管理体制。城市与农村基层依旧沿用两套不同的管理体制，在城市实行街道、居委会以及社区管理体制；而在乡村则实行乡镇与村委会及村民小组体制，城乡之间在户籍、居住、就业、社保、教育、医疗、税收等诸多方面存在着相当程度的二元分隔现象，农民和农村发展受到诸多政策上的歧视和制度上的束缚，离真正意义上的国民待遇还有相当长的一段距离。当然，同人民公社时代相比，国家对农村社会的控制有了明显的放松。比如，为了配合国家工业化、市场化改革战略的深入实施，政府鼓励农村剩余劳动力进城务工，与此同时，国家还逐步放弃了城乡二元粮食供应制度，让农民进城有饭吃，从而打破了城乡之间的地理分隔，农民得以在城乡之间自由流动，城乡二元体制合法性基础也越来越受到了人们的质疑。

应该说，在新中国成立以后的相当长的历史时期内，为了能够在一穷二白的基础上早日实现现代化，我们国家一直实行的是非均衡的发展战略，即采取的是一条农业支持工业、农村支持城市的发展战略。通过人民公社及一系列的政策与制度安排，大规模地动员和吸纳乡村资源以快速推进工业化。有专家学者估算，改革前国家通过工农产品价格剪刀差形式从农村隐蔽地吸取了8000亿元资金②。正是这种非均衡的发展战略，使得我们国家在较短时间内建立了比较完整的工业体系，并推动了城市的快速发展。但是，这一发展战略造成对农业、农村和农民过度的索取，其直接的后果是压抑和打击了农民的积极性，使农业生产长期徘徊，加剧城乡公共服务水平的差距，不仅限

----

① 以下的论述主要参考项继权《从"社队"到"社区"：我国农村基层组织与管理体制的三次变革》，《理论学刊》2007年第11期。

② 发展研究所综合课题组：《改革面临制度创新》，上海三联书店1988年版，第7页。

制了农业和农村的发展，也制约着城市和工业的发展①。两次金融危机②爆发期间，我国的经济结构弊病暴露无遗，过分依赖投资和外需，内需消费严重不足。任凭政府三番五次地降息，老百姓就是不肯拿钱出来消费。究其本质而言，还是日渐扩大的城乡二元体制结构惹的祸，由于占我国人口总数 70% 以上的农民没有办法同城市居民一样享受社会保障，导致他们有钱也不敢消费，从而导致整个社会内需不足。

为了从根本上打破城乡失衡的二元结构，在党的十六届三中全会上中央提出城乡统筹、以工支农的方针，在国家层面上全面推进社会主义新农村建设战略。"十一五"规划进一步明确我国农村发展和改革已进入了新的阶段，必须按照统筹城乡发展的要求，贯彻工业反哺农业、城市支持农村的方针，坚持"多予少取放活"，加大各级政府对农业和农村增加投入的力度，扩大公共财政覆盖农村的范围，强化政府对农村的公共服务，建立以工促农、以城带乡的长效机制，推进社会主义新农村建设。这表明，我国从此结束了长期的通过农业的积累支持工业和城市发展的非均衡发展战略，走上了以工业反哺农业、城市带动乡村的新的发展道路。

随着我国农村政策从"资源索取"到"反哺农村"的战略转变，传统村民自治所承担的公共服务及公益事业将更多地由中央和地方政府承担，中央和地方也将更多地承担村民自治的财政及运行成本，乡村组织的工作内容和重点也发生了重大转变，从传统的税费征缴、计划生育向为农民提供公共服务转变，这些要求重新审视村民自治的组织基础、财政基础、权力职责及其工作内容，对农村基层组织与管理的功能和作用进行重新定位。中央提出农村社区建设也是旨在突出农村社会建设和社会服务，构建农村社会管理和社会服务的新体制、新

---

① 项继权：《从"社队"到"社区"：我国农村基层组织与管理体制的三次变革》，《理论学刊》2007 年第 11 期。

② 两次金融危机主要是指 1998 年东南亚金融危机和 2008 年以来由美国次贷危机引发的全球性金融危机。

机制。

（二）农村社会从静止、封闭向开放和流动的转变，推动了基层民主自治制度从"村民自治"向"居民自治"转变①

无论是在人民公社时期还是在村民自治时期，村集体组织依然延续。集体经济组织、村民委员会以及乡村社会整个的组织与管理体制实际上是建立在集体土地所有制基础上，具有强烈的封闭性和排他性。基于土地的集体所有及承包关系，农民归属于一定的"集体"，享有相应的权利。村委会组织及党支部组织也是在这种集体范围内组建起来的。集体的土地边界及产权边界也是村民、村庄及村组织的边界。村民自治仅仅是拥有村集体产权的"村民"的自治。然而，随着改革的深入及城市化和农村市场经济的发展，我国逐步打开了城门，放开了市场，城乡之间、工农之间及乡村内部的流动日益加快。农村土地流转的不断增多，不少人务工经商或移民城镇放弃土地经营，也有不少人远赴他乡承包经营，而一个村庄的居民也不再是世代聚居的"本村村民"。传统封闭的村落和集体组织日趋瓦解。随着农村土地流转的迅速和普遍，农村地权关系及村民（居民）关系将变得更加复杂，由此引发的问题是：传统的乡村集体组织及基层组织如何维系、如何运作以及如何生存？如何处理原居民与移居民的权利关系？"外来人员"是否有权参与居住地村庄的自治事务？如何才能保障这些"外来人员"的经济、社会及政治权益？这也意味着我们面临着重建农村基层民主自治制度的任务，或者说是如何构建与农村开放、流动和多样化相适应的新型农村组织与管理形式的任务。随着农村社区体制的建设，我国的村民自治也将向居民自治转变。集体土地产权不再成为人们参与社区事务管理的先决条件。农村基层自治与民主制度不再是一种封闭和排外的体制，而是赋予所有在乡村生产和生活的人们以公共事务的参与权和管理权，最大限度地保护农民及居民的民主权利。

---

① 项继权：《从"社队"到"社区"：我国农村基层组织与管理体制的三次变革》，《理论学刊》2007年第11期。

（三）乡村社区治理模式的推行是农村基层政治发展的必然结果

为什么在村民自治之外另外提出农村社区建设的概念呢？从政治学角度出发，我们认为有两个方面的原因。一方面，村民自治在最低层次上解决了农民公共参与的问题①，并在制度设计上对此加以保证，但是并没有解决农民参与的精神问题，也就是农民的公民精神问题，这使得村民自治在推进到一定阶段之后面临着很多的问题难以解决，比如选举流于形式，家族色彩比较浓厚，贿选等问题的出现；另一方面，农村社区建设的过程也是农村的微观组织再造的过程和社区自我整合的过程，"重新构造农村微观组织体系，大力推动乡村社区民间组织的发育，使之成为新农村建设的重要组织载体"，"社区自我整合可以变对村民的动员式参与为主动式参与，开发农村内部资源和节约治理成本"②。

社区是人类生活的一个共同体，是社会生活的一个基本单位。社区一词来源于拉丁语，原意是亲密关系和共同的东西。社区研究始于德国社会学家滕尼斯在 1887 年发表的《社区与社会》（又译《共同体与社会》），"社区"一词也源于此书。滕尼斯认为，社区是基于亲族血缘关系而结成的社会联合体。在这种社会联合体中，情感的、自然的意志占优势，个体的或个人的意志被感情的、共同的意志所抑制。与此相应，他将由人们的契约关系和由"理性的"意志所形成的联合称为"社会"。英文"community"一词含有"公社"、"团体"、"社会"、"公众"，以及"共同体"、"共同性"等多种含义。农村社区是指聚居在以自然村或中心村落范围内的人们所组成的社会生活共同体，构成农村社区的人际关系主要是血缘关系和地缘近邻关系。

我们今天探讨的农村社区，与传统的农村社区相比，在内涵上有

---

① 刘希金：《公民精神的培养与农村社区建设——以浙江省农村社区建设试点经验为例》，浙江大学硕士学位论文，2008 年，第 16 页。

② 徐勇：《农村微观组织再造与社区自我整合——湖北省杨林桥镇农村社区建设的经验与启示》，《河南社会科学》2006 年第 5 期。

了很大的变化，即我国的农村社区基本上与行政机构对应，自然型社区很少，行政型社区是农村社区的主要类型。改革开放后，农村社区在发展中呈现出一些新的特征与功能，比如，从封闭化趋于开放化，社区人口从同质化趋向异质化，社区经济活动由简单化趋于复杂化。

　　与自然村落对应的概念是行政村。村是一个包括农业生产资源、以农业为主要生产方式的人口居住群落。自然形态的居民群落即自然村，它往往是一个或多个家族聚居的居民点。自然村是农民日常生活和交往的单位，但不是一个社会管理单位。农村社会基层管理单位依照法律规定是行政村。行政村是国家为实现其意志而设立的，既是农村的基层管理单位，又是农村群众自治组织的区域依托。经省市级国家机关批准设置的村，称为建制村。通过国家行政程序才能得到确定，是建制村的根本特征。需要说明的是，约定俗成用"建制"的是"镇"，为"建制镇"，而政府工作报告里的"建制村"的含义应该与"行政村"意思是一样的。

　　农村村落社区建设的主要目标是以便民、助民、利民、安民、富民为出发点，建立党委政府领导，民政部门指导，村级组织牵头，志愿者协会主办，社会力量支持，群众广泛参与的村落社区建设的运行机制，培育农村村落社区组织，拓展农村村落社区服务领域，发展农村村落社区卫生，繁荣农村村落社区文化，美化农村村落社区环境，维护农村村落社区治安，促进农村经济社会协调发展，实现村民自我管理、自我教育、自我服务和自我监督。

二　浙江省农村社区建设的探索与实践①

　　作为整体意义上的制度实践，我国的农村社区建设发端于江西。针对农村人口多、城乡差别大、农村社会事业相对落后的现状，江西省从 2001 年开始以乡镇和中心村为重点探索农村社区建设，2003 年

---

　　①　以下的论述重点参考了浙江省民政厅农村社区建设研究课题组所撰写的《农村和谐社区建设实践及目标对策研究——实践·目标·对策：浙江农村社区建设研究报告》（内部材料）。

又将重点转到自然村落上来，取得了村落社区建设的成功经验。同年，浙江省提出并积极推进"建设农村新社区"，湖北秭归县创造出农村社区建设的"杨林桥模式"。之后，山东青岛、江苏苏南一些地方也做了探索。党的十六届六中全会提出"积极推进农村社区建设"后，全国各地农村社区建设的试点范围不断扩大，并形成了城郊型（江苏扬中、福建仓山）、集镇型（山东胶南、浙江天台）、村落型（江西、湖北杨林桥）不同模式和类型的经验①。

浙江省委、省政府高度重视并积极探索统筹城乡发展。2003 年，实施"千村示范、万村整治"工程，提出以中心村为载体，以布局优化、道路硬化、村庄绿化、路灯亮化、卫生洁化、河道净化、住宅美化、服务强化为主要内容，建设规划科学、经济发达、文化繁荣、环境优美、服务健全、管理民主、社会和谐、生活富裕的农村新社区。以"千村示范、万村整治"为契机，全省村庄整治建设和公共服务体系建设取得明显成效。截至 2007 年 6 月底，全省共完成 10303 个整治村、1181 个示范村的建设任务。村级办公服务场所改扩建工作全面完成，全省每个村的办公服务场所面积均不低于 100 平方米。乡村"康庄工程"、农民饮用水、"万里清水河道"、农村垃圾集中处理和污水治理等一批工程有效实施，农村社会救助与保障、城乡教育均衡化、新型合作医疗、农村社区警务、教育科技文化法律下乡、"千镇连锁超市、万村放心店"等工作扎实推进。村委会选举有序开展，村务公开、民主管理以"三个三"（做到村务公开内容、形式、程序"三个到位"，加强村民代表会议、村务公开监督小组、村民民主理财小组"三个组织"建设，推进民主议事协商、集体财务审计监督、民主评议村干部"三项制度"建设和创新）为重点规范、深入进行。农村基础设施大为改善，公共服务供给明显加强，管理方式更加民主。各地因地制宜、适民所需，积极探索农村新社区建设的有效途径，形成了一些好经验和好做法。

---

① 朱勇、孙玉琴：《农村社区建设试点经验综述》，《中国民政》2007 年第 4 期。

（一）以加强城乡一体化规划与建设为特征的农村社区建设

针对城市化、工业化和城乡一体化进程日益加快的实际，杭州、宁波、嘉兴、湖州等地切实加强农村社区规划，着力推进社区化管理与服务。杭州市江干区较早推出农村社区医疗卫生、社会救助与保障、"星光老年之家"等社区化服务项目。嘉兴市既注重基础设施和环境整治建设，又注重村公共服务体系及配套服务设施建设。宁波市以城镇和中心集镇为重点，全面部署开展农村社区化的管理与服务。北仑区制定了城乡一体的社区空间布局规划，努力完善学校、公园、商贸、文体活动场所、卫生服务等社区公共服务设施，扶持被征地农民的就业，推进农民市民化和外来务工人员社区化管理。

（二）以探索创新农村基层管理体制为特征的农村社区建设

舟山市以一个村或几个村组成一个新型社区，政府加大公共财政对社区基础设施建设和社会事业的投入，社区内建立社区党组织、社区管委会、社区共建理事会等组织，社区工作者报酬由财政承担，强化政府对村的社会管理和公共服务供给。天台县石梁镇依托镇所在中心村，吸收镇有关部门、驻村单位及周边几个村参与，组建龙皇堂社区党总支和社区建设理事会，整合组织、物质、技术、人才、信息等各种资源，推进农村社区建设。

（三）以实现社区服务体系化为特征的农村社区建设

嵊州市建立村级公共服务中心，内设"一厅、七室、三中心"（百姓议事厅，治安调解室、科普阅览室、老年活动室、医疗计生室、党员活动室、村务办公室、综合会议室，农民培训中心、文化活动中心、体育活动中心），充分体现公共性、民主性、实效性。湖州吴兴区八里店镇章家堍村、武义县履坦镇杨岸村、衢州市柯城区花园街道上大门村建立了服务体系与服务功能与之类似的村社区服务中心。

（四）以组织引导村民志愿服务为特征的农村社区建设

仙居县突出发挥村民的自我组织与自我服务作用，各试点村分别组建了法律宣传咨询、环境卫生保洁、农业或职业技术服务、民事纠纷调解、社区互助救济、社区文体活动和社区治安防范等多个志愿服务组织，并制定了具体的工作职责、工作制度和服务指南，有的村还建立了社区服务热线。天台县平桥镇西张村的社区建设充分体现出农民群众的主体性，村两委有效组织动员群众开展志愿服务，积极推动村庄的水、电、路、环境整治等社区基础设施和公益事业建设。

三 义乌农村新社区建设

近年来，义乌市立足城乡统筹和区域协调发展，以科学规划为龙头，以村庄新社区建设为抓手，"以城带乡、以工促农、城乡联动"，大力推进城乡一体化，在实践中走出了一条符合义乌实际的建设社会主义新农村的新路子，极大地改善了农村生活环境，初步形成了一个城乡统筹发展的新格局。

（一）义乌：城乡一体化的先行者

义乌是城乡一体化的先行者。早在"社会主义新农村建设"概念正式提出之前的 2002 年 7 月，义乌就制定了《义乌城乡一体化行动纲要》，这是我国较早关于实现城乡一体化的政策文件，义乌也因此成为我国较早为消除城乡差距制定时间表的城市。在建设"城乡一体化"进程中，义乌人民凭借着雄厚的经济实力和发达的市场经济，一马当先，书写了城乡统筹发展的崭新篇章。2007 年，义乌市被民政部确定为"全国农村社区建设实验市"。"农村像社区、农民像市民、城乡融合，共享现代文明"的蓝图，正逐步变为现实。

城乡一体化实施 7 年来，全市共投入新农村规划建设资金 44.39 亿元，共有 142 个村启动旧村改造，538 个村开展环境整治，实施村内道路硬化 891.53 公里，解决了 26.13 万人的饮用水问题，新增绿化面积 420.65 万平方米，安装路灯 28880 盏；建成农村室外标准篮球场 970 多个，健身路径 200 多条，组建宣传文体队伍 1500 余支；创建省级全面小康建设示范村 17 个，市级全面小康建设示范村 40 个。

1. 统筹城乡财政支出，加大财政支农力度

在《义乌城乡一体化行动纲要》中，财政等城市资源反哺农村是一项重要内容。义乌作为经济较为发达的县级市，财政收入也相对宽裕，2004 年财政收入就达到 30 多亿元，在每年的财政开支中用于支

农开支的比例越来越大。《纲要》付诸实施后，义乌市财政局每年安排资金 1 亿元用于城乡一体化行动补助。义乌市财政局提供的统计数据显示，义乌市对农村、农业基础设施建设、生态农业和效益农业等"三农"投入中，每年的投入都有增加。2002—2004 年财政对"三农"的投入为 8.4 亿元、8.9 亿元和 12.5 亿元，占财政总支出比例的 25.5%、26.1% 和 28.6%。2005 年投入资金 16.8 亿元，占当年财政收入的 45.8%，占预算总支出的 32%。这些资金投向交通、农业、水利、卫生等 9 个方面的基础设施建设。

　　义乌后宅街道寺前村是义乌城区附近一个十分普通的村子，村里企业并不发达，征用土地也不多，但是这个村的现代化程度让许多参观者惊讶，除了硬化公路、标准堤坝之外，这个村还建起了篮球场、健身设施等，甚至连村民的住宅外墙都有统一规划。对于绝大多数农村来说，如此大规模的公共投入，仅依靠村级收入是不够的，缺口部分就需要通过财政转移支付。

　　以寺前村为例，最近 3 年来该村投资 800 多万元兴建基础设施公益事业，其中超过一半是上级财政转移支付的。

　　2. 统筹城乡就业，逐步推进城乡就业一体化

　　2001 年义乌市被国家列入城乡统筹就业试点地区。此前，义乌市在户籍制度改革和加快农村劳动力向二、三产业转移两个方面先行一步的探索，为试点工作奠定了坚实的基础。2000 年，义乌市政府分别印发了《加快农村劳动力向二、三产业转移的若干规定（试行）》和《建立新型户籍制度，加快人口集聚的实施意见》两个通知。2001 年，政府办公室又印发了《关于加强农村劳动力转移组织工作的通知》。以上述 3 个文件的精神和工作实践为基础，义乌市人事劳动局草拟了《义乌市城乡统筹就业试行办法》。在具体措施上，至少有以下几点是具有突破性的制度创新意义的。

　　（1）实行城乡统一的就业、失业登记制度，作为政府宏观调控的依据。"在国家规定的劳动年龄内，本市无工作岗位或无承包责任田、有就业要求的城乡劳动者，统一到辖区劳动保障机构进行失业登记。"

　　（2）实行灵活多样的就业形式，劳动力可根据自身需要选择各种

就业形式，包括阶段性就业和弹性就业。

（3）企业自主用工，劳动者自主择业，实行双向选择。事业单位招聘人员和国家机关录用公务员，应面向社会，公开招考。凡具备条件的城乡居民均可报考。

（4）建立覆盖城乡的人才劳动力服务网络，形成统一、竞争、有序的市场运行规则。充分发挥市场配置劳动力资源的功能和作用，促进人才劳动力的合理有序流动。

（5）农村居民在城镇就业并落户后，在住房、参军、子女入托、入学等方面享受与当地城镇居民同等的待遇，履行相应的义务。

（6）农村居民在城镇就业并落户的，可继续保留土地、山林承包权，并可享受原集体资产的收益分配，继续保留农村的宅基地使用权。计划生育政策按有关规定执行。

3. 统筹城乡交通，实现城乡交通一体化

近几年来，义乌市对全市各镇主干线和17条支线的农村班线公交化改造全部完成。"10分钟交通圈"基本形成，城乡居民出行条件大为改观，为加速中心城区与广大农村的连接，畅通城乡经济文化交流渠道，推进城乡一体化进程奠定了良好的基础。

突出重点，合理规划。义乌市交通局及时修订市域公路网规划，完善路网结构，改善运输环境，构筑一个以高等级公路为骨架、与周边城市相衔接、市域各镇街通达的公路网。做到"四化"，即干线公路快速化，主次干道合理化，乡村公路等级化，农村客运公交化。按中心城区、副中心、重点镇、中心村4级来构建，分期完成环城公路以及市区到副中心、重点镇干线的建设与改造，加速镇与镇之间的公路联结，加快各村与路网骨架联结线的建设，重点镇、中心村相通公路要求达到三级以上，使市域路网结构实现由树状向网状的转化。实现"一、三、五"目标，即任一城镇可在10分钟之内进入高速公路；任意两镇之间在30分钟之内通达；由市区出发在50分钟内可抵达相邻县市。同时，完善农村道路路面硬化建设规划，每年完成3个镇街通村道路路面硬化，到2005年底全市农村基本实现村村通硬面化公路目标。制订农村班车开通计划，到2005年通公路的镇通班车率达到 100%，行政村通班车率达到 90%；到 2010 年，通公路的行政村通班车率达到 92%。

4. 统筹城乡供水管理，实施城乡供水一体化

水是生命之源，亦是民生之本。义乌在推进新农村建设和实施城乡一体化进程中，把供水一体化作为新农村建设的一个重要突破口，力争在 2008 年底前，让全市 700 多个村庄全部用上清洁卫生的自来水，实现真正的城乡供水一体化。

2006 年 4 月，义乌市政府出台了《关于加快农村饮用水工程建设的意见》，进一步完善了农村饮用水工程建设的政策体系。意见明确提出，按照"城乡管网互通，水厂独立成网，资源合理配置，提高综合效益"的思路，加快农村供水基础设施建设。力争到 2008 年，全市自来水覆盖率达到 100%；到 2010 年，全市符合国家卫生标准的自来水普及率达到 90%。

为了完成目标任务，政府还对农村饮用水工程建设、水源工程建设、管网建设等加大政策扶持力度。

在两年前就已经先期启动城乡供水一体化工程的稠城街道，全街道 66 个行政村目前已经有 34 个村通上了自来水。到 2008 年底，义乌市无论哪个行政村的村民都可以喝上和城里人一样的自来水。有关专家评论，在村村通公路、村村通电话、村村通电视之后，义乌率先实行的村村通自来水工程无疑又是今日新农村建设中值得一书的标志性做法。

5. 统筹城乡教育、文化和卫生事业，全面提高公民素质

义乌十分重视农村的文化教育。农村义务教育的投入逐年递增，2001—2005 年市预算内财政拨款从 1.8 亿元递增至 4.2 亿元，同时每年还有预算外资金 2 亿元用来投入教育基础设施建设，如校舍、教学器具在省内和国内都达到先进水平。为了普及义务教育，从 2003 年秋季起进一步扩大了免交义务教育收费范围，农村学校按在校人数 20% 减免学杂费。2005 年，教育适龄人口入学率达 100%，辍学率为零，同时还解决了 22640 名外来务工者子女的就学。全市 17 周岁人口初中教育完成率达 99.87%，农村青壮年非文盲率达 99.59%，干

部、职工及农民继续教育率达53.1%，全市人均受教育年限达10年，大学学龄人口入学率达40%。

农村采用多种形式进行成人教育和培训，其重点是技能培训。目前义乌已组织了41000余名农村剩余劳动力参加计算机应用、烹饪、服装裁剪、电焊、商务英语、企业管理等7个行业18个工种的业务技能培训，2000多名失业者参加了再就业培训，6500余人参加了农村"家庭网上行"电脑培训，以适应现代家庭生活需求。全市31.6万名农村劳动力中，有22万名经过基本培训转移到第二、第三产业工作。

农村公共卫生事业发展良好。2004年，投入146万元专项资金对农村卫生室进行标准化改造，改造了全市348个卫生室，为农民创造了很好的医疗服务条件。同时，义乌市又开展了市、镇、村三级卫生网络的建设，并投入200多万元用于全科医生的培训，建立标准化社区卫生服务站（现已建成40多个）。这使农民看病不再难，也能看得起病。同时，义乌着力构建公共卫生体系，加强对疾病的防控，让人们少生病，其理念已开始从以"病人为中心"转变为以"健康为中心"，卫生、疾控系统等为公众的健康更充分地发挥着作用。

农村的文化体育事业发展也很快。全市新辟了70多万平方米的室内外文体活动场地，建成803个标准篮球场和3000多个室内活动场所，新增图书阅览室500余个，新建宣传栏、阅报栏1900余块，公众化的农村文化设施网络在逐步形成。同时，群众性的文体活动常年开展，农村文化节、企业文化节、全民健身节、各类球赛经常进行，书法、舞蹈、腰鼓、象棋等娱乐活动更为常见。2005—2007年间，义乌市计划由市财政投入3.96亿元用于文化建设，如包括国际文化中心的启动和建设，义乌剧院改造，婺剧团迁建，绣湖公园改造等。这些设施将使人们过上更丰富的文化生活。

全市的户籍、社保、医疗、就业等各项改革的纵深发展，促进了城乡精神文明建设。在推动这一建设时，义乌市新制作了11400多块公民道德永久性标牌，发放了40多万份公民道德宣传资料，送书8万余册下乡，并推行精神文明达标村公德评议制度，还组建了1500

余支文体宣传队伍，广泛开展各种健康有益、适合公众口味的德育宣传活动。此外，还实现了广播电视"村村通"。2005年，义乌开展和推广了以社会礼仪、市场礼仪、场馆礼仪、生活礼仪、职业礼仪、校园礼仪、涉外礼仪为重点的道德教育活动。全市万名党员干部上街倡导"文明举止"，12万名中小学生向家长示范文明礼仪，5万个商位、20万名经商从业人员承诺"文明从我做起"。文明礼仪活动提高了义乌人的文明素养。

6. 城乡垃圾一体化处理

为彻底解决农村垃圾污染，改善农村环境卫生，加快推进城乡一体化进程，义乌市委市政府将2005年确定为"农村垃圾集中处理年"，全市实行城乡垃圾一体化处理，把城市垃圾管理工作的体制延伸到农村，对农村垃圾全面实行集中无害化处理。采取"四级联动，分级负责，规范运行"的工作方式，开展农村垃圾集中收集处理工作。

各村（居）视人口现状（每500人配备1名保洁人员，不足500人的按500人计算），各村（居）都配上了1—3名清扫保洁人员和清扫保洁车辆，现在全市农村共有清扫保洁人员1791名，建立了保洁队伍和短途垃圾收集清运队伍。为提高保洁质量，掌握清扫保洁作业技能，还专门为各镇（街道）的村级清扫保洁人员进行了业务培训。

目前，在全市农村中已建立了封闭式垃圾房693座，简易垃圾中转站25座，为清扫保洁人员购置收集车1231辆。各村（居）还在每户门前放置了一只垃圾桶或分片段放置大的垃圾桶，总计投放大小垃圾桶161415只。根据纳入统一清运后的农村垃圾新增量，市环卫处在原有清运车辆的基础上，又投资300万元购进8吨压缩式垃圾清运车10辆，并配足了农村垃圾收集处理人员。

为了切实做好农村环境卫生的保洁工作，加强日常管理，各镇（街道）还根据当地的实际情况，制定了一些切实可行的卫生保洁长效管理机制，明确了各村（居）环境卫生保洁工作的基本要求和具体标准，并签订了责任书。同时，还积极采取了一些措施，动员老年协会、团妇组织等各方力量，切实抓好村（居）内环境卫生的日常保洁和监督检查工作；落实了农户（企业）门前屋后的责任包干制度，做到垃圾入位；要求村（居）清扫保洁人员按照标准及时清扫，按时清运，确保村（居）卫生环境整洁，无垃圾污染。

（二）撑起社会保障网：解除失地农民后顾之忧

随着工业化和城镇化的快速发展，义乌市被征地农民的数量也在不断增多。"老无所养"、"因病致贫"、"就业无岗"是被征地农民的"三忧"。为此，近年来义乌围绕构建公共财政框架，建立稳定增长的"三农"财政投入机制，特别是把有限的财力更多地投向以就业、养老、医疗等为重点的社会保障体系，真正消除被征地农民的"三忧"。

1. 构建新型养老保障制度，实现"老有所养"

根据义乌城乡居民收入情况，允许具有本市户籍的居民一次性缴纳基本养老保险费。具体是：一次性缴费60000元的，按照基本养老保险参保缴费15年标准享受养老待遇，目前按859元/月享受；一次性缴费38000元的，按照双低标准享受养老待遇，目前按389.4元/月享受。男性年满60周岁、女性年满50周岁一次性缴费参保的，从参保次月起享受养老待遇。对既无能力参加城镇基本养老保险，又不符合参加被征地农民养老保险的本市居民，允许一次性缴费10000元，在男性年满60周岁、女性年满55周岁后，享受每月140元的养老待遇。这样就较好地填补了城镇基本养老保险的空白，实现了从城镇职工到城乡居民养老保险制度的延伸。

为了完善被征地农民养老保障，义乌制定出台了《义乌市被征地农民养老保障暂行办法》及实施细则，按照"政府出大头、集体补一点、个人出一点"的办法，被征地农村居民一次性缴纳4000元（有条件的行政村可适当补助），市财政按每人21200元的标准进行补助，待参保人员年龄达到男性60周岁、女性55周岁时，即可按月领取120元的养老金，并且标准随着义乌市农村最低生活保障待遇的调整而调整，目前已调高至每月170元。

2005年，义乌市实施了被征地农村居民养老保障向城镇职工基本养老保险过渡的政策，规定对年满19周岁至男性未满60周岁、女性未满 50 周岁的被征地农村居民，一次性缴纳 4000 元被征地养老保险费，可向前折算 2 年缴费年限，其中 4000 元全部计入个人账户，然后连续正常缴费，直到法定退休年龄，可享受城镇职工同等缴费人员的养老待遇（年龄偏大的可"前补后延"）。对男性年满 45 周岁、女性年满 35 周岁以上的被征地农村居民，一次性缴纳 50000 元或 30000 元，到达法定退休年龄，即可享受按缴费满 15 年的退休或退职人员的养老待遇。到目前为止，全市已有 10.8 万人参加了失地农民养老保险，其中 2.2 万人已开始享受养老保险，全市累计发放养老保险金 3400 万元。

2. 构建新型医疗保障制度，实现"病有所医"

2004 年，义乌市制定出台了《城乡居民大病医疗保险暂行办法》及实施细则，并及时进行调整和完善。实行个人缴费、集体扶持和政府资助相结合的筹资办法，市级财政给予每位参保人员每年 39 元的补助，镇（街）财政给予每人每年 15 元的补助。设立小额大病医疗保险和大额大病医疗保险，享受不同程度的保险待遇。在充分调研的基础上，2005 年义乌市又增设了特殊病种门诊补助，降低了起付线标准，并明确五保户、低保户和特 6 类困难群体的参保经费全部由市财政承担。目前，全市共有 46.2 万参保人员，占应参保人数的 72.1%，村（居）参保率达 100%，共有 14124 人（次）累计报销医药费用 3000 多万元。

3. 构建新型失业保障体系，实现"失有所助"

建立被征地农民养老保险和医疗保险制度，还只能算是一张低水平的保障网。要真正解除被征地农民的后顾之忧，还必须重点解决被征地农民的创业和就业问题。对此，义乌市出台了新一轮就业再就业优惠政策，把失地农民中的"4050"人员列为政策扶持重点，对失地农民中未就业的"4050"人员免费发放《再就业优惠证》，并享受一系列的补贴优惠政策。这第三颗"定心丸"让被征地农民增加了就业的机会，增加了他们致富的信心。

地处义乌偏远地区的赤岸镇溪西村的被征地农民朱春凤领到了再就业优惠证后说："土地被征用后，我先后领到养老保障证、大病医疗保险证，如今又领到再就业优惠证，与城里人一样享受就业补助了。"如今，像朱春凤一样申领到再就业优惠证的被征地农民，从事镇街及相关部门统一组织的诸如来料加工、家政服务等工作，月均收入达到企业最低工资标准并缴纳社会保险费的，可按 1200 元/年的标准享受社会保险补贴。同时，参加由义乌市劳动保障、教育部门批准的培训机构举办的各类培训，凭获得的职业资格证书及相关资料，可享受 300 元至 1000 元的一次性职业技能培训补贴。在从事个体经营时，免收属于管理类、登记类和证照类的各项行政事业性收费。

（三）市场带百村：开创农民增收致富的新路子

20 世纪 90 年代，随着义乌城市化、工业化以及市场化进程的不断加快，农村产业转移出现了大量剩余劳动力，急需寻找就业出路和致富门路，同时大量从事加工业务的义乌企业为降低成本、增强竞争力，也急需寻找劳动力，这样在二者之间就自发形成了一种互惠互利的关系，并涌现出一支来料加工经纪人队伍。

义乌工商部门在市场管理中敏锐地感到，组织农民开展来料加工业务，既可以帮助市场经营户完成产品加工任务，又为贫困地区的农民找到了致富的门路，是件一举两得的好事。当地个协组织因势利导，通过培训经纪人，组织市场经营户举办来料加工业务对接会、产品展示会等形式，大力促进农村来料加工业的发展。

义乌市委市政府对工商部门促进农村来料加工业的工作给予了充分肯定，并于 2002 年提出将农村来料加工作为义乌"市场带百村"工程的重点来抓，要求各乡镇党委政府在一些贫困山区、农村建立来料加工基地。于是，义乌小商品城工商分局、个协分会不仅积极组织小商品城 11 个党支部与义乌市的 8 个乡镇、街道签约进行业务对接活动，而且还积极与周边县市开展来料加工对接活动，支持周边贫困地区的经济发展。

义乌市的来料加工业务从 2002 年开始起步，经历了群众自发、部门引导、政府政策扶持三个阶段。随着义乌市场的发展，其规模不断扩大，现已成为市场反哺农村、城市支持农村的新兴产业。

1. 促进了妇女就业与增收

随着义乌市场的发展，来料加工业务的不断扩大，为广大农村妇女提供了广泛的就业渠道，使不少农村妇女走上了致富路。从 2002 年底至 2005 年，仅义乌本地参与来料加工的从业人员达 3 万人左右，累计创造加工总产值 20 多亿元，参加来料加工的务工人员人均年收入增加 2000 余元。就全国范围来说，义乌来料加工业务已辐射甘肃、河南、河北、辽宁、江苏、江西、福建和深圳等 10 多个省市，带动从业人员 100 余万人，其中妇女 80 多万人，每年义乌市场支付加工费达 20 亿元。

2. 培育了农村加工产业，带动了区域经济的发展

在义乌来料加工业务的带动下，全国许多地方形成了各具特色的来料加工产业区，有效带动了当地经济的发展。比如在衢州市就形成了具有一定规模的 115 个专业加工村，已形成钩织加工、节日灯、串珠饰品、绗缝制品、螺丝装配、竹木制品、雨伞加工 7 大特色产业区；在金华市婺城区已形成专业村（社区）156 个，集中加工点161 个。

3. 促进和带动了农村劳动力转移

广大农村妇女素质普遍不高，从事第二产业的技能尤显不足。来料加工业不仅可以增加收入，更重要的是通过从事来料加工，提高了她们的劳动技能。据统计，绝大多数的经纪人是从加工户当中发展过来的。同时，通过来料加工，进一步转变了群众的思想观念，增强了创业意识。

4. 促进了乡风文明建设

发展来料加工业有效地促进了社会风气的好转。妇女从事来料加工工作后，使妇女家庭地位得到提高，家庭更加和睦；妇女的思想观念得到转变，形成了邻里互帮互助、互追互赶、共同致富的好风气，为农村社会带来了和谐因素。

来料加工是"无烟工厂"，它在带动千家万户、极大地活跃当地经济、促进群众脱贫致富的同时，也进一步促进了义乌市场的快速发展，不失为一个合乎市场、利于百姓、富民强县、促进社会主义新农

村建设的好项目。今后，义乌市委市政府将充分利用义乌小商品市场这一有利资源，进一步规范来料加工业务发展，提升产业层次，促进产业健康发展，带动全国更多的城乡妇女发展致富，在建设社会主义和谐社会中取得新成绩。

第二节　七一村社区服务中心：社区组织与制度规范

事实上，自农村社区建设提出之初，党和政府强调将加强公共服务作为农村社区建设的重要内容。早在2003年10月，党的十六届三中全会讨论通过的《关于完善社会主义市场经济体制若干问题的决定》就是从"农村社区服务"、"社区保障"及"城乡社区自我管理、自我服务"的角度提出农村社区建设问题的。2006年10月《中共中央关于构建社会主义和谐社会若干重大问题的决定》进一步明确提出："全面开展城市社区建设，积极推进农村社区建设，健全新型社区管理和服务体制，把社区建设成为管理有序、服务完善、文明祥和的社会生活共同体。"在农村社区建设的实践中，通过设立农村社区综合服务站，将各类服务纳入社区服务中心，面向社区公众提供集中式服务。加强农村公共服务，通过服务增强人们的社区归属感和认同感。七一村的社区建设也不例外。

一　社区组织构架

社区组织是社会组织中的一种，指在社区内有目的的建立起来的、承担一定社区功能并满足一定社区人群需要的各种团体和机构。搞好社区的建设，增强社区的凝聚力，维护社区的正常秩序，促进社区的发展，都离不开以组织为依托。

村庄管理体制的变化主要体现于社区组织的建构。七一村建立了一个完整的在村两委领导下的以七一社区服务中心为核心的社区组织结构（见图5-1）。这个组织结构就是"1345"，具体说就是1个学校（村民学校），3个室（文体活动室、老年活动室和图书阅览室），4个站（救助帮助站、医疗卫生站、计生服务站和农情信息站）和5

个队（文化活动队、志愿服务队、治安巡逻队、体育运动队和环境保洁队）。

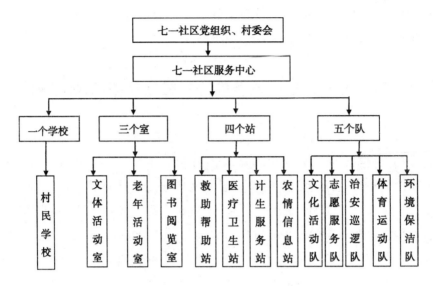

图 5 - 1　七一社区组织基本网络

从图 5 - 1 中，我们可以发现，党组织与村委会占据着社区组织架构的最顶端，充当着农村社区领导者的角色。在农村社区，党支部与村委会结构成了制约农村社区稳定与发展的重要的制度性力量，两者的能量如何，直接关系到社区整个水平的提高①。农村社区组织建设，必须坚持党的领导，加强基层党组织建设。在村级社区各种组织中，党支部处于核心和领导地位。当前，在社会主义现代化建设中，只有发挥基层党组织的领导核心作用，才能正确处理农村各种复杂的矛盾，协调好各方面的关系，带领广大农民在深化农村改革、全面发展农村经济、全面建设小康社会中实现共同富裕，从而发挥核心领导作用和战斗堡垒作用。

村民委员会作为党支部领导下的社区自治组织，是政府和农民之间的中介，可以行使政府行政部门过去曾经行使而现在不便行使或正

①　谢晶莹：《农村基层社区组织建设的着力点》，《中共四川省委党校学报》2004 年第 1 期。

在丧失的某些组织功能，可以逐步成为乡镇政府对农民实施间接调控和管理的组织实体，并在协调村民内部成员关系、团结村民遵纪守法、代表村民同政府交往、维护村民利益等方面发挥重要的作用。村民委员会与党支部的配合，不仅能有力地落实党和政府的各项方针、政策，而且通过组织联系与信息传播作用，能积极地促进乡村社会的发展。

二　规章、制度的建设

除村务公开制度（请见附录 3）外，七一村社区有着完善的各类制度和详细的规定、约定，其社区工作运作也相当的制度化。

（一）七一村社区服务中心工作岗位职责

社区服务中心在七一村社区组织框架结构中居于主体性地位。为了有效发挥社区服务中心组织功能，为社区居民提供优质服务，七一村对社区服务中心各岗位职责进行了清楚的界定。

社区服务中心岗位职责分为主任、受理和综合执行三类。具体说来，社区服务中心岗位职责中主任职责有 6 个：

1. 全面负责中心的优质、高效、便捷的服务及对中心人、财、物的管理。主持中心日常工作。

2. 贯彻落实党的路线、方针、政策和组织各部门理论和业务学习，不断提高工作人员的思想、业务素质。

3. 组织拟订服务中心工作计划，落实工作任务。

4. 主持召开服务中心部门负责人例会及有关会议，负责审定有关事项。

5. 负责部门间的协调，解决服务中心出现的疑难问题。

6. 完成政府、上级领导交办的其他工作，接受上级业务部门的指导和监督。

求助热线受理岗位职责有 7 个方面：

1. 接听求助热线电话，对村民求助的信息与咨询、政务公开与办事指南类的服务及时给予解答。

2. 对不能当场解答的问题，做好记录，及时提交相关部门。

3. 对已办结的事项进行回访。

4. 做好所有求助热线电话的记录和统计工作。

5. 做好社区服务网信息库的信息录入工作。

6. 做好晚间值班台的有关工作。

7. 完成领导交办的其他任务。

综合执行岗位职责有 8 个方面：

1. 处理求助热线接线员不能及时解决的问题。

2. 对已办结的事项进行回访。

3. 对涉及各有关部门的事项进行协调，请有关部门协助和配合解决。

4. 做好对已办结事项的汇总工作和对典型事项的信息报道工作。

5. 做好社区服务网站的维护工作，收集社区服务信息，不断充实、完善社区服务信息库。

6. 策划、组织公益性活动。

7. 做好计算机和其他设备的管理工作。

8. 完成领导交办的其他工作。

与此同时还制定了服务规范以保证社区服务中心工作有效、有序地运行。这一服务规范包括上岗准备（1. 工作人员必须提前 10 分钟上班，做好交接班工作，做好考勤记录。2. 清理好办公区域卫生，准备好办公用品，办公岗位整洁有序）、仪表仪容（1. 仪表仪容要求整洁、端庄、统一，表现中心工作人员良好风貌。2. 服饰整洁、统一，按规定着装。3. 言行举止温和、谦恭、自重。4. 坐姿要端正，站姿要挺拔。5. 提倡工作人员不吸烟）、服务要求（1. 服务要规范、热情，提倡使用礼貌用语。2. 提供服务时要对求助者表示尊重、友好和肯定。3. 服务要耐心细致，态度热情，程序规范。4. 用语统一，提倡使用普通话，与外地服务对象交流时必须用普通话）和注意事项（1. 工作人员上班时间在工作场所不准用餐，不准吃零食。2. 不准带小孩上岗。3. 不准擅自离岗、缺岗、串岗及闲聊。4. 不准讲脏话、粗话及大声喧哗。5. 不准用电脑查阅与工作无关的信息。6. 不准长时间会客及工作时间内会客。7. 热线电话用于接听，不准外拨。

8. 不准打闲聊电话及长时间占用电话线路）。

（二）规范化的社区制度建设

为了保证七一村社区组织各部门、各环节健康、稳定、有序运行，七一村在规范社区组织制度建设方面可谓是做足了文章。通过几年的努力，十五大制度体系框架已基本成形。具体情况如下。

1. 七一村社区服务中心例会制度

七一村社区服务中心例会制度主要有两个：一是每周例会。1. 周例会的主要内容和目的：总结和部署本周工作，交流工作人员一周的工作情况，学习上级有关文件，研究落实有关事项，提出解决问题的措施，确保中心工作的运行和谐、有序。2. 周例会的组织措施：周例会规定每周二上午召开，由中心主任主持；会上由工作人员汇报工作情况，会前须准备好有关材料；须签到记录，列入年度考评；工作人员要及时反映工作中存在的问题及合理化建议。

二是中心工作人员学习讨论会。1. 中心工作人员必须自觉参加政治、业务学习，坚持集中学习与平时自学相结合。每月安排一次学习讨论，方式采取统一集中学习。2. 主要学习内容：邓小平理论和"三个代表"重要思想，党的路线、方针、政策，国家的法律法规和各类业务知识。3. 仔细做好学习笔记，认真写好学习心得，中心将对学习情况进行抽查，对好的作品在中心信息上发表；对业务知识要进行竞赛，对前三名要进行奖励。4. 建立集中学习点名制，学习情况列入年度考评。5. 因故不能参加学习的，要事先请假，否则视作旷工处理。

2. 七一村社区服务中心考勤制度

七一村社区服务中心制定有相关的考勤制度。考勤制度的内容主要有：

（1）中心工作人员必须严格遵守作息时间，提前10分钟上班，按时下班，但有延缓下班的义务。

（2）工作人员不得擅自离岗、缺岗、串岗，如确需请假的按规定执行。

（3）中心对工作人员的在岗情况实行随时抽查制，对不按时到岗、串岗或擅自离岗、缺岗者在每周例会上进行通报，对于次数较多者做出自动离职处理。

（4）中心工作人员上下班及因事请假必须做好考勤记录，否则视作旷工处理。

（5）工作人员考勤记录与奖惩挂钩。

此外还制定了请假规定，作为考勤制度的一个组成部分。

（1）工作人员因事请假1天，经部门负责人审批同意后，报中心备案；请假2天以上的，经部门负责人审批后，报中心主任审批同意；请假期间各部门要及时安排好顶岗人员。

（2）各部门负责人因事请假1天的，须向中心负责人请假，由中心负责人审批同意；请假2天以上的须向中心主任请假，由中心主任审批同意。

（3）如各部门工作人员因请假而内部不能调剂的，还应上报中心负责人，及时安排好顶岗人员；一个月内，事假超过5次以上、迟到早退3次以上、旷工1次以上的取消当月考核奖。

3. 七一村社区服务中心值班制度

社区服务中心制定了值班制度，包括值班人员职责、人员安排、检查方法和工作要求，规定相当具体。

值班人员的主要职责如下：（1）负责工作人员考勤记录；（2）负责登记、协调处理当日20：00至次日8：00所发生的一切事务，保证中心工作正常运行。如遇重大问题，应立即向中心负责人汇报；（3）负责对部门制度执行情况的监督检查，包括卫生保洁、出勤状况、服务态度、文明用语、仪容仪表、工作效率等；（4）做好当日登记咨询、督察、调处及重大问题的值班记录，值班情况将在中心例会上予以通报。

值班人员的安排：每日有1人值班，由中心热线受理部安排参加，并由中心受理部登记记录。如值班人员因事或不在小灵通通信区域，应与受理部其他工作人员相互调班。

值班的检查方法：（1）值班人员配合中心负责人，对工作人员执行中心规章制度的情况进行监督检查；（2）检查形式采取全面检查与随时抽查相结合。全面检查每天不少于 1 次、抽查不拘形式、不定期进行。

值班工作的要求：（1）当日值班人员必须在岗，若遇特殊情况外出，须经中心负责人同意，并落实替班人员；（2）值班人员必须履行职责；（3）要做好值班记录，并反馈至中心负责人，作为月度（年度）工作人员奖惩的考评依据；（4）晚上下班时须把热线电话呼叫转移至值班"小灵通"，次日上午上班时再将热线恢复正常工作程序；（5）做好晚间的求助登记、咨询、协调处理及重大问题的值班记录。如遇重大问题，应及时向中心负责人汇报；（6）做好次日的热线受理、承办的衔接工作。

4. 七一村社区服务中心计算机管理制度

（1）工作人员在上班时间严禁查阅与工作无关的信息。

（2）发现计算机病毒时，应及时进行清除；难以自行清除的，应及时与有关部门取得联系并予以处理。

（3）不得使用来历不明的软盘或光盘，不得把本部门的软盘随意外借，不得为非单位人员拷贝软件。

（4）工作台的计算机实行专人管护的原则；中心计算机有专人负责管护。未经许可的外来人员不得随意操作计算机或相关设备。

（5）各部计算机需保证登录到本中心的网站上。

（6）下班后须切断计算机电源。

5. 七一村社区服务中心档案管理制度

社区服务中心档案管理制度主要有中心档案资料管理、窗口文件档案资料管理。

中心档案资料管理规定有 2 条：（1）归档范围。各级政府下发的各类文件，中心领导参加上级会议带回的主要文件材料，中心的文件、会议记录、领导谈话、工作总结、资料、照片、音像材料、中心制定的工作条例、章程、制度等文字材料，中心员工档案、名册、奖惩等有关文字材料都属于中心归档资料；（2）档案保管。要做好防潮、防蛀、防火、防盗等工作，严禁查卷人员吸烟，定期进行清卷扫除，确保档案完好无损。

窗口文件档案资料管理规定有 4 条：（1）归档范围。中心工作业务有关的各项政策文件、中心编发的文件、中心有关会议纪要、中心指定的各项制度、各部已办结或正在办理事项的各种资料等都属于归档资料；（2）档案利用。中心档案实行专人负责，其他人不得随意查阅，因工作需要阅后须及时归还；中心以外的人员需要借阅或复印有关资料的，须经中心负责人同意并办理登记手续；（3）档案保管。档案经整理后，每天须存放在中心档案柜中妥善保管，任何人不得随意带走；（4）档案交接。原档案管理人员调离时，应办理档案交接手续，进行档案交接时必须有衔接交接双方及中心监护人三方在场，并做好交接记录。

6. 七一村社区服务中心卫生工作管理制度

（1）中心全体工作人员要养成良好的卫生习惯，营造整洁的办公环境，做到不随地吐痰，不乱丢纸屑、烟蒂，不乱倒茶叶渣，保持办公区清洁卫生。各办公室和窗口要坚持做到每日一小扫，每季一大扫。

（2）每日卫生清扫必须在上班前完成（清扫内容包括办公桌、椅、柜、地及整理办公用品等）；每季打扫需擦拭卫生包干区灯具、门窗玻璃、桌椅、休息台、空调机、工作牌等；五一节、国庆节、元旦、春节节前均要大扫除。

（3）电话机保持清洁卫生，并进行定期消毒。

（4）保持个人茶具清洁，办公桌上物品摆放整齐有序，各种表格、资料放置规范。

（5）建立中心卫生检查和考评制度，值班人员对卫生情况进行检查督促并做好记录。

7. 七一村村民学校制度

（1）宣传党的路线、方针、政策，结合国内国际形势，进行时事政治教育，提高居民关心国家建设、祖国安危、社会稳定的自觉性。

（2）宣传国家建设成就，宣传英雄模范事迹，进行爱国主义、社会主义和集体主义教育。

（3）进行社会公德、职业道德、传统美德和家庭美德教育，提倡文明礼貌、团结互助、家庭和睦、助人为乐、见义勇为，争当文明市民。

（4）进行社会主义法制教育，学习宣传国家法律、法规，组织市民学习《文明市民公约》和《公民道德建设实施纲要》，使其知法、守法、用法，自觉遵守国家的法律、法规和各种行为规范。

（5）宣传科学思想，传播科学理念，普及科学知识，开展各种形式的文化教育活动，寓教于乐、陶冶情操，培养市民良好的心理素质。

（6）组织参观、演讲、竞赛等丰富多彩的群众喜闻乐见的活动，使教育内容有较强的吸引力和凝聚力。

8. 救助帮扶站工作制度及职责

（1）广泛宣传、贯彻《义乌市关于构建社会保障体系的若干意见》（市委［2006］10号）文件精神，努力提高居民及社会各界对社会保障工作的意识。

（2）及时掌握村内五保户、低保户、特困残疾人、优抚对象以及就学、就医、孤寡老人或因病、因残、因灾致贫或返贫等社会弱势群体。

（3）掌握和了解帮扶救助事项，主要内容是就业帮扶、医疗互助、助学帮困、生活救助、法律援助、社会保险、政策咨询服务。协助政府落实社区居民养老保障制度、医疗保障制度、最低生活保障制度、医疗救助制度、突发性灾难救助、就学救助制度、住房、司法救助制度、特困残疾人救助制度、就业救助制度以及工伤、女工生育、失业等社会保险。

（4）组织开展社会互助活动，切实为困难群众救急济难。经常与妇联、残联及红十字会、慈善协会等机构的沟通与合作，力争社会救助帮扶与弱势群体结对帮困；经常与村党员干部、致富能人、社会贴心人搭桥引线，同困难群众建立帮扶救助联系；经常开展爱心捐助、便民服务、敬老认亲送温暖等活动，确保困难群众的事有人管、有人帮。

（5）负责做好困难群众信息的收集和统计工作，掌握其基本情况。负责了解困难群众情况，做到信息准确、动态管理、调查核实、张榜公布、及时上报；负责对来访的困难群众逐一登记造册，随时掌握他们的情况；负责对打电话咨询的困难群众的情况做好记录，掌握困难群众的第一手资料；对困难群众的重大事情要及时向村两委主要干部报告。

（6）积极参加帮扶救助服务机构的培训，不断增强服务意识和工作能力。工作人员要加强学习，尽快熟悉本职业务，切实履行工作职责。

9. 农情信息站工作制度及职责

（1）积极为老百姓提供优质、可靠、无偿的信息服务，信息工作的重点主要是从土地流转、农业产业结构调整、农民增收、新技术推广、劳务信息、农产品供求、价格、预测等作为信息上传下载的重点。有重点地扶持、带动一批种植养殖大户针对市场形势进行种植养殖结构调整，使其产品具有较强的市场竞争力，从而让种植养殖效益达到最佳。

（2）认真开展送信息、送科技、送技术进农家活动，为广大群众架起联系市场的信息高速公路。

（3）充分利用广播、会议、展板、宣传栏、科技赶场等形式上报信息和发放科技资料，让老百姓及时了解最新的农业技术、供求信息，以便指导农业生产。

（4）农情信息员、种植养殖大户、老百姓均可直接将反馈信息上报信息服务站，条件好的可自行上网浏览发布信息，达到资源多处共享。上报形式可以是电话、口头叙述、书面形式等。

（5）积极参加上级组织的业务培训，努力提高农情信息站的管理和信息采集、加工、分析、共享、发布（服务）等各个方面、各个环节的技能，以提高农情信息员整体素质。

（6）维护好农情信息站日常管理，包括网络平台建设、运行管理、技术支持、农业信息整合及服务、网络功能升级。同时做好农资、农产品市场价格、文件资料等信息归类整理、建档工作。

10. 计生服务站工作制度及职责

（1）宣传贯彻当今国家有关人口与计划生育的方针和法律法规，提高村民实行计划生育的自觉性，实行村民自治和民主管理。

（2）督促计划生育专干，做好计划生育工作的基础管理，收集育龄人员生产、生活、生育、居住情况并进行科学分类，实行分类指导。

（3）依托社区卫生服务机构，做好与计划生育相关的技术咨询与服务工作。

（4）做好外来人口、下岗职工、无业人员和特殊育龄群众的查证、接收、函告、造册等工作，并对其进行管理和服务。

（5）开展经常性的宣传教育，根据育龄人员的不同需求发送宣传资料和避孕药具，普及避孕节育、优生优育、生殖保健等知识。

（6）发挥计划生育协会会员、计划生育议事委员会和志愿者队伍的作用，积极开展生育、生产、生活服务，引导和组织广大群众积极参与计划生育的各类活动。

（7）结合实际、采取措施，协助政府做好驻地各单位和组织的计划生育工作。

（8）积极开展创建"五好家庭"活动，倡导夫妻和睦、尊婆爱媳、尊老爱幼的社会新风尚。

（9）教育妇女遵纪守法、勤俭持家，自尊、自爱、自强、自立，搞好邻里团结，互相帮助，促进社会文化建设，关心大龄青年的婚事，关心下岗女职工的生活。

（10）完成上级计划生育部门交办的其他工作，及时反映居民和驻地单位提出的建议和要求。

11. 志愿服务队活动制度

（1）农村社区志愿服务队在村党组织的领导下开展活动，负责组织和实施村内以党员、团员、老年人为主体的各项志愿服务活动。

（2）志愿服务的主要内容是：政策咨询、就业服务、环境卫生维护、家电维修、保健等。

（3）志愿者服务活动采取定期或不定期的活动方式，广泛开展献爱心、送温暖、做奉献等公益活动。平时服务活动采取"小、散、灵"的活动形式，由需要服务的群众向服务中心提出服务申请，中心根据村民群众生活、居住特点和志愿者的特长及实际情况，协调志愿者开展服务活动。

（4）志愿者在开展服务活动时，应时时处处注意树立党员、团员的良好形象和志愿者的社会形象。

（5）参加志愿者服务队的党员、团员、老年人等志愿者要维护集体荣誉，顾全大局、遵守工作纪律。

（6）服务中心要重视志愿者队伍服务活动和工作内容的记载及各种资料的收集与整理，并建立档案。

（7）服务中心对志愿者队伍中涌现出的好人好事要及时进行表彰或奖励。

12. 治安巡逻队活动制度

（1）负责村内治安治理的日常工作，结合治安防范管理的实际制订工作计划，落实治安综合治理各项工作。

（2）治安巡逻队员应遵守国家法律法规，热情服务，文明执勤，不得假公济私、挟嫌报复、包庇坏人、打骂群众。勇于同违法犯罪做斗争，不得临阵脱逃和泄露工作秘密。

（3）以交通要道、要害部位、公共复杂场所等易发案地区为重点，开展治安巡逻和定点守候工作，加强社会治安控制力度；及时发现和制止违法活动，保护案发现场，负责将违法犯罪嫌疑人扭送到公安机关；配合公安机关设卡堵截逃犯、通缉犯，收集、掌握社会治安动态信息，提供案件线索；负责检查辖区内院落门卫、店铺、停车场守护人员上岗履行职责情况，发现隐患漏洞及时上报，以保障安全。

（4）落实好治安巡逻队工作制度。①每日巡逻制度。巡逻队应坚持每日分组轮班在易发案地点和时段进行治安巡逻，并将每日巡逻情况完整、准确记入《巡逻登记簿》；②工作报告制度。巡逻队在工作中，对收集到的社会治安信息和发现的案件线索、安全隐患或防范漏洞，要及时向派出所报告；对院落门卫、店铺、停车场（点）守护人员履行工作职责情况，要同时向派出所和治保主任汇报。做到不得漏报、瞒报、迟报；③每周工作例会制。巡逻队每周召开一次工作例会，分析村内的治安情况，有重点地加强治安乱点和易发案地域的巡逻守候力量，增强巡逻队工作的针对性和有效性。同时，要经常性组织队员进行政治、业务学习，提高队员的综合素质和工作能力。

（5）开展经常性的法律宣传教育，全面提高农村社区居民的法制意识，抓好民事纠纷的调解，维护农村社区社会秩序稳定，群众安居乐业，做到"小事不出村、大事不出镇、矛盾不上交、解决在基层"，防止出现矛盾激化事件。

（6）组织落实刑满释放及解除劳教人员的帮教转化工作，使重新犯罪和新生犯罪得到有效解决。

（7）落实社区内流动人口和暂住人口及出租房屋的管理，配合户籍民警搞好暂住人口的教育、办证和出租房屋的管理登记。

13. 环境保洁队活动制度

（1）积极宣传党和政府爱国卫生工作的方针政策，教育村内社区成员自觉遵守有关法律、法规，增强环境保护意识。

（2）组织发动群众，搞好农村社区环境卫生。垃圾投放设施、卫生设施完善并由专人管理，实现生活垃圾日产日清，环境卫生实行全日制保洁，保持楼院内外环境整洁，门前"三包"工作落实，无卫生死角，"四害"密度达标。

（3）组织村民开展绿化（树）认养活动，带领居民植树养花，绿化、美化社区环境。

（4）加强宣传教育，提高村民环保观念，防治环境污染，配合专业管理人员督促社区村民按位停放机动车、非机动车辆。

（5）经常检查村民生活区卫生，协助有关部门整治社区环境，搞好社区内永久性工艺卫生设施的维护工作，保持其清洁美化。

（6）积极创建"绿色社区"，控制空气、噪声等污染，环保指标符合国家规定标准。村内无焚烧垃圾、树叶、露天烧烤等现象，村民不购买、不使用散煤。道路保持顺畅平坦，无坑洼、无污水横溢。

（7）督促检查社区内有无违章搭建、乱张贴、乱设摊现象，建筑物正面卫生是否整洁，路灯安装是否规范、整洁、安全。

14. 文化活动队活动制度

（1）大力宣传科学理论，传播先进文化，弘扬社会正气，倡导科学精神；负责对广大群众进行爱国主义、集体主义和社会主义教育，帮助他们树立正确的世界观、人生观和价值观；大力开展科技普及和各种读书活动，传播生产、生活知识和使用的农业科技，鼓励和引导广大农民群众依靠科学技术摆脱贫穷和愚昧，追求科学、健康、文明的生活方式。

（2）负责成立腰鼓队、民乐队、健身操队、绘画队、篮球队、舞龙队等活动队伍。充分利用民间节庆日、农闲、集市，举办花会、庙会、灯会等时机，开展群众喜闻乐见的文化活动。经常性文化活动主要以小型、分散、多样化为主。

（3）开展好阵地文化活动。文化活动室内设置教育培训、文体娱乐、影视播放、图书预览、老年活动等不少于 5 项内容的活动室，并定期向包括老年人、儿童、外来人员、弱势群体等村民开放；有条件的村可以建起电子阅览室，利用先进的科学技术，有步骤地整合和开发戏剧、音乐、图书等文化艺术资源，丰富文化信息产品和文化服务，实现资源共享。

（4）协助做好文化单位和广大文化艺术工作者下乡为农民送戏、送书、送电影、送文化科技知识等工作。

（5）积极参加上级组织的业余文艺骨干培训，不断提高业余文艺骨干的技能。

15. 体育运动队活动制度

（1）采取切实措施，积极引导农民自觉参与健身活动，提高广大农民的体育健身意识；倡导培养健康文明的生活方式。

（2）经常利用节庆日、农闲、集市、举办花会、庙会、灯会等时机，开展体育比赛和体育表演活动，活动和比赛主要以武术、拔河、棋类、篮球、乒乓球、羽毛球等群众喜闻乐见、健康向上的活动。

（3）组织成立腰鼓队、民乐队、健身操队、绘画队、篮球队、舞龙队等文体活动队伍，不断丰富群众的精神文化生活。

（4）协助政府做好全国开展以体育场地设施、体育健身指导和体育科普知识为内容的"体育三下乡"活动。

（5）积极参加上级组织的文体骨干和农村社会体育指导员培训，以更好地指导群众科学健身，努力壮大骨干队伍。

（6）组织开展农村老年体育健身活动。选择一些农村老年人喜闻乐见、有地方特色的健身项目，如健步走、骑自行车、门球、台球、踢毽子、拍皮球、套圈、投飞镖、太极拳（剑）、健身秧歌、太极功夫扇等，引导农村老年人走出家庭、融入社会、亲近大自然。

（7）管理村内体育设施，利用好文体活动场所，保证其作用的发挥。

三　社区事务运行的制度化

一项制度，若从具体的存在状态而言，一是纸面上的法条意义上的制度，这是死的，即我们通常所说的挂在墙壁上的制度；二是现实运作，正在发挥作用的制度，也即是实践状态下的制度。七一村社区事务之所以能够有条不紊地运行，一方面固然是因为拥有较完备的法条意义上的制度规范，但另一方面更为重要的是制度的严格执行，即让这些制度真正发挥作用。如何对待村里的议事制度？党总支书记何德兴回答得十分干脆："严格执行，每月 1 日的会议是风雨无阻的，开会，汇报上月工作，由我做的；然后布置下月工作。就是总结一个月的工作，为下一个月的工作做好计划。总结学习，电教片，都是买的，现在太多了，远程教育网，不学习是不行的。"① 正如七一村村委会主任何仲连所言："村干部要为老百姓做实事，让老百姓信任，管理就要制度化。"②

生活水平的提高，生活环境的改善，使七一村广大村民参与村务管理的热情日渐高涨，对村务管理的民主化要求也日益提高。为此，七一村村两委审时度势，制定并形成两项制度：一是每月 1 日晚全村党员、村民代表例会制度；二是每周二村两委成员、监委会成员、各

---

① 资料来源于对何德兴书记所做的访问记录。
② 资料来源于对何仲连主任所做的访谈记录。

线负责人参加的议事日制度。两项制度的形成，不仅避免了会前召集难、会中议事难、会后执行难的局面，而且加强了党员、干部、村民代表及村民的沟通，发挥了党内外的最广泛的民主，使村务管理进一步公开、透明和民主，创造了一个集民智、顺民意、得民心的工作平台。在村口最显眼位置有个村务公开栏，村两委干部全年工作计划和分工负责事项、重点工程及每月的财务开支一一在上面公示，公开的内容时时刻刻接受村民的监督和检查。

2007年，在义乌召开的全国民政部会议上，李学举部长视察七一村时，站在村务公开栏面前，连连称赞：七一村的村务公开内容太丰富了。村务公开制度的严格执行，提升了村两委干部在广大村民中的威望，进一步密切了党群干群的关系。七一村将来年工作计划意见征求表下发到全体村民，广泛征求全体村民对村两委工作的意见和建议，将群众的意见转化为村两委的工作，以文件形式下发给全体村民，此举进一步获得广大群众的理解和支持，促进了村庄和谐。

七一村的各种制度中具有独创性的有以下几项。

第一，"每月1号"党员村民代表例会制度。在七一村有一个不成文的规定，每月1号的党员干部学习日和村民代表例会日，村民也可以自愿参加，村支书向村民汇报一个月来村里所做的工作及下个月的工作计划，参加的党员和村民代表都列表公示。如果党员或者村民代表有事不能出席，必须得请假，不能无故不来，否则会成为下一次选举的负面依据。在村支书向党员和村民代表汇报本月工作以及下月的工作计划后，村民代表和党员可以提出本月工作中的不足，需要改进的意见及没有做的但是认为重要的事情，以及对下月工作计划的意见。有的时候，还放电教片，给大家学习充电。

第二，每周二村民咨询制度。每周二是七一村村民的咨询日，不仅村两委的所有干部都要参加，村里的水电工、保洁员、部分村民代表等都要列席，村民可以就村里的重大事务向村干部提出疑问和看法，可以要求村干部把财务上的来龙去脉说清楚，也可以向村干部反映一些问题，比如保洁员的工作没有做好等。村干部要自觉接受大家的监督，发现问题及时整改，避免了"一支笔"审批的随意性和盲目性，让村民真正享受知情权。谁家的自来水管漏水了，谁家电器有问题，谁家有什么困难和矛盾，也可以在周二的会议上提出来，一般事务承诺1周内务必帮助解决，形成不以事小而不为，不以事杂而乱为，不以事急而盲为，不以事难而怕为的良好作风。

第三，民意调查制度。"工欲善其事，必先利其器。"没有调查就没有发言权，何德兴自从当了村书记后，为了了解村民最需要什么，专门设计了向村民征求意见的表格，主要有两栏："你认为明年我村最需要办哪些大事？""你家是否有困难急需村里解决？"在每年年末的时候向全村人发放，随后回收，统一整理，来确定下一年村两委最需要做的事情，满足村民们最大的呼声；并且可以对家庭确实有困难的村民提供帮助。

正如何德兴所言："每年的年终都要确定下一年必须要做的几项重大事务。向每户人家发意见征集表，写上来老百姓认为需要解决的事情，还有村下一年的工作计划让他们提意见，然后汇总、整理，最后确定下一年的工作计划。工作计划中的事情是一定要做的，要完成的。村民自己提出来的，就会支持，配合村里，做起来就比较容易，因为阻力没了。村里修路就是个很好的例子。村民自己提出来的，村委采纳，所以村民就很开心，做起来也就比较容易，很顺利。"①

第四，村干部承诺制度。这项制度在七一村权力运作中起到了非常大的作用，使得七一村的村民对村干部心服口服，村两委做事情也就顺理成章了。村干部对村民们的一些承诺必须在公告栏公示，让村民们监督村干部是不是信守承诺。其中最轰动的一条就是，在旧村改造过程中，何德兴带领村干部向村民们承诺，只有村里90%以上的家庭分到房之后，村干部才能分房。村干部们真的做到了，所以旧村改造实施起来就顺畅得多，村民们对村干部的信任度也提升了很多。

---

① 资料来源于与七一村党支部书记何德兴的访谈记录。

第三节　社区服务中心的功能与村庄治理的绩效

社区服务中心的功能发挥有力地推进了村里的治理绩效。村庄治理是指通过社区公共权力的配置和运作对村区域范围内的公共事务进行组织、管理和调控，突出表现在村社区权力的分配、社区公共权力的运作和村民的公共参与等方面。村庄治理主要表现为社区公共权力机关对村域公共事务及公众行为的管理、控制和调节。改革开放 30年来，七一村乡村治理取得了很大的成效。

一　七一村社区组织之功能

新中国成立后，基于乡土社会基础上的传统农村社区无法适应现代化进程，迅速解体了，传统意义上的村落自我整合功能在不断下降。在相当长的历史时间里，由于民族—国家建构的需要，农村社会主要依靠的是国家的外部性整合，这种整合在人民公社体制作用下，达到了顶峰。相对于传统农村社区，当下的农村社区正在发生以下变化[①]。

1. 开放性

传统农村社区以自然经济为基础。这种自然经济不需要与外部进行交往，具有地域封闭性。随着社会的发展，特别是市场、交通、信息因素的介入，传统农村社区的封闭性被打破。尽管农村的基本生产和生活单位仍然是农户，但是他们的生产、生活和交往愈益社会化。他们取得生产、生活资料的方式，越来越依靠与社会交往，由此形成丰富的社会关系。对于传统农民而言，村庄就是整个世界；而对于当下的农民来讲，世界就是其村庄。从社会交往和信息传递看，农民的活动空间已大大超越传统的村庄地域界限。农村社区具有日益开放的特性。

---

① 主要参考徐勇《现代国家乡土社会与制度建构》，中国物资出版社 2009 年版，第313—315 页。

2. 流动性

传统农村社区得以保留和维系其传统，并形成共同凝聚力和归属感，很大程度在于传统种植农业的固定性，人们长年累月、祖祖辈辈在一个地方生产、生活和交往，并形成"安土重迁"、"叶落归根"的共同体意识。20 世纪 80 年代以来，中国农村最大的变化就是流动性，农村人口不再限于本乡本土，而是大规模、高频率地外出务工经商。据不完全统计（事实上也无法做到完全统计），到 2006 年，每年在外务工经商的农村流动人口达 1.5 亿以上，即使在本乡村务农的农民也利用农闲时间外出寻找新的工作机会。正是在这种大规模、高频率的流动中，淡化了农村人口的本土意识，并改变其核心价值观。他们不再是以"三十亩地一头牛，老婆孩子热炕头"为理想图景，而希望走出乡土，在更广阔的世界里寻找自己的理想生活。

3. 变化性

传统农村社区以一种稳定的文化作为凝聚力，在于其一成不变的生产、生活和交往方式。人们日复一日、年复一年过着同样的生活。而在当下，农村社会正在发生急剧的变化。变化之快，使人难以预料。你在漫长的历史进程中根本不可能看到这样的图景：边在田野上耕作，边打手机的农民。

4. 异质性

传统农村社区有高度的认同感和凝聚力还在于其同质性社会，即在同一社区居住的人群从事同样的职业，过着同样的生活，甚至是同一个祖宗，同一个家族，如马克思所形容的"是一些同名数简单相加形成的，好像一袋马铃薯是由袋中的一个个马铃薯所集成的那样"。

农村社会的以上变化使传统农村社区迅速解体，即维系传统社区的文化资源急剧流失，很难建构起人们对社区的共同归属感和认同感。特别是由于城乡差别的存在，使农村的核心价值观念呈外向性而不是内向性。人们对于在本乡本土构建理想的生活家园缺乏足够的自信，更希望走出乡村寻求理想的生活。这正是进入现代社会以来出现"乡土衰败"的重要原因。"乡土衰败"不仅仅是物质层面的，更重要的是精神层面的，即社会核心价值不再以乡土为本位。由此可见，当前推进农村社区建设的主要任务在于通过改善人们的生存环境，不断满足人们日益丰富的生活需要，提升人们的生活质量，以此建构人们对社区的归属感和认同感，从而形成现代社会生活共同体①。七一村社区建设的功能价值与现实借鉴意义也正体现于此。

（一）激发村民参与社区公共事务的热情，以培养塑造公共精神人格

一直以来中国农民都是生活于官本位色彩浓厚的"臣民社会"之中，已习惯于被管治与统治，缺乏基本的公共精神人格修养，往往只注重于个人的"私域生活"，而对集体公共事务关心不够，抱着一副"事不关己，高高挂起"的心态。在此而言，当前农村社区组织建设的一大任务就是要塑造农民的公民精神和公共精神，引导现有的农村中人与人之间的利益关系，用一种新的机制把他们再组织起来，增强他们的凝聚力和村落的归属感，减弱村民间"原子化"倾向②。社区塑造的就是这样一种团体生活的机制和平台，农村社区不应该再像村委会等那样成为一种政府行政部门在农村基层的延伸，而应当成为农村公共生活的区域和场所，成为塑造公共精神和公民精神的地方。

七一村每月 1 日雷打不动的村民代表、党员议事日以及周二村民咨询日，正是给广大村民提供了参与社区公共事务的一个平台；而每年年终对村民意见的广泛收集，让村两委来年的工作计划有了更多的导向性，也让社区居民有了充分表达自我意见的渠道。村老年协会会员们通过自己义务为村民保洁扫马路，唤起了村民们的志愿者服务行动，让更多的人参与到集体事务中来。就此而言，七一村社区组织已将村民的公民人格化塑造向前推进了一大步。

（二）集体娱乐活动不仅促进了村民们主观福利的提升，还增强了社区居民的组织归属感

不可否认，"集体性的文化活动是能够产生意义与价值的，是乡

---

① 徐勇：《现代国家乡土社会与制度建构》，中国物资出版社 2009 年版，第 315 页。

② 徐勇：《村民自治的深化：权利保障与社区重建——新世纪以来中国村民自治发展的走向》，《学习与探索》2005 年第 4 期。

村生活伦理维系和再生产的载体"①。参与集体文艺活动可以让村民们建立起既自然又紧密的联系,在快乐和生活中组织起来,在活动中锻炼自身的组织管理能力,切身体会到组织的力量,学到合作的知识,更好地促进其他各项活动的顺利开展。这种有组织的集体性文娱活动,确实能够使乡村聚落形成一个守望相助、共同生活的社区。

比如,妇女的定期透环问题,过去可能随便出个通知书就完了,规定逾期不去透环的,采取相应的惩罚措施。现在这些村里的妇女同志经常聚在一起搞各种娱乐活动,等到透环的日子,妇女主任和大家说一声就行了。因为平时大家经常在一起活动,面对面交流的机会比较多,大家都很信任妇女主任,把她当作了"大姐"。大家对妇女主任的话不会进行反面的解读,从而使得村干部更容易开展工作。

再比如,过去农村妇女有一个很不好的习惯,即在空闲时聚在一起聊天的时候,经常在背后说别人闲话,从而造成了很多不必要的矛盾和纠纷。现在这样的矛盾和纠纷明显少了,邻里之间的关系也明显和睦了,因为大家都去参与各种文娱活动了,没有时间闲扯了。

(三)社区组织功能的完善,提升了农村公共服务供给能力

不难看出,在新的历史时期,"服务"将是人们与社区及国家联系的纽带,也是人们对于国家和社区认同的基础。完善的公共服务和社区服务,不仅将农民与社区联系起来,赢得人们对社区积极的、发自内心的支持、信任、认同和归属感,同时也增强人们对国家和社会的认同感,增强国家政权的合法性并促进整个社会的融合②。加强农村公共服务,通过服务增强人们的社区归属感和认同感,这是当前农村社区建设的正确方向,也是构建新型社会生活共同体的必由之路。

但同时我们不得不承认的是,当前农村社区建设面临的一个最大问题就是公共服务供给的严重不足,同广大农民朋友的需求还有相当大的距离,这也是城乡二元结构形成的最主要方面。正如上文所述,

---

①　申端锋:《民俗的式微与乡村文化的重建》,《调研世界》2007年第8期。

②　项继权:《中国农村社区及共同体的转型与重建》,《华中师范大学学报》2009年第5期。

七一村以社区公共服务中心为核心建立的社区组织框架大大提升了社区公共服务供给能力。

1. 社区治安满意度高，电子监控与平安服务队功不可没

社区治安情况好坏将直接决定居民的生活质量。进入新世纪以来，随着七一村企业数目的不断增多，来七一村务工的外来人口也越来越多，这给七一村的社会治安增加了很大的管理难度。

为了从根本上改善七一村的社会治安情况，七一村村两委决定"人防"与"技防"双管齐下。一方面村里专门成立了一支平安服务队，其成员由村里政治素质好、对村庄集体事务热情的年轻人组成，负责晚上巡逻，让村民在晚上睡得安心；另一方面村集体出资在村庄主要干道上安装电子探头，并在村综合行政大楼一楼专门成立监控室，安排人员24小时对村庄主干道上的行人进行监控。效果出奇的好，自从安装电子监控设备以来，七一村的失窃案件有了大幅度的下降，社会治安情况明显好转。

2. 提升村民的文化素养，电子阅览室大显身手

（1）把电子阅览室建成党员学习的平台。七一村把远程教育平台作为党员学习的重要载体，制定并严格执行学习制度，建立了一套操作性强、规范严格的站点管理制度。专门制定了《远程教育设备管理规定》、《远程教育节目收看工作制度》，规定村里每次会议之前都要先组织开展远程教育学习，党员每周集中学习观看1次以上，站点每周开放2次以上。党员集中学习做到"有学习、有讨论、有记录"。每次活动情况认真登记在远程教育收看记录本上。

（2）把电子阅览室建成农户科技培训的平台。七一村根据农业以蔬菜种植、田藕栽培为主的特点，依托远程教育站点组织成立了远程教育实践基地，有针对性地发展示范户，以点带面，并组织种植户收看远程教育网中的农技知识讲座，进行种植技术培训。同时，充分发挥农民信箱的功能，使农户掌握市场信息，获得了较好的经济效益。目前，七一村通过远程教育系统学习国外先进的农业管理方式和发展模式，高标准建设500亩农业生态园，专门从以色列引进樱桃小番茄等品种，进行温室大棚栽培。七一村还通过电子阅览室长期关注国外农业发展动态，

当了解到韩国田藕栽培市场前景好，当地市场价每公斤可以卖到100—120元后，村里马上着手进行在韩国栽培田藕的可行性调研，并与韩方接洽，准备向韩国输出田藕种植技术和富余劳动力。

（3）把电子阅览室建成群众文化活动的平台。七一村为了充分发挥远程教育终端站点的学用功能，先后投入近20万元购置了24台电脑，建成了省级远程教育学用示范点。采用光纤接入，安装"全球眼"平安监控；开通视频会议系统和企信通短信系统等，使远程教育站点成为集"信息浏览、平安监控、视频会议、通知发布"等多功能为一体的远程教育高级站点，把远程教育播放室建成了文化活动室、妇女青年活动室，真正实现了电子阅览室的多功能，取得了明显的学用实效。

（四）村庄集体福利渗透与社区认同感的强化

正如一些学者所研究的那样，"雄厚的集体经济为村庄的政权建设和各项公益事业提供了财力基础，发挥了社会保障和社会支持系统的功能与作用，并强化了村民之间的经济纽带，为村民提供了各种经济、社会利益……村民对于村庄的社会认同得以增强，村庄的凝聚力、整体性得到提高"①。

正如上文所述，七一村利用借鸡生蛋的方式兴办了一个集贸市场，这不仅提升了村民的生活品质，还每年为七一村创造上百万元收入。为了提高和改善村民生活，村委会每年年终时都会为村民发放福利，每人每年能够拿到1000元左右。当然，同一些沿海发达地区相比，这笔钱也不算多。但是这种福利是以村户籍为资格进行发放的，从而强化了村民们对本村的自豪感与认同感。毕竟在义乌的农村，绝大多数村庄集体经济都已经是个空壳子，是没有任何村集体福利可言的。七一村村民1000元钱的福利也往往能够引来隔壁村村民的羡慕，尤其是丧失了劳动能力的老人们对于每年都能拿到这笔钱感到格外欣喜。在调研过程中，就曾有七一村的老人直言不讳地说："我们村当真是好啊，每年都能白白发给我们那么多钱！我还很想多活几年啊！"

---

① 张静：《论共同体与中国乡村社会的发展》，山东大学硕士学位论文，2007年，第40页。

二　治理绩效举隅：荣誉与村庄的治理

孟子曰："仁则荣，不仁则辱。"荣誉是一种积极的评价，荣誉是社会历史范畴。荣誉在中国有着特殊的意义，荣誉获得的层级或多或少能够充分地反映出村庄治理工作的绩效，并且荣誉往往是一个综合性、全面性的指标。下面我们从个人与村庄两个层面来看。

（一）权力核心人物何德兴书记的个人荣誉

七一村的核心人物何德兴因为出色的工作表现，不仅获得了老百姓的爱戴，还充分获得了上级党和政府的表彰，从 1998 年到 2008 年这 10 年期间，他共获得过 24 次荣誉（本书第三章中专门列出 24 项荣誉的具体名称）。

（二）村庄荣誉

作为一个整体，七一村也获得过许多荣誉。下面是 2006 年、2007 年和 2008 年 3 个年度七一村所获得的荣誉。

（1）2006 年度获得的荣誉：

2006 年获得"义乌市农村五好党支部"荣誉称号

1 月获得"金华市全面小康建设示范村"荣誉称号

1 月获得"浙江省全面小康建设示范村"荣誉称号

1 月获得"义乌市社会治安综合治理先进单位"荣誉称号

2 月获得"义乌市绿化示范村"荣誉称号

3 月获得"义乌市巾帼示范村"荣誉称号

5 月获得"金华市魅力村庄"荣誉称号

6 月获得"义乌市先进党组织"荣誉称号

6 月获得"全国先进基层党组织"荣誉称号

6 月获得"浙江省先进基层党组织"荣誉称号

6 月获得"义乌市保持共产党员先进性教育活动先进党组织"荣誉称号

12 月获得"浙江省文明村"荣誉称号

12 月获得"金华市文化示范村"荣誉称号

12 月获得"义乌市文化示范村"荣誉称号

（2）2007 年度获得的荣誉：

2007 年获得"金华市四星民主法治示范村"荣誉称号

1 月获得"义乌市乡风文明村"荣誉称号

1 月获得"金华市巾帼文明示范村"荣誉称号

1 月获得"义乌市群众文化先进单位"荣誉称号

2 月获得"金华市卫生村"荣誉称号

2 月获得"金华市无邪教村"荣誉称号

4 月获得"浙江省文化示范村"荣誉称号

5 月获得"金华市三八红旗集体"荣誉称号

9 月获得"全国巾帼示范村"荣誉称号

9 月获得"浙江省巾帼示范村"荣誉称号

9 月获得"全国双学双比科技示范基地"荣誉称号

9 月获得"浙江省双学双比科技示范基地"荣誉称号

12 月获得"金华市科普示范村"荣誉称号

12 月获得"全国民主法治示范村"荣誉称号

（3）2008 年度获得的荣誉：

1 月获得"义乌市城西街道 2007 年度先进村委会"荣誉称号

1 月获得"义乌市城西街道 2007 年度农村五好党支部"荣誉称号

2 月获得"义乌市级无邪教社区"荣誉称号

3 月获得"义乌市平安家庭创建示范村"荣誉称号

3 月获得"义乌社会治安综合治理先进单位"荣誉称号

10 月获得"义乌市小康体育村"荣誉称号

11 月获得"国家级食品安全示范市创建工作示范单位"荣誉称号

12 月获得"浙江省科普示范村"荣誉称号

三　幸福指数与村庄治理绩效

自从 30 多年前南亚小国不丹国王①创造性地提出"国民幸福指

---

①　GNH 最早是由不丹王国的国王提出的，他认为政策应该关注幸福，并应以实现幸福为目标。他提出，人生基本的问题是如何在物质生活和精神生活之间保持平衡。在这种执政理念的指导下，不丹创造性地提出了由政府善治、经济增长、文化发展和环境保护 4 级组成的"国民幸福总值"（GNH）指标。

数"这一新型统计概念指标以来，已引起各国学界与政界的广泛关注。正如心理学家所言，幸福感是人的一种心理体验，它既是对生活的客观条件和所处状态的一种事实判断，又是对于生活的主观意义和满足程度的一种价值判断。它表现为在生活满意度基础上产生的一种积极心理体验。而幸福指数，就是衡量这种感受具体程度的主观指标数值。至于幸福指数到底应该由哪些指标组成，目前学界并没有定论。近年来，"幸福指数"也越来越受到我国学界的关注，2005 年全国两会期间，中国科学院院士程国栋向会议提交了一份题为《落实"以人为本"，核算"国民幸福指数"》的提案。虽然"幸福指数"概念还没有受到中央高层的认可，但我国各级地方政府早已跃跃欲试，早在 2006 年，江苏省经济强县江阴市就提出"建设幸福江阴"的目标，并且制定了《建设幸福江阴行动纲要》①。如果把"幸福指数"这一指标与村庄治理绩效相联系，那么我们可以得出的结论是，七一村村民的幸福指数是较高的。

（一）幸福指数一：集体经济壮大、村民生活富裕和村庄环境整洁

1. 发展农村集体经济，创造生产发展的组织载体

2001 年以来，随着城乡一体化的不断推进，积极发展村级集体经济成为了村两委的当务之急。为此，村两委果断做出两项举措：一是借上级征用土地之机，发展村级集体经济。经党员、村民代表协商讨论，全体村民表决同意，将全村所有土地、池塘、山林等收归村级集体所有，先将组与组之间分配不均的经济拉平，让全体村民以土地入股，实行年终分红。二是决定以村级集体经济为主体，投资 260 万元建起了东河综合市场、沿街店铺等，让土地征用费借鸡生蛋，不断壮大集体经济，使村级集体资产从少到多，从多到富。目前村级集体资产已达到 1500 万元左右，每年村级集体经济收入大约在 110 万元，两项举措为七一村新农村建设打下了坚实的经济基础。如今，七一村村两委干部又在谋划投资 1000 万元，建立集农业观光、休闲、娱乐

① 中郡县域经济研究所"建设幸福江阴"民意调查课题组：《"建设幸福江阴"民意调查与综合评价报告》（http: //expo. people. com. cn/GB/57923/162336/9726708. html）。

为一体的农业生态园，相信不久的将来，七一村的村级集体经济将不断发展壮大。

2. 以提高农民收入为突破口，构筑农民生活宽裕的保障平台

七一村村两委始终将提高全村群众生活水平、实现共同富裕作为头等大事来抓，并为此付出了不懈的努力。七一村农户中有近一半人在外经商，如何让他们的土地发挥更大的经济效益，摆在了村两委干部的面前。经过再三斟酌，决定允许让他们闲置的土地由种植大户承包，大力发展田藕种植产业，实现田藕种植规模经营，其结果是不仅增加了经营户的收入，还让土地拥有者增加了收入。村里农户的新房造好了，房子的身价也成倍上升，增加了出租收入，在无形中又增加了村民的收入。村级集体经济组织每年将沿街店铺收入以人均1000元股份一次性分给村民，每年分给村民的资金共计112万元，进一步稳定了村民的收入。村里的老人是弱势群体，为了给这些弱势群众提供有效的社会保障，推进社会和谐发展，2003年七一村就利用旧村改造之机，新盖了敬老院，现共住着31对（户）老人，每位老人每年都享有1000元的收入，生活费有了固定来源。村两委不但为村里每一位村民交纳了每人4000元的养老金，还为村民交纳了大病医疗保险。面对特别困难户，村里还给每人1000元的补助。每逢春节，村里都要拿出3万元慰问金，慰问本村的困难户、特困户、残疾人、优抚对象、五保户等弱势群体。

正是在村两委干部和村民的共同努力下，实现了村民"老有所养、病有所医、困难有所助、人人有保障"的保障整体目标。近年来，七一村村民收入不断提高，人均年纯收入从1997年的3700元增至2007年的10200元，走上了共同富裕之路。

3. 改善农村基础设施建设，营造整洁优美的人居环境

为满足村民建新房的要求，村两委抓住全市开展城乡一体化的有利时机，及时把推动农村新社区建设，改善农民居住环境列入村两委的议事日程，决定把此事作为村庄建设的龙头工程来抓，制定出了第一期旧房拆迁、铁路货站建设征迁、农户新建房定点放样及工程招投标、村界勘察定位、新村绿化亮化、村广场建设和村内水塘扩建美

化、180 户村民安装太阳能热水器等 10 项重点工程。可以看出，件件都是村民关心的事。而每年都有这样事关村民切身利益的创业承诺。村两委的实干得到了上级的充分肯定和支持。到目前为止，在卫生整治、路面硬化、环境绿化等项目中，争取到上级补助资金共计 200 万元，有力地支持了村庄建设，进一步改善了村容村貌。通过几年的不懈努力，七一村许多农户都圆了住洋房、进别墅的梦。到村中走一走，我们发现七一村的旧房子已所剩无几，取而代之的是一排排整齐的别墅、干净整洁的硬面化道路和花坛里精心修剪的花卉。

卫生保洁是一项日常性工作。为改善村民卫生条件，整治脏乱差现象，村两委干部决定对村内的池塘、小溪、阴沟进行一次全面的清淤，共清运各种垃圾 100 多吨。全村还制定了卫生管理制度，成立创建领导小组，村党支部书记和村委会主任为第一责任人，定期或不定期地对村内环境进行检查督查；同时还指定专人打扫清运垃圾和打捞池塘。另外，积极发挥老年协会的作用，通过老人的善良行为感化其周边人，从而让身边人养成良好的卫生习惯。"你问我们村路面为什么这样整洁？"一位白发苍苍的老大妈说："前丢后捡，我们老人跟在后面捡，前面丢的年轻人还好意思再丢下去？"正是老人充当起义务卫生员，发挥监督作用，才有七一村的整洁优美环境。老人真是一个宝。

如今的七一村确实变了模样，屋成排、路成带、树成行、四季鸟语花香，家家通了水泥路，户户装了有线电视，还有的农户装上宽带。目前，已有 178 户村民陆续搬入新居，享受到了与城里人一样的文明生活。

（二）幸福指数二：村庄内部和谐

义乌是海内外闻名的小商品城，在七一村经商办厂的也大有人在，私营企业就有 56 家之多，外来人口是本地人口的 2 倍。远亲不如近邻，七一村本地人和外来人口相互包容，和谐相处。村里专门成立了外来人口管理中心，实行档案电脑化管理。村里还创办了外来人口法律培训学校，帮助外来建设者提高法律知识和综合素质。在疾病预防、计划生育指导、健康教育等方面，外来人口都和村民享受同等待遇。外来建设者不仅参与建设，而且参与管理。七一村护村队共有8人，外来建设者占了6人。在七一村范围的规模企业内，村党支部都设有专门的外来人口信息员，这些信息员全部邀请外来建设者兼任。在第二故乡的建设者们碰到什么困难、遇到什么问题，村党支部都能及时掌握情况，及时排忧解难。

七一村绝大多数人姓何。时下一些地方盛行做家谱族谱，有些何姓长辈也提议做何氏族谱。村党支部考虑到其他姓氏和众多外来人口，决定不修村志不做族谱。2008年4月，义乌市第一本村志在七一村酝酿成熟。村党支部书记何德兴表示，在今后的村志中，外来建设者为村里做出贡献的都要写进去，进一步形成"本地青年，外地青年，都是有为青年；第一故乡，第二故乡，同为创业故乡"的和谐氛围。

如果把安全感也作为一种和谐和一种幸福指教，七一村本地人或外来人都会说满意。村里投入10万元在全市率先安装了电子监控摄像探头。在村主要公共场所和道路上，"电子眼"无处不在，成了大家的平安保护神。一天晚上，一个小偷拿着一根撬棍去撬一家店铺，被"电子眼"监控得一清二楚，正在值勤的护村队员悄悄靠近，将小偷逮了个正着。七一村还有个精神病人，病情发作时乱喊乱叫，甚至动手动脚，是个不安定的因素。2008年11月，村里出资5000元把他送到义乌市精神防治院治疗。春节时回家，他的病情明显好转，村子里也更和谐了。

1. 外来人口的组织化与村落公共事务参与权的落实

对于大多数村庄而言，公共事务被认为是村庄的事务，外来人口被排除在村庄事务之外。由于村庄的公共事务对外是封闭的，所以当外来人员需要公共的权力来解决他们问题的时候，就出现了困难。比如，当企业拖欠工人工资，或者外来人口与本地人发生利益冲突的时候，外来人口很难得到村落公共权力系统的支持。七一村立足于利用现有的村庄正式组织资源，比如"村党支部、妇联、团支部、联防队"等，把处于原子化状态的外来人口纳入到正式体制内，从而实现了外来人口对村落公共事务的平等参与。

（1）成立外来人口党支部，把外来党员的党组织关系转到本地。

流动党员的党组织生活问题，一直是农村党建工作的难点所在。为了解决这一难题，七一村专门成立了"外来人口党支部"，从而把 5 名外来党员的党组织关系转到七一村，享受与七一村党员同等的党员权利与义务，同时还对本村的外来优秀务工人员进行考察，条件成熟的还可以吸收进党组织。每月 1 日为七一村的"议事日"，全体党员、村民代表、村两委成员共同参与，对村里大大小小的事务进行讨论，5 名外来党员作为当然成员也参与了议事日。

（2）外来人口成为了村联防大队的主力军，从而实现外地人管理外地人。

在七一村有一支训练有素的村联防大队，被村里人形象地比喻为"平安大队"。村联防大队共有 8 名成员，其中外来人口占了 6 名。何德兴书记说："之所以这样做，主要是想让外来建设者对村里所做的事心中有数，不再有'我是外乡人'的感觉。"

（3）外来妇女骨干参与妇联工作，积极从事社会公益事业。

一些优秀的外来妇女骨干在工作之余，很想为大家做些力所能及的公益事业。七一村村两委对于这些外来务工人员的想法深表赞同，把她们编入到村妇联下属的扶贫、帮困组，民事调解组，卫生监督组。对于这样的安排，外来妇女骨干们都很高兴，因为这样可以让她们拥有更广阔的空间来施展自己的才能，实现自己的人生价值。

2. 社会评价与村落归属感的增强

减少外来人与本地人之间的隔阂，关键在于能否让外来人深切地感受到自己也是这个村落社会的一员，不是以边缘化的个体存在。七一村立足于通过肯定优秀外来务工人员的工作成绩，提升外来人社会地位的方式，力求增强外来人的村落归属感。

（1）为外来建设者发奖。

2007 年 2 月 5 日下午，七一村办公大楼内热闹非凡，280 多名在七一村务工的外来建设者代表济济一堂，参加在这里举行的七一村外来建设者 2006 年度"我为第二故乡添光彩"表彰大会，其中有 25 名外来建设者获得了"我为第二故乡添光彩"先进个人荣誉。为外来建设者举行"我为第二故乡添光彩"表彰大会，是七一村肯定外来建设者成绩的一种表现，对营造本地人与外来人之间和睦相处的氛围、共建和谐家园起到了积极的作用。何德兴告诉记者，这个表彰活动已经举办了两届，收到了很好的效果。

七一村的外来建设者都将这一荣誉看得很重。获得 2006 年度"我为第二故乡添光彩"先进个人奖的兰溪籍务工人员邵静云，在七一村某企业当办公室主任。他说："这个荣誉虽然是由村里颁发的，但大家都格外珍惜，这是村里对我们外来建设者所做成绩的肯定，是用再多的钱也无法买到的。"

（2）对外来建设者施以人文关怀。

外来人口到本地来打工赚钱，所经历的风风雨雨、酸甜苦辣是很难为本地人所理解的，他们也很少有机会对本地人进行倾诉。本地人，尤其是村干部们只要稍加留意，在很细微的小事上对外来建设者施以人文关怀，就能让他们感受莫大的温暖，从而大大增强对本地人的好感，对本地村落社会的归属感。或许下述发生在七一村的案例能为我们提供一些启示。

案例：七一村两委干部为我洗清了冤屈

2006 年上半年，江西省委书记孟建柱到浙江来参观考察，到我们村时，要求我去找 10 位江西籍务工人员召开座谈会。其中有一位小姑娘在和书记聊天时候竟然哭了起来。原来这位小姑娘是大学毕业到我们村里面一家企业工作，担任办公室主任。由于她的英语底子好，在有外商来谈业务时她都能很好地接待下来，为老板做成了好多生意。老板在她行政工作工资以外，又给她开了业务提成工资，这样小姑娘的工资收入水平每月都能拿到四五千块钱。小姑娘很孝顺，因为家里条件不好，因此每月都会定时地往家里寄 1500 块钱，这个数字在江西农村当地可不是一个小数目，大家都对她的收入来源议论纷纷。各种谣言都有，更有人说她的钱来路不正，是在义乌城里面的洗头房里做见不得人的事赚来的。任凭她家里面的人怎么解释，都不能让大家信服，为了这件事情，这位小姑娘都已经偷偷地哭了好几回了。村两委了解到这位小姑娘的情况后，决定把今年这位小姑娘的"优秀外来务工者"荣誉称号奖状与奖金直接给她寄回老家去。直接和当地的村委会干部取得了联系，还另外专门多寄了200块钱，让村委会干部找几个人敲锣打鼓地把奖状和奖金送到她家里面去。好让村里面的父老乡亲们消除对这个小姑娘的误会，让大家明白这位小姑娘在外面很争气，她的钱来得正正当当。从那以后，再也没有人对这位小姑娘说三道四了，这位小姑娘也对我们村两委的这种善举充满了感激之情，流着泪对我们说，她哪儿也不去了，就在这儿好好工作。因为这位小姑娘已经成为厂里面的优秀骨干分子，老板也已经离不开她了，听到她有这样的意思表达后，老板也对我们村两委充满了感激之情，当即表态说，以后村里面对优秀外来务工人员的奖金奖品的钱都由他来出，因为你们帮我企业留住了优秀的人才。

（三）幸福指数三：丰富精神文化生活促乡风文明

七一村人的精神生活是丰富多彩的，村里的党建活动室、电教室等都是全市一流的。党建制度规范，各类培训和支部活动健康开展。在何德兴的积极支持下，还创办了团员之家、图书室、青年活动室等。近3年来，七一村的文化基础设施已经得到了彻底改善，并实现了两个全市第一：创建文化广场投资90万元，全市第一；投资15万元，建了两个灯光球场，并配有可供上千人观看的看台，这也是全市农村中的第一个。

注重硬件投入，软件同步跟上。如今，七一村组建了由12人组成的青年篮球队，除了在平时进行训练，节假日还邀请各地好手定期举办友谊比赛。为丰富农村妇女的文化生活，七一村在市文化馆的帮助下，经过挑选，组建了由56名妇女组成的"农民合唱团"。村里还组建了腰鼓队、秧歌队、舞龙队、健身队，在老年协会还组建了锣鼓班。每天都有群众喜闻乐见的文体活动，歪风邪气失去了市场，赌博等丑恶现象基本绝迹。

上述这种良好的文化氛围是七一村两委长期营造和引导的结果。七一村有 9 支文化娱乐活动队伍，大家唱歌、跳舞、舞龙都可以。原先大家在同一个村里都难得遇见，各忙各的，现在有了文化娱乐活动后大家有说有笑的，人心就齐了。比如，七一村有一支老年合唱团，共 58 人，每天晚上都到村办公大楼三楼去练歌。这支合唱团都是由老年人组成，所以有人戏称为无牙齿的合唱团。合唱团里有一位老太太今年已经 60 多岁了，那天因为节目要上浙江电视台，所以她特地去化了妆，把头发也染了一下，回到家之后 70 岁的老伴都不敢认了，还以为是自己的小姨子来了。老头子特地跑到何德兴的办公室里来，刚开始何德兴还在担心是不是来反对她老婆上电视。一进门他就说："何书记，你们这支合唱团搞得好啊！"原来，她老伴在 50 岁时头发就全白了，他没想到自己的老婆化妆一下也能如此漂亮呢！他说："我以后再也不去和邻村的那位 40 多岁的妇女相好了，她还没有我的老婆漂亮呢！"

（四）幸福指数四：老有所乐

七一村村两委干部特别尊重村中的老人，正如七一村党支部书记何德兴所言："老年人德高望重，在老有所乐的同时，让他们成为村两委的左膀右臂，这是我村这几年经济和社会事务能快速发展的一个原因。"①

"我们村老年协会就主动承担起了村里面的保洁工作，不要村里出一分钱，免费义务为村里面打扫卫生，每天早上交接班，秩序井然。手中套红袖章。今年还发生过特别有意思的事情，一位外地货车司机把车子停在村办公大楼前的广场时，顺手把手中的矿泉水瓶子扔在了地上，当天值班的老人默不作声地把他随手丢弃的瓶子给捡起来放到了垃圾桶。这位司机见状，怪不好意思的，马上从车上跳下来向这位老大伯道歉。我想，如果我们村把自己的保洁任务承包给专门的人来打扫，那我想是起不到这样的效果的，因为大家都会认为反正村里面是花钱来让这些人打扫卫生的，自己随意扔没关系。但现在是由

---

① 资料来源于课题组成员与何德兴的访谈记录。

村里面的老人志愿来做保洁员的，那么大家也就不好意思再乱扔垃圾了。所以无形之中教育了大家，提高了大家的道德素质。"

"另外我们村里面有什么重大的事情，村两委都首先向村里的老人进行通报，首先要取得他们的支持和理解，这样我们的工作才比较好开展。"

在七一村，经商办厂农户多，许多村民平时都住在城里，但他们的老人却还是喜欢住在农村，这是为什么呢？因为村里为老人们新建了老人院，在这里，老人们个个心情舒畅，和谐相处。

七一村的老人院建于 2003 年，现共住着 31 对（户）老人。说起建老人院的事，何德兴有着自己的想法，现在农村许多农户都存在这样的问题：年轻人住新房，老人们住旧房，平时老人生活无人照顾。于是何德兴就与村两委商议，趁旧村改造之机，把这些旧房拆了，然后建一个崭新的老人院，把老人集中起来赡养，免费给他们安居，让他们人人住新房，而且按照村里年终分红，每位老人每年都有1000 元收入，生活费有了来源。

村里的老人是弱势群体，为了给这些弱势群众提供有效的社会保障，推进社会和谐发展，在七一村，老人们一年到头享受的远远不止这 1000 元分红，村里还给他们交纳了大病医疗保险、养老金等。而且自从何德兴上任 9 年来，就一直贴钱贴工夫，从未领过村里的工资，他的工资全部交由村老年协会代领，作为村老年人活动的基金。不仅如此，就连因每年工作出色获得的 5000 元年终奖也捐赠给了村老年协会。8 年来，每逢过年时节，何德兴还自掏腰包为老年们购买年货，送去温暖。这些累计捐给村老年协会的数额达 20 多万元。

建了老人院，老年协会的全体老人总算有了共同的新家。为了让老人们度过幸福的晚年，何德兴还组织老年协会全体成员到金华等地旅游，以表示对老年人的尊敬，以此来弘扬尊老爱幼的良好风尚。在老人院，何德兴还隔三岔五地安排道情、花鼓等文艺节目，为老人们表演，丰富老人们的业余文化生活。

正是有了何德兴的努力，七一村老人院里的老人们都能和谐相处，相互帮助，心情舒畅。

第四节　结语

　　七一村以社区服务中心体系及其运行规范为中心，进行村庄社区建设，重新构造了乡土社会微观的组织体系，为提供公共服务打下了良好的基础。事实上，无论从集体经济、村民生活、村庄环境、精神文化生活、乡风文明，还是村庄内部和谐、老有所乐这些治理指标来看，七一村都取得了骄人的成就，村庄集体和村党支部书记何德兴个人所得到的各种荣誉就是一个很好的说明。

　　农村社区建设旨在构建新型的农村社会生活共同体，一个具有强烈认同与归属感的生活共同体，实现农村社区及整个社会的融合，本质上就是社区化的乡村治理，它表明农村治理的转型，必然要涉及一系列乡村权力结构的调整。从行政村到社区意味着村庄政治的转向。这个转向不仅使村庄权力结构再次发生分化，社区组织的建构使村庄组织体系复杂化，而且使村庄权力的性质也发生转变，由村民自治转向居民自治或治理模式。甚至农村性质都有可能发生变化，这就是通过农村社区的建设，加快城乡一体化的建设，其村庄的权力结构成为现代意义上的社区权力结构，而不是"农村"的权力结构。因为"农村社区建设的实质，是在社会主义现代化建设过程中能够共享现代文明成果的现代农村社区"①。这是农村权力运作的新的平台，促使村庄治理的权力运作的重点转向农村社区的微观管理与服务的提供之上。

---

　　①　徐勇：《现代国家乡土社会与制度建构》，中国物资出版社 2009 年版，第 315 页。

第六章　公共空间的成长与村庄权力的运作

　　在传统社会，公共空间有相当的地位与重要性，但是人民公社时期这个空间似乎消失了，改革开放以来"复兴"，并且更重要的在于"重构"带有建构性（与自然性形成相对的），其功能有利于村庄正式权力的有效、有序运行。在七一村，村民们在公共空间内都非常活跃，也给整个村庄带来了发展的活力。村庄权力运作和公共空间的生长之间形成了良好的互动关系。作为一个典型进行研究十分必要，而且也具有可行性。这一章通过对义乌七一村个案的考察，探究七一村公共空间在改革开放30年来的演进过程；公共空间在农村政治和乡村社会中发挥的作用；村庄权力结构和权力运作与农村公共空间演进之间的互动关系等，从而探寻中国农村公共空间的演进逻辑和村庄秩序的生成逻辑。其核心是新型公共空间对村庄权力运作民主化的作用，特别是与村庄权力运作的互动。为此，首先要分析七一村公共空间的演进过程和逻辑，从公共空间地点、形式的变化到公共空间内村民聊天内容和村民聚集目的地的变化，探讨它的外在客观原因和内在动力。其次要分析在公共空间演进过程中村庄精英权力运作的积极意义，以及分析村庄发展过程中，权力运作的体系和逻辑；最后，在公共空间—村庄权力运作的框架内，探讨两者的互动关系，以及各自发展的内在逻辑。

第一节　乡村公共空间的"复兴"

　　自1978年以来，我国农村经过30年的改革发展，其政治、经济、文化和社会环境已经发生了前所未有的变化。特别是国家实行的村民自治制度和家庭联产承包制度，还有近年来国家对"三农"的重视，都使得农村的社会结构急剧变化，发展速度大大提升。

在政治方面，中国农村社会组织不断涌现和创新。在农村经济市场化趋向改革过程中，农民依照一定的社会关系组成了新的社会团体，主要有基层群众组织和经济组织两类。村民委员会和村民代表会议两种组织形式的产生使乡村基层组织的建设正逐步走上规范化和法制化的轨道。还有共青团、妇联、老年协会等基层群众组织普遍建立。乡镇企业在改革开放后如雨后春笋般地出现，茁壮成长。近年来，乡镇企业通过制度创新，股份制及股份合作制企业和企业集团的数量不断增加。另外，农村市场中介组织也随着农业经济结构的转型和农业产业化的推进而出现。

在经济和文化方面也发生了巨大的变化。农村经济的基本经营制度发生了变革，由原来的"三级所有，队为基础"的人民公社体制转变为实行家庭联产承包责任制、统分结合的双层经营和管理体制。农村经济成分和经济结构也发生了转变。改革开放以来，我国农民本身也发生了深刻变化。农民已分化出多种职业角色，除传统农业劳动者外，还有农民工、雇工农民、知识分子、个体劳动者和个体工商户、私营企业主、乡村集体企业管理者、农村社会事务管理者等。农民的思想观念变化也很大。崇尚富有、文明已成为农民的价值取向；主体意识、权利意识、平等观念、竞争观念等现代思想观念正在不断确立并日益强化；传统的臣民意识、对政府权威的盲目服从和敬畏、官本位意识和等级特权思想正受到强有力的冲击。

随着农村政治、经济、文化等各方面的发展，村庄秩序也在发生着变化，国家实行的村民自治制度，使得村庄权力运作得到了民主化的规范。还有以家庭为单位的生产和生活方式，使得传统的村庄公共生活走向衰弱，这些都促成了农村公共空间的演进和生长。在这个过程中，随着农村生产方式和生活方式的家庭化和个体化，农村社会结构的转变，村庄结构的变化（旧村改造），传统的公共空间逐渐衰弱，有些甚至已经消失。与此同时，由于国家实行村民自治制度，村庄权力运行的规范化和民主化，权利意识、主体意识、平等观念和竞争观念的深入人心，以村为单位提供公共物品和公共服务的现实要求，促成了公共空间的演进和新的公共空间的成长。农村公共空间的演进和成长与村庄权力运作的民主化之间形成了一种相互促进的互动关系。

农村公共空间和村庄权力运作之间的互动，不仅促进了农村公共空间的演进和成长，以及村庄权力运作的民主化，而且也促进了村庄秩序的生成和村庄的现代化。本书所指的农村公共空间既具有"公共领域"的某些精神要素，又具有自己的特质，它所要达到的目的是要体现中国农村社会的公共价值和公共精神，反映出当今社会的民主意识和多元化的公众自觉精神。可见，此处的"农村公共空间"并不单是一个拥有固定边界的实体空间，它同时也是一个被附加了许多外在属性的文化范畴。这个意义上的"农村公共空间"就能够发挥市民社会、公共领域那样的功能，提供公共舆论空间，对村政府①进行监督，并与之良好互动，从而促进村庄秩序的生成。

村庄是一个社会有机体，在这个有机体内部存在着各种形式的社会关联，也存在着人际交往的结构方式，当这些社会关联和结构方式具有某种公共性，并以特定空间形式相对固定的时候，它就构成了一个社会学意义上的村落公共空间。村落公共空间的形式多样，比如由居住群落的聚合性而自然形成的院坝，因其有利于居住者的心理认同和信息共享，构成了村落社会最初级的公共空间；围绕着祖宗祭祀所形成的家庙与宗祠，由于发挥着构建亲缘与伦理秩序的功能，成为传统村落社会最典型的制度化空间；经过 20 年的改革开放和社会变迁，又出现了许多新的公共空间，如村中的便利小店、茶馆、养老院和娱乐场所等。

事实上，无论是在 1949 年新中国成立前还是当下，中国农村社会的各种公共空间（如祠堂、庙宇、商店、茶馆和红白喜事等）是一种互补和促进的关系，正是这些多元化的公共空间，共同满足了人们的社交、休闲、表意等基本需要，从而促进了基层社会整合并维系着社会稳定。但是同时我们也要看到，有了公共空间并不等于就有了市民社会。由于 1949 年新中国成立后宗族、民间信仰等组织遭受重创，"社会"

---

① 村政府包括村委会和村党支部，村委会实际上就是一种准政府组织，而村党支部是执政党的最基层组织，两者都不属于民间组织。

基本萎缩，虽然晚近 30 年来"社会"正在重建，但非正式组织的重建还没有合法性，一致的公共舆论并未在公共空间中实现，组织仍然"缺席"公共空间。不过，我们也应该看到，经过改革开放 30 年的发展，农村公共空间已经具有了某些市民社会（公共领域）意义上的特征，它也在以自己独特的演进逻辑在发展和成熟之中。

大体上来说，中国农村公共空间具有以下特点：（1）它是一个社会有机整体，它产生了各种形式的社会关联，它是一个包含了区域地理、地方文化、社会行为等的综合概念。（2）它的孕育、发生、发展构成了农村社会现代化的基础，为农村发展、村民自治、基层民主等提供了充分的社会空间。（3）它和村庄权力运作之间的互动关系，促进了村庄秩序的生成，农村公共空间是构建中国农村和谐社会的基础。

只有存在这样的农村社会公共空间，才能谈得上真正的村民自治建设。因为，一方面，公共空间本身就是一种自治方式，另一方面，公共空间对公共权力的授权和使用都具有独立的约束力量。在我国农村，并不是缺乏发展出公共领域意义上的公共空间的可能性和基础，实际上目前已经出现一些或大或小的公共空间。这些农村公共空间并不完全是外生的，而是有一定的社会结构和文化网络的延续性，是从传统农村的自主空间演变过来的。当然，在演变过程中与外部社会特别是村庄权力运作的互动，也起了非常重要的促进作用。

总体而言，中国农村公共空间中的活动还相当程度地受到各种传统因素的影响和政府权力的干预，无法完全保护自己的独立性与完整性。公共领域并不因个人在私的领域的活动空间的扩大而自然建立起来，中国农村公共空间虽然属于非官方性范畴，但是它要进入政治过程，发展出一个公共领域，要完成从"农民"到"公民"的角色转换[1]。对此，我们首先要加强地方自治以及各种社会团体的建设，这

---

[1]　当人们在不必服从强制高压的情况下处理有关普遍利益的事务时，也就是说能够保证他们自由地集会和聚会，能够自由地表达和发展其观点时，公民也就起到了大众的作用。参见［德］哈贝马斯《公共领域的结构转型》，曹卫东、王晓珏、刘北城、宋伟杰译，学林出版社 1999 年版，第 69 页。

些对于维系一个生机勃勃的民主社会都是一种不可或缺的社会资本；其次，在各种面对面的议论场所（农村公共空间）的基础上，拓展各种渠道促使公民之间及公民与国家之间进行相关议题的对话；最后，是对公民意识与公民性格的塑造，一个成熟的公共领域要以健全的公民意识为根基。

第二节　七一村村庄公共空间的演进与生长

中国学者曹海林根据乡村社会公共空间的型构动力，将农村公共空间划分为正式的公共空间和非正式的公共空间两种理想的类型。正式公共空间的型构动力来源于村庄外部的行政力量，也可以把这类公共空间称为行政嵌入型公共空间，即正式公共空间的形成及其中所展开的各类活动均受行政权力的驱使，具有明显的意识形态倾向。非正式公共空间的型构动力主要来源于村庄内部的传统、习惯与现实的需要，也可以把这类公共空间称为村庄的内生型公共空间，即非正式公共空间中展开的各种活动均受地方性知识及村庄生存理性选择支配，具有浓重的民间色彩。①

本书在这一分类法的基础上，提出随着公共空间的发展和演变，此理想模型并不能涵盖所有公共空间的类型。比如出现了型构动力来自村庄现实的需要，但是在村庄外部的行政力量的支配下组织和发展出来的公共空间，还有出现了由于行政权力的介入，导致村庄内部习惯的改变而出现的公共空间等。这些公共空间既不能归类为正式公共空间，也不完全属于非正式公共空间，我将这些公共空间称为行政嵌入—内生型公共空间。

一　何姓祠堂和七一村宗族关系

七一村现有居民 439 户 1125 人，其中男性 557 人，女性 568 人。

---

①　曹海林：《村落公共空间与村庄秩序基础的生成——兼论改革前后乡村社会秩序的演变轨迹》，《人文杂志》2004 年第 6 期。

七一村以何姓为主，约占全村人口的90%，其他还有10姓：楼、傅、杨、于、陈、龚、李、金、林、缪，合百余人。始迁祖怡一公何文俊（十二世）于明正统年间（英宗朱祁镇）由西河迁入，至今已32代，550多年。其他的姓氏陆续迁入，不过何姓始终是七一村的主导。

据相关资料记载，七一村前身的东河建有"经堂"、"文昌阁"和"白沙殿"，但是都遭受厄运而被毁。在明代开始建立的"白沙殿"，历史变迁，几度建而被毁，1991年重建，坐落于村子中心，是七一村目前唯一的一座古色古香的建筑。大殿中供奉着"白沙神圣"和"关老爷"等神像，这是七一村具有宗教文化意义的公共空间。尽管七一村以"何姓"为主，但是现在的七一村没有祠堂。在村庄没有改制以前，五一村、六一村和七一村有一个公用祠堂，当时统称东河。后来分开了，七一村就没有祠堂了。有人曾提议要建何姓祠堂，但是何德兴书记没有同意，并且他说服了其他村干部，由于村干部的集体反对，所以没有再建祠堂。后来又有人提议做何姓族谱，何德兴书记领头的村干部又集体反对，所以也没有做何姓族谱。当我们问何德兴书记为什么要竭力反对造何姓祠堂和做族谱时，何书记回答说，不做祠堂和族谱就是为了避免和消除族姓矛盾，由于何姓是大姓，如果造祠堂和做族谱，会让其他小姓村民感觉受到排挤，会造成何姓和其他姓氏的隔阂。作为一个村支书有如此见解，我们深感佩服。

七一村的宗族关系是比较和谐、融洽的，但是村民们的宗族观念还是很强的，这集中表现在村干部的选举上。何德兴书记想要功成身退，几次想辞职，但是都由于没有好的接班人而搁置。村支书接班人要从党员中挑选，而七一村村民们宗族观念很强，派系复杂。何姓也分成好几派，而其他小姓村民就根据自己的利益而支持何姓中的某一派。如果不能将这些派系和宗族观念融合起来，就会造成派系矛盾和宗族矛盾。而在七一村能将这些派系融合起来，能够消除宗族观念的，非何德兴一人莫属，其他人都做不到，所以他一直没有退休。

在七一村，在处理何姓和其他姓氏及何姓中的派系之间的关系上，村干部们功不可没，特别是何德兴书记。由于他们的努力，使得七一村没有发生任何族姓冲突和派系冲突。1996 年之前的七一村是很分裂的，派系冲突和族姓矛盾都很严重，相互拆台的现象很多。当时的村委会和村党支部也分成好几派，分别是村里不同派别的代表，所以村委会和村党支部也不团结，最后一事无成。之后何德兴书记上任，村干部也换选了一些，他们竭力促进派系和族姓之间的团结，如今效果显著。村委会和村党支部非常团结，整个村庄的村民也很团结，与以前大不一样了。

二　传统公共空间的萎缩

由于改革开放前中国农村实行的是"一大二公"的管理体制，全国所有农村的公共空间虽然极具特点，但都是大同小异的。改革开放后，随着国家权力在农村的"后退"，农村公共空间一改从前政治气息浓厚的氛围，开始立足于农村实际生活。同时，由于地域和发展速度的不同，中国农村公共空间的模式也出现了分化。但是，相同的一点就是农村公共空间都在逐渐萎缩。

1954 年，何关林、何恃金、何关海组织了七一村第一个初级合作社——"联民合作社"。1956 年，联合"五一"、"六一"、"七一"、"横山"几个初级合作社，成立了东河高级农业合作社。翌年秋，再与殿口、双溪、井头馀、枫溪、八一、塘下郑联合成立"东河联社"。1958 年，稠城人民公社成立，东河联社解散，七一大队下辖 7 个生产队。

改革开放前，七一村的正式公共空间主要是"大队"和各种现场会。大队部是七一村各种群众聚会的公共场所，具有相当强的政治色彩和时代烙印。在七一村，大队部位于村中心，这里既是村政中心，又是大规模集体活动的场所。平时，村民们常常聚集到这里，到了"三八"妇女节、"五四"青年节、"七一"建党节、"八一"建军节等重要节日，相关人员会集于此，大队干部发表讲话，表彰好人好事、先进分子，学习党的方针政策，加强思想教育，因此大队部成为村民们交流信息和接受政治教育的主要场所。每到播种季节和作物生长的关键时期，政府都会在田间地头召开现场会，指导农业生产活动。各种现场会既为生产服务，又为思想教育服务，通过树立典型，特别是评出先进劳动者来调动农民的劳动积极性。同时，这些现场会也为村民交流提供了机会。

非正式公共空间主要有晒场、樟树下、河边、晒场电影和共同劳动的田间地头等。面积宽阔的晒场是生产队中的公共场所，是人们聚集的地方，很多人会在晒场晒东西，比如粮食、棉被等，小孩子也常常在这里玩耍。冬天村民们会在晒场晒太阳取暖，这里也是他们交流，谈论生产、生活和家庭等各方面话题的场所。樟树下对于旧村改造前的七一村来说是一个标志。村中央有一棵很大的樟树，村里的老人对我们说，这棵樟树已经超过 200 年的树龄了，一直以来每到傍晚的时候，村里人都聚集到樟树下。无论春夏秋冬，樟树下都是热闹非凡，特别是夏天，来樟树下乘凉的人非常多，人声鼎沸，小孩子也在这儿闹成一团。樟树下也是村里精英人物的表演场所。在这里，村中精英人物充分显现，在外工作的、当兵的、外地走亲戚的以及一些有文化的人，在樟树下纳凉的时候，会绘声绘色地讲述他们在村外的见闻，在当时闭塞的环境下具有极大的吸引力，小孩子们也在这里接触到超越年龄的各种知识信息。村民们也在这里谈论家长里短，议论是非，谈论的话题大部分还是关于生产劳动和生活方面的。以前，小河是七一村主要的日用水源，人们常到小河边取水、洗衣、嬉闹，小河边也成了村落内人们口耳相传信息的集散处。

晒场电影是当时人们主要的文化生活。那时人们看的电影主要是反映革命战争历史和农村现实生活题材的影片，意识形态方面的成分较多。从电影内容上看，电影也是对人们进行思想教育的渠道之一，不过人们在看电影之际也会三五成群地交流闲谈，因此晒场电影成了当时很重要的公共空间。人民公社时期，人们同时出工，共同劳动，一边劳作，一边交流，田间地头也成为人们活动的重要公共空间。这两处公共空间的活动都在一定规则的约束下进行，但是与人们的生活密切相关，活动的主体是百姓，能反映村庄的生存状况。

值得一提的是七一村的"毛泽东思想宣传队"。1965 年，七一村成立了以何关寿为首的"东河七一俱乐部"，自编自演小唱、小剧本，到"文化大革命"开始，转变为"毛泽东思想宣传队"。通过自学，组织了一支健全乐队，演员不计报酬，不拿工分，将革命样板戏改编成浙江婺剧进行演出，享誉方圆 40 里，在后宅演出时观众达万人。七一村的"毛泽东思想宣传队"的演出得到广大观众的好评，所得到的锦旗有 50 多面。这个在社会上"红火" 10 来年的"毛泽东思想宣传队"，不仅是七一村人娱乐消遣的公共活动空间，而且也是集体化共同体社会对七一村人进行精神与意识教育的一个重要场所。

非正式公共空间的地方虽多，但是由于当时令人窒息的政治环境和落后的生产方式，生产劳动占了大多数时间，非正式公共空间并没有得到充分发展，村民在非正式公共空间中的活动还只是停留在闲聊水平。

改革开放后，实行了家庭联产承包制，正式公共空间就只剩下村委会。而由于国家权力从农村的退出，集体化的行动逐渐减少，村委会的功能也比较简单，对村民们的生活干预得很少，非正式公共空间也逐年萎缩。种粮食的村民越来越少，所以到晒场晒粮食的村民也越来越少，很多村民即使有什么东西要晒也不会去晒场，而是放在自家屋顶或者门口晒一下了事。晒场已经见不到以前的热闹，成年人很少会聚集在晒场，连小孩子也很少会在晒场玩耍，都到七一广场去了。

晒场电影也随着七一村经济、社会的发展和电视机的普及，逐渐消失了。以前每到放电影的晚上，万人空巷，村民们都挤在晒场看电影的热闹场面，现在已经不见了。现在，村民们都在自家看电视，即使要看电影，也是去城里的电影院看电影。由于生产和生活方式以家庭为单位，集体劳动的现象也消失了，即使一些村民在同一个地方都分了地或分了田，也不一定会同时进行农业劳作。有的村民可能选择种粮食，而有的村民选择种经济作物，甚至有的村民不种任何东西，任田地荒芜。因此，由于公共劳动而产生的田间地头这个非正式公共空间也逐渐消失了。现在七一村唯一进行农业生产的就只剩下一些老年人了。

以前樟树下是七一村最重要的一个非正式公共空间，改革开放后，虽然大队解散了，集体生活已经转变为以家庭为单位的个体生活了，但是樟树下依然是村民们纳凉、聚集聊天的地方。但是，随着外出打工和经商的人不断增加，樟树下聚集的人也在减少。不过，外出回来的人和以前一样，会到樟树下来讲述他的见闻和外面世界的变化。从 2001 年开始，七一村启动旧村改造工程，旧房子被拆掉，新建的别墅是独门独院的三层式小洋房，新房子的格局是棋盘式的一排排整齐划一。大樟树边上的老房子也被拆掉了，造了红色砖瓦的新房子。老人们对我们说，旧村改造后樟树下的人就寥寥无几了，只有几个老人偶尔会来这边坐坐，聊聊天。旧村改造后，也很少有村民会到小河里取水，每家每户都有自来水，比小河里的水要干净很多。由于小河缺少管理，生活垃圾污染了小河，导致小河里的水不再像以前那么干净了，小河边热闹的场面也已经一去不复返了。

总之，随着改革开放的进一步深入，特别是开展旧村改造之后，七一村传统的公共空间就逐渐萎缩，有的甚至已经消失了。大队部、晒场、樟树下、小河边、晒场电影和共同劳动的田间地头等七一村传统的公共空间，已经渐渐淡出村民们的日常生活，甚至村里很多年轻人根本不知道以前村里有这些传统习惯。我们的问卷数据也表明，现在村民聚集在一起聊天比以往要少了（见表 6 - 1）：能够经常在一起聊天的只有 49.5%。并且聊天的场所也发生了变化，根据统计数据进行排序（见表 6 - 2），聊天场所排在第 1 位的是七一广场，第 2 位的是村办公楼，第 3 位和第 4 位的是老年公寓和老年协会。[①]

表 6 - 1　　　　　　　现在村民之间聚集在一起聊天多么？

选 项	频 数	所占比例（%）
经常在一起聊天	136	49.4
偶尔在一起聊天	124	45.1
基本上没有聚集在一起聊	1	0.4
缺失值	14	5.1
合计	275	100

① 曹海林：《乡村社会变迁中的村落公共空间——以苏北窑村为例考察村庄秩序重构的一项经验研究》，《中国农村观察》2005 年第 6 期。

表 6－2　　　　　现在村民聚集在一起聊天的地方主要在哪里？

顺　序	地　点
1	七一广场
2	村办公楼
3	老年公寓
4	老年协会
5	市场
6	厂里
7	家里
8	其他地方

三　新型公共空间的生长

改革开放实行家庭联产承包责任制后，我国农村的公共空间一年比一年狭小，以家庭为单位的生产和生活方式在使人回归家庭的温情时也使人们的公共意识渐趋淡漠。其实，公共空间的存在基础是利益与沟通，只要这两者还存在，公共空间也就会孕育、发生与成长，并发挥其作用。在七一村，在村庄权力运作的影响下就孕育出了很多新的公共空间。其中有正式公共空间，也有非正式公共空间，还有介于正式和非正式之间的公共空间，本书把它称之为行政嵌入 — 内生型公共空间。

（一）正式公共空间——村委会、村委会组织的学习活动

1998 年以后村委会已不同于人民公社时期的生产大队，它是国家承认的基层群众组织，其正式公共空间的色彩正在逐渐淡化。但是由于基层政府往往根据过去传统仍旧把村委会看做下级单位，而且村委会发挥着农村组织者、协调者和管理者的作用，因此本书把村委会看做是制度化组织形式层面的正式公共空间。与改革前不同，改革后，村民能够在正式公共空间中理性地表达自己的意见，可以合理有效地争取支配和享用公共空间的权利，并且对公众社会生活产生影响和推动。村委会在做出重大决定之前都要经过村民大会或者村民代表会议讨论，最终按照"少数服从多数"的原则决定。这是改革后制

度化正式公共空间发展的产物。

在七一村，村委会做出的任何决定都必须经过村民大会或者村民代表大会讨论决定，并且村民随时可以向村委会提出意见，监督村委会的财务和村务，这些在七一村都是有制度化规定的。每月1日村委会都要定时召开村民大会，遇到重大事务也可紧急召开村民大会。村民代表和普通村民，在村民大会上都可以平等地发言，表达自己的看法，可以对村委会的过失提出批评。民主协商在七一村已经深入人心，从村干部到普通村民都很习惯地认为村里的公共事务必须由村民和村干部一起民主协商来决定。没有特殊情况，村民们都会去参加村民大会，兴致很高。

七一村还有一类正式公共空间就是村委会组织的学习活动。在这类正式公共空间里，活动内容更有教育意义和现实意义，村民们也有了更多的收获和自主性。每个月村委会都会组织村民代表参加学习活动（村民可以自愿参加），到村委会的远程教育电子阅览室或者会议室学习党的历史和理论知识，还有一些经商、办企业和农业方面的知识。村党支部也会组织党员、预备党员和入党积极分子到远程教育电子阅览室或者会议室参加学习活动，学习内容主要是党章、党的历史和理论知识，还有优秀党员的模范事迹等。这些学习活动不但给予村民代表、党员和普通村民思想教育，丰富了他们的知识水平，同时给他们提供了一个很好的交流机会，他们往往在学习的间隙或者讨论的时候，对村里的公共事务以及一些纠纷进行交流和讨论。

（二）非正式公共空间——商店、七一广场①、红白仪式和企业组织

商店是农村公共场所层面的非正式公共空间，村民们自由进出其间自由交流和自由娱乐，其间的活动充分体现了农村社会的公共价值和公共精神。在七一村，在东河工商街两旁是商铺和饭店，村里还有几家日用品店，村中大多数日常用品都由它们供应，商铺、饭店和小商店实际上是市场网络在村落中的延伸。

---

① 七一广场是村党支部和村委会倡议建造的，它是七一村的标志，坐落在七一村村委会大楼的前面，广场上绿草茵茵，绿树成荫，鲜花绚丽。

特别是饭店，村民们常常会请外来的客人到这里吃饭，村民也会三五结群到饭店吃饭，还有很多在七一村打工和居住的外地人也常常到饭店吃饭，所以到了一日三餐时间，饭店内往往人头攒动，人们一边吃饭一边说长道短，这些饭店已经成为七一村非正式公共空间的重要组成部分。商铺和小商店内也常常有几个人在聊天，但是人不多，而且常常是店主的好朋友或者就住在附近的村民。

东河物资交易会是具有重要意义的公共领域，不仅通过本地区及周边的物资交流促进了当地经济的发展，而且是一次具有文化象征性的交流。每年农历十一月廿五至廿七日进行东河物资交易会，廿四晚开始演出古装大戏，延续 6 天 7 夜，吸引了大量的人群，以经济活动维系与重建着地方传统的文化与公共空间。

七一广场是七一村村民们进行文化和娱乐活动的主阵地。广场边的"爱心湖"碧波荡漾，荷花映日，鱼群悠悠，鹅鸭戏湖，岸边倚栏环绕，垂柳清雅，还有弯曲幽静的林间小道。湖中间有座迂回曲折横跨湖面的石桥叫"连心桥"，桥上建有三个组合式连体的亭阁叫"齐心亭"。广场周边的标准化灯光球场、远程教育电子阅览室、乒乓球室、台球室、棋牌室、图书馆和各式各样的休闲健身器械等一应俱全，使之成为全村学习娱乐、休闲健身活动的文化中心。

每天清晨，很多村民和外来务工人员会在七一广场上晨练，跑步做操，打拳赛球或散步谈笑。晚上，七一广场就更加热闹非凡，吹拉弹唱，闲谈说笑；在露天舞场也会自发聚集上百名青年妇女跳舞健身；广场石凳上坐满了人，整个广场就是"七一人"的天堂。

红白仪式在人民公社瓦解之后，为村民们提供了一种较大规模的聚会和人情互动的场合，满足了村庄情感交流的需要。七一村由于经济发达，企业众多，以家庭为单位的生产方式和生活方式，使得亲戚朋友很少能有机会同时聚在一起交流情感和讨论生产生活。红白仪式在七一村是比较重视的，它不仅可以联络亲戚朋友与邻里之间的感情，而且对促进家族成员的联系、交流和家族的团结有着举足轻重的作用。

企业组织是农村经济发展到一定程度的产物。在七一村，各类私营工商企业 100 余家，很多村民家里都是作坊式的私营企业。这些企业既增加了村民的收入，又加强了村民之间的经济联系，而且还吸纳了大量的外来务工人员。在七一村外来建设者已经超过了 2000 人，这些人也通过这些私营企业融入了七一村这个大家庭。这些企业为人们创造了自由聚集的活动空间，在这一空间中人们获得了自由平等的交流机会。村民们和外来务工者一起工作，一起生活，一起关心七一村的经济和社会发展。

（三）行政嵌入—内生型公共空间——老年协会、村妇联、七一村的各种文化体育娱乐团体

2000 年，义乌市政府要求乡镇、村委会建立老年协会，把村里的老龄农民组织起来，七一村老年协会于同年成立，由何福能担任会长，老书记何关林为顾问，规定男年满 60 周岁，女年满 55 周岁的七一村村民都可以加入。老年协会在七一村得到村党支部和村委会的特殊照顾，每到逢年过节，老人们都会收到村党支部和村委会给的礼品和红包。何德兴和其他村干部的所有误工费都由老年协会的负责人领取，作为老年协会的活动基金。村干部不拿村财政的 1 分薪水。村两委也相当重视村老年协会的作用，村里面有什么重大的事情，村两委都首先向村里的老人进行通报。"首先要取得他们的支持和理解，这样我们的工作才比较好开展"。何德兴书记在接受采访时说："2006 年 2 月份市里开人代会时，有一位人大代表，他提案说要取消农村的老年协会，他说现在的老年协会势力太大了，差不多都已经凌驾到村两委头上来了。我认为，作为村两委领导，要善于懂得引导村里面的组织，像老年协会这样的组织就完全可以为我所用，可以为我服务。"此外，村委会为全村交了部分养老保险金，老人每月可以领到 120 元的养老金。老年协会有自己的活动室，平时老人们就在老年协会活动中心下棋打牌、休闲聊天。老年协会的成员也常常开会，学习党的理论，宣传良好的民风和生活习惯。老年协会还肩负着教育晚辈、培养良好民风的责任。比如，七一村每年都会带老年人出去旅游，到外面去走走看看。

在七一村村妇联也发挥着巨大作用。村妇联中不仅有很多七一村的妇女，还有很多外来务工的女性，甚至还有妇女干部是外来务工人

员。妇女们组织了妇女腰鼓队（包括木兰扇、柔力球等集体表演项目），经常被邀请去外面表演。七一村村妇联也常常开展学习活动，宣传党的思想，鼓励妇女入党，学习计划生育、经济知识和生活常识。妇女们还常常帮村里义务搞卫生工作，帮扶老人，教育自己的丈夫和孩子。妇女们聚集在一起跳舞聊天，交流关于个人、家庭、企业、村庄的各种想法。七一村村妇联的工作已经成为七一村新的亮点，得到了全国妇联、省妇联、义乌市妇联的高度赞赏和评价。

我们对村民所做的问卷调查数据（见表6-3）表明，七一村的村民对于村庄的公共设施建设是满意的：35.6%的被访者感觉到非常满意，63.3%的被访者感觉到满意，只有1.1%的村民不满意。事实上，从2003年到2006年间，七一村相继投入资金200万元，建成并投入使用的室外活动场地有标准化灯光球场1个、排球场1个、体操健身器械场3个、露天舞蹈场2个、文化宣传栏橱窗5只、阅报栏3只、黑板报5块、文化广场2处、人工湖亭桥景观1处，室外活动场地总面积已达到1万平方米。室内的各类活动场所面积共计有1000平方米，其中有乒乓球室、台球室、棋牌室各1处，藏书量3万余册的图书馆1处，设有24台电脑宽带终端的农村远程教育电子阅览室1处，电子教育投影机2台，每年更换推出宣传栏、黑板报上的文化宣传栏目30多期，每个月定期请电影公司来村放映2场以上电影。各室外的活动场地全天候对村民开放，各室内的活动场所每天开放时间不少于6小时。各场所均设有专人管理和维护，村里财政还规定，每年投入用于文化活动的经费不少于10万元（每年投入人均100元）的计划。

表6-3　　　　　　　您对村里的公共设施是否满意？

选项	频数	所占比例（%）
非常满意	98	35.6
满意	174	63.3
不满意	3	1.1
很不满意	0	0
合计	275	100

　　文化娱乐活动方面，聘请了上级文化部门的 10 余位专家和行家，担任七一村群众文化活动的技术指导和教练员。对村里文艺活动积极分子进行每月 1—2 次的集中培训指导，接受指导的村民累计达到 800 多人次，极大程度地提高了村民文娱活动的能力和水平。全村涌现出 200 多名文体骨干，在他们帮助下先后组建了妇女腰鼓队（包括木兰扇、柔力球等集体表演项目）、中老年婺剧票友演唱队、少儿舞蹈健身操队、青年乒乓篮球队、民乐队、舞龙队、老年协会合唱队、书画爱好者联谊会等十几个群众文体团队。每一个团体都有具体的负责人来确保文化工作的质量。村民自发参与群众文娱活动的热情高涨，做到人人参与，全民健身。

　　丰富多彩的群众文体活动常年保持不间断，由村党支部和村委会组织与村民自发参与相结合。每年的 7 月 1 日建党日，全村的各文体团队都必须统一组织开展一次主题为"迎七一，庆七一，颂七一"的全村性文体庆祝活动，寓意为"没有七一党的生日，就没有七一美好的今日"。此项活动已经形成制度化，列入了七一村的文化工作，打造成七一村特色文化的亮点。

　　七一村还经常开展各类文娱活动竞赛以及邀请邻村文化团队、机关部队和企业的外来建设者进行友谊赛等。村里每年都组队代表街道去参加全市各类农民文体活动的比赛和表演，每年由村组织的、群众广泛参与的各类文体活动有 20 多次。每年利用传统的正月元宵节迎龙灯，农历九月十三"白沙殿"庙会、冬季物资交流大会等请专业婺剧团来村演出 3—5 次，逐步形成了七一村特色的多层面知识型、娱乐健身型、实用观赏型的多元化群众化文化娱乐活动格局。七一村也在文化事业方面取得了可喜的成果：参加义乌市乡镇农村文化节、全市农民体育运动会和全市歌咏、舞蹈、健身等各种大赛 10 多次，获得了 20 多个个人和团体的奖项。七一村也被评为"全国先进基层党组织"、"浙江省全面小康建设示范村"、"第 2 届金华市魅力村庄"、"义乌市文化体育事业先进单位"等。

第三节　公共空间的功能及其与村庄权力的互动

一　功能

（一）公共空间的娱乐、沟通、学习和教化功能

农村公共空间中的活动涉及了农村社会的物质、精神、政治等方面，真实地反映了农村的社会状况，是认识农村的窗口。七一村公共空间发挥着巨大的功能，对七一村的稳定和发展做出了巨大贡献。

七一村正式公共空间，村委会以及村委会组织的各种学习活动，对村民们的思想教育和技能培训起了巨大作用。村干部们在公共空间中与村民们频繁沟通，不但让村干部们了解了村民们的心声，也让村民们了解了村委会的工作。公共空间已经成为七一村干群良好沟通的平台。七一广场更是村民们和外来务工者们娱乐运动的天堂。很多村民生活都非常有规律，已经离不开这些公共空间，因为这些公共空间给他们带来了娱乐、沟通和学习的自由天地。

七一村人的精神生活是丰富多彩的。这里的党建活动室、电教室等都是全市一流的。党建制度规范，各类培训和支部活动健康开展。在何德兴的积极支持下，还创办了团员之家、图书室、青年活动室等。近 3 年来，七一村的文化基础设施已得到了彻底改善，并实现了两个全市第一：创建文化广场投资 90 万元，全市第一；投资 15 万元，建了两个灯光球场，并配有可供上千人观看的看台，这也是全市农村中的第一。

村里的老年人还享受到了特殊照顾，一位老人这样讲述：村干部怕我们老人寂寞，隔三岔五还安排义乌道情、花鼓等老人喜欢的地方传统文娱节目来老年公寓表演。村里每年还组织老人们外出旅游一次。去年，全村 90% 的老人都去逛了苏州风景区。

老年协会负责人何恃金老先生还向我们讲了两个故事，充分反映了公共空间给七一村带来的改变。

故事1：

原先七一村和其他村庄一样，街道上总是有各种垃圾，即使刚刚清扫完毕，由于过往人流，很快街面上又会有各种塑料袋、瓜皮果壳。随地吐痰现象也随处可见，甚至还有人随地小便。针对这种情况，村两委和老年协会召开会议，协商解决办法。老年人主动提出进行卫生宣传，并且想出了一个立竿见影的方法。老年人白天都到村里的各个路段溜达，看到有人乱扔垃圾，老年人并不上去批评，只是把垃圾捡起来，扔到就近的垃圾桶里，前丢后捡，年轻人看到后面的老人帮自己捡垃圾，就再也不好意思丢下去了。同时，老人们回到家中，就对自己的晚辈进行宣传教育，为村庄、为自己、讲卫生、讲整洁、讲文明。从此，再也没有人在街上乱扔垃圾，也没有人随地吐痰，更没有人随地小便。很多时候，街道从早到晚不用清扫，也是干干净净的。到现在七一村的保洁工作还是由老年协会的老人们负责，效果非常好，树立了七一村讲卫生、讲整洁、讲文明的良好风气。

故事2：

以前七一村有10个麻将室，很多村民和外来务工者整天在里面打麻将赌博等。村两委找老年协会和村妇联商量对策，老人和妇女对这个事也很反感。商量后得出的结论就是两点：（1）开展各种文体娱乐活动；（2）宣传教育。村里组织各种文体娱乐活动，鼓励村民们踊跃参加，激发村民们和外来务工者的兴趣。老年人和妇女则回家劝自己的儿子和丈夫改邪归正，过健康文明的生活。由于妻子和爸妈的整天唠叨，很多原本沉迷于赌博的村民慢慢地就不再去赌博了，转而参加村里的各种文体娱乐活动，甚至成为了村里的文艺骨干。从此麻将室渐渐失去了市场，逐渐都关闭了。现在只剩下2个，并且生意都不好，很快也要关闭了。这又是七一村文明建设取得的一个重大成果。

村两委定期举办面向全体村民的技能培训，举办村民们喜闻乐见的文艺宣传和娱乐活动，不但提高了村民们的文化生活品位和生活质量，也增加了家庭和谐和村庄文明。

（二）公共空间与干群关系的和谐以及村庄凝聚力

"公众参与"的概念源自美国，是指在社会分层、公众需求多样化的情况下采取一种协调对策，以保证行为更加科学和民主，使规划决策能够更加符合实际情况，更加切实体现公众的根本利益需求，并确保规划决策的顺利实施。科恩在《论民主》中指出，"民主是一种社会管理体制，在该体制中社会成员大体上能直接或间接地参与影响全体成员的决策"①。依据村民自治的原则精神和相关制度安排，村民参与不仅仅是指村民直接参与选举公共权力机构及其领导人，还包括参与公共政策的制定、执行与监督等环节，以表达意愿和维护权益，参与村庄公共事务的共同决策和管理。

在现有制度背景下，村民为了维护自身权益，只能通过体制外的正式或非正式的渠道表达其意愿，以求问题的解决。

解决问题的关键是如何采取有效的方式让村民有足够的知情权和参与权，共同协商和妥善解决。通过村民的参与，"在参与行动和互动过程中才能产生政治信任"，从而可以避免因村民不了解情况而导致干群关系的紧张。②

权力的运作需要有制度的保障，同时权力又决定了制度的构建。七一村旧村改造的顺利完成正是得益于村级权力组织设计的一系列行之有效的制度规范。这些制度规范形成了公民参与网络，村民在这个参与网络中交往，促进了信息的交流，正如前面所言的信任与合作，依赖于人们对以往行为和当前利益的真实了解，而这些了解的过程就是信息交流的过程。从这个意义上讲，互惠规范与公民参与网络具有相互联结关系。七一村在旧村改造中所安排的民意调查制、村民问责咨询制、村民代表大会制，为村民提供了有效表达利益诉求的渠道，同时在干群之间增进了互惠规范的稳定性。

---

① ［美］卡尔·科恩：《论民主》，聂崇信、朱秀贤译，商务印书馆 1988 年版，第 10 页。

② 徐勇：《政治参与：政治信任的重建——源于乡村选举中"信任票"的一种分析范式》，载黄卫平、汪永成主编《当代中国政治研究报告Ⅲ》，社会科学文献出版社 2004 年版，第 209 页。

　　然而，七一村村支书何德兴并没有把民意调查视为旧村改造的权宜之计，而是作为今后开展工作，行使公共权力的依据，并作为长久之策，立为制度稳定下来。而制度的最大特性除了法律规范之外，很重要的一点就是稳定性，只有制度的稳定才能保证权力有效行使的长期性，同时又不损害日渐成熟的干群信任基础及互惠规范。我们调查发现，七一村除了旧村改造时的民意调查之外，还有每年的年终民意征集制。在七一村每年年终都要确定下一年必须要做的几项重大事务，向每户家庭分发意见征集表，征集老百姓认为需要解决的事情，同时还将村下一年的工作计划分发给村民征求意见，然后汇总、整理，最后村党支部把收回的民意征求表印刷成册并落实在新一年的工作计划中。工作计划中的事情是一定要做的，要完成的。村主任何仲连告诉我们，由于意见是村民自己提出来的，就会支持，村委会和村党支部做起来就比较容易，因为阻力没了。村里建路就是个很好的例子。村民们自己提出来的，村委会和村党支部采纳，所以村民们就积极参与，很好地配合村委会和村党支部的工作，实施起来就很顺利。

　　七一村的民意调查制作为村民参与网络之一，培育了更为强大的互惠规范，村民在旧村改造的背景下，拥有约束村级权力组织可接受行为的稳定规范，并且在各种可获得的渠道中互相交流各自期望，从而形成某种程度上的公共协商，其结果是不仅干群关系网络得以加强，而且政治信任也得以巩固，培育了村级组织权力行使的权威性和合法性。

　　在旧村改造刚开始的时候，七一村的村民大部分是持怀疑态度的，主要有两个方面的问题：第一，旧村改造中，村干部会不会从中牟利？村中心、街道两旁好的地理区位会不会被村干部们独占？第二，旧村改造在义乌的很多村庄都没有很好地完成，改造到一半就进行不下去了，七一村经济并不算很发达，能做好旧村改造么？那段时间，村民们晚上在七一广场聊天的话题，绝大部分都是关于旧村改造的，消极意见占了绝大部分，很多村民甚至认为旧村改造是不自量力，是村干部们为了追求政绩和从中渔利。当时，七一村的干群关系也比较紧张，村民们对村干部的信任度也比较低。

以何德兴为代表的七一村村干部，针对村民们的怀疑，不断地与村民们沟通，向村民们解释旧村改造的意义，向他们描述未来的美景。通过召开村民大会、村民代表大会、党员大会商议讨论，村干部们晚上到七一广场和村民们聊天，向他们解释七一村旧村改造的必要性和可行性，并且对全村村民做出承诺①，保证公平、公正、保质、保量地完成旧村改造。最后终于说服了村民，并且也获得了村民的信任。

七一村村委会和村党支部在实施和完成多项工作中，公共空间发挥了巨大的功能。村民们在公共空间中表达自己的意见，宣泄自己的情感；村干部们在公共空间中解释自己的意图，宣传旧村改造的思想，最后村干部和村民通过良好的沟通，达成了相互的谅解，使得七一村旧村改造得以进行。这一事件所产生的后续效应很大，不但提升了村干部（主要指何德兴）的个人魅力，促进了干群关系的和谐，增强了村庄凝聚力，而且为七一村公共事业的发展提供了原始资本和契机，为七一村未来的辉煌奠定了基础。

干部们针对村民们对旧村改造的疑虑做出承诺之后，为了彻底消除村民们的疑虑，何德兴提出用制度化的形式来规范村干部的承诺，将承诺公示在村务公开栏内，上面有6位村干部的签名，供全村村民监督。至今全村已经有90%的村民分到了新房子，村干部们还是没有分房子，村民们看到了村干部的人品，村干部们也收获了人心。而旧村改造过程中的选位费，被用来建了"东河农贸市场"和农业生态园"藕博园"，另外一部分则用于村里的公共卫生和学习、休闲娱乐场所建设。"东河农贸市场"和农业生态园"藕博园"现今已经成为七一村的摇钱树，是七一村不断向前发展的动力。七一村旧村改造的顺利进行和公共卫生、学习休闲娱乐场所的建设，使七一村成为新

---

① 村干部对全村村民的承诺主要有两条：第一，村干部们必须在90%以上村民们分到新房之后才能分新房；第二，村里的区位进行投标，村中心、街道两旁好的地理区位价格高，谁出的价高归谁。这两条承诺写成大字报，贴在村务公开栏上面，还有何德兴等6位村干部的签名。这两条承诺就是七一村村民的定心丸，使他们彻底消除了疑虑。

农村建设的典范。

公共空间就像七一村的一个干群融合器一样，让七一村的干群关系变得和谐稳固，大大增强了七一村的村民凝聚力。在我们对七一村的考察期间，发现七一村的村民都很积极而又充实地工作和生活着，几乎看不到消极和懒散。村民们告诉我们，只有努力才能致富，共同努力才能共同致富，村庄的建设和发展要靠大家。这些话都让我们非常惊讶和感动。原先很多离开七一村外出打工和经商的，都纷纷回到了七一村。他们说在七一村有归属感和自豪感，而且现在七一村发展得这么好，在外打工和经商还不如回家发展。这都是七一村内在魅力和强大凝聚力的外在表现。

（三）公共空间与村庄权力运作的民主化

"民主不仅仅是一种政治形式，它首先意味着寻求更多的社会保障与经济福利。"[①] "村民通过参加村民会议直接讨论和决定本村重大事务，是最能直接表达和反映村民意愿的民主决策形式。"[②] 从一定意义上说，议论是一种自我保护性的消极参与，但在一个彼此熟识的村域环境中，这些议论足以形成村庄社会舆论，变成一种无形的压力，直接或间接地影响着管理者的行为，并对村庄财政政策的制定与运作构成有力的监督。村民的广泛参与无形之中使村干部面临一种压力，自觉地把这种外在的压力变为积极主动的内在动力，使村委会在日常的村庄权力运作中更注重对村民负责。

基层民主是中国民主政治的微观社会基础，是当代中国民主政治的根基。村民自治是基层民主的实现形式和主要内容。村民自治是在吸取人民公社失败的教训的基础上提出来的，是国家为了适应联产承包责任制改革后农村社会管理需要而选择的一种治理方式，目的在于让村民对村庄的公共事务管理和村庄发展有更多的参与权、自主权和自决权，确保农民的利益和主体地位不像在人民公社时期那样受到侵害，以此来提

---

① ［美］乔·萨托利：《民主新论》，冯克利、阎克文译，东方出版社1993年版，第396页。

② 卢福营：《现阶段农村村级社区公共决策探析》，《社会科学》2002年第7期。

高国家对乡村社会的合法性建构。在实践过程中，村民自治还被赋予了发展的要求，即村委会还具有带领村庄发展的职能和义务。

"市民社会"和"公共领域"① 与西方现代民主政治有着密切的关系，可以说是相伴相生的。事实上西方现代民主制度发端于西方市民社会的形成，市民社会一旦从政治国家中分离出来，就展示出其积极的民主政治功能，以其鲜活的生命力推动着民主政治的稳步发展，并在现实的社会中维系着民主政治的运作。西方近代以来的很多思想大师关于市民社会（公共领域）的理论都突出了公民在私人领域中对公共事业的关注，对政府行为的关注，甚至把这种关注培养成为一种传统。个人关于政府行为的各种议论和交流都在这些领域中完成，这培养了公民的民主意识。市民社会、公共领域可以说是培育民主社会的温床，是滋养民主政治的土壤。

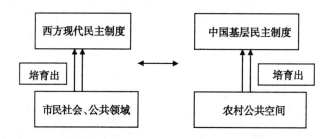

图 6 - 1　公共空间与中西民主制度的成长

在这里的"农村公共空间"是指既具有"公共领域"的某些精

---

① 哈贝马斯对公共领域给出的定义：所谓公共领域，我们首先意指我们的社会生活中的一个领域，某种接近于公众舆论的东西能够在其中形成。向所有公民开放这一点得到了保障。在每一次私人聚会、形成公共团体的谈话中都有一部分公共领域生成。然后，他们既不像商人和专业人士那样处理私人事务，也不像某个合法的社会阶层的成员那样服从国家官僚机构的法律限制。当公民们以不受限制的方式进行协商时，他们作为一个公共团体行事——也就是说，对于涉及公众利益的事务有聚会、结社的自由和发表意见的自由。在一个大型公共团体中，这种交流需要特殊的手段来传递信息并影响信息接受者。今天，报纸、杂志、广播和电视就是公共领域的媒介。当公共讨论涉及与国务活动相关的对象时，我们称之为政治的公共领域，以相对于文学的公共领域。此定义引自 The Public Sphere: An Encyclopedia Article (1964) Jurgen Habermas; Sara Lennox; Frank Lennox; New German Critique, No. 3. (Autumn, 1974), p. 49。

神要素，又具有自己的特质的公共空间，它所要达到的目的是要体现中国农村社会的公共价值和公共精神，反映出当今社会的民主意识和多元化的公众自觉精神。可见，此处的"农村公共空间"并不单是一个拥有固定边界的实体空间，它同时也是一个被附加了许多外在属性的文化范畴。这个意义上的"农村公共空间"就能够发挥市民社会、公共领域那样的功能，提供公共舆论空间，对政府（包括村委会和村党支部，村委会实际上就是一种准政府组织，而村党支部是执政党的最基层组织，两者都不属于民间组织）进行批判和监督，从而培育出一个中国式的基层民主制度。

　　只有存在这样的乡村社会公共空间，才能谈得上真正的村民自治建设。因为，一方面公共空间本身就是一种自治方式，另一方面公共空间对公共权力的授权和使用都具有独立的约束力量。

　　七一村公共空间的生长对七一村村庄权力运作的民主化起到了极大的促进作用，其中主要表现在两个方面：权力的授予、权力运作中的参与和对权力运作的监督。权力的授予是指村民选择自己的管理者，也就是选举村党支部和村委会（包括村党支部书记和村委会主任的选举）的成员；权力运作中的参与是指村民们对村务的积极参与，对公共事业的关心；对权力运作的监督主要是指对村干部的监督和对七一村公共事业的监督。

　　七一村村党支部书记的选举是最没有悬念的，但是每个村民对选举结果都非常满意。七一村的老书记、现在七一村老年协会的负责人何恃金告诉我们，何德兴书记在村里的威望非常高，不管怎么选，村党支部书记都会选给他，因为村民们看中的是他的能力，他能带领七一村致富，他的人品，做事情说一不二，说到做到，从不拿村里的一分钱，还有他对村里老人和困难村民的关心和帮助。在七一村的选举中，村民们已经抛开了关系本位，看中的是候选人的能力和人品。这表现了七一村村民素质的提升，也表现了七一村学习型公共空间发挥的作用。

　　对权力运作的监督主要分两个方面：显性的和隐性的。显性的主要是村委会和村党支部定期召开的村民大会、村民代表大会和党员大会，及其组织的村民学习团体和讨论会。村民们利用这些机会讨论村务，对村干部提出自己的意见，对村两委进行监督。隐性的监督更体现了七一村公共空间的强大舆论压力。每个晴朗的夜晚，都会有很多村民聚集在七一广场上，上百名妇女在露天舞池中翩翩起舞，很多年轻人会在球场打球，但更多的是村民们聚集在一起聊天，谈论家长里短、天下大事和村里的公共事务。村民们在公共空间内发表自己对村干部、村公共事务的看法，相互沟通和讨论。这对村干部是一个强大的舆论压力。我们在采访何德兴的母亲过程中，何德兴的母亲很多次提到自己劝何德兴不要当村干部的原因是怕留下坏名声，被其他村民戳脊梁骨。可见公共空间内村民们的讨论和评价会给村干部带来强大的舆论压力，从而使村庄权力运作更加民主化。

七一村公共空间的生长，使得七一村有了一个自由的舆论空间，村干部必须经受这个舆论空间的考验和评议，从而促使村庄权力运作更多地体现村民们的意志，更多地考虑到村民们的福利，更加民主化。

二 公共空间与村庄权力的良性互动

中国农村公共空间的形式多样，随着社会的发展，特别是改革开放之后，发生了巨大的变化。七一村公共空间的演进和生长有着社会历史大背景的影响，同时七一村村庄权力运作也起了巨大的推动作用。

在以前的七一村，由于村庄结构和村民居住的聚合性而自然形成的晒场和樟树下，因其有利于村民们的心理认同和信息共享，构成了七一村最重要的公共空间；围绕着祖宗祭祀所形成的家庙与宗祠以及村里的红白喜事，由于发挥着构建亲缘与伦理秩序的功能，也是七一村公共空间的重要组成部分。但是，随着改革开放和社会变迁，特别是旧村改造的进行，晒场和樟树下已经消失了，何氏宗祠也没有再造。① 由于旧村改造导致村庄结构发生了巨大的变化，原先聚集在一

---

① 在七一村还没有从东河村分出来的时候，七一村、六一村和五一村有一个共同的何姓祠堂；后来东河分为五一村、六一村和七一村，七一村没有再兴建自己的何姓祠堂，现在七一村是没有祠堂的，并且也不做族谱，在七一村虽然何姓占了绝大多数，但是并没有很强的宗族观念。

起的村民被分散开来，各家各户都有独立的院子，晒场消失了，樟树下也已经没有了往昔的热闹。村委会和村党支部还几次否决了村民们要求做何姓族谱和兴建祠堂的提议，这样就大大降低了产生族姓冲突的可能，也导致了由宗族来维系的公共空间的萎缩。总之，由于社会变迁和村庄权力运作导致了七一村传统公共空间逐渐萎缩。

同时，由于七一村村庄权力运作和村民们的内在要求，导致七一村新公共空间的快速生长。村民大会、村民代表大会、党员会议、村妇联、老年协会和村两委组织的各种学习活动，构成了七一村的正式公共空间；七一广场和各种休闲娱乐场所的建造，七一村文体团体的组建，以及各种商店和个体企业，构成了七一村的非正式公共空间。由于村两委对七一村各种学习活动和文体活动的大力推动和支持，导致了七一村公共空间的快速成长，也使得七一村的集体经济和文体事业有了巨大的发展。

由于七一村公共空间的演进和成长，构建了七一村一个广阔的舆论空间，不仅丰富了七一村村民们的生活，而且促进了村庄权力运作的民主化，使得七一村的民主选举、民主管理、民主参与和民主监督有了社会化的基础。正式公共空间让村民们能够很好地参与到七一村的村庄治理中来，向村两委提出自己的意见并且监督村两委的运作；非正式公共空间，让村民们的业余生活变得丰富多彩，同时也给村两委制造舆论压力，使得村两委在村庄治理中更多地考虑村民们的利益，代表村民们的意志。

公共空间和村庄权力运作形成了一个良性互动关系。公共空间促进村庄权力运作的民主化，村庄权力运作的民主化又会进一步推动村里的公共事业，促进农村公共空间的生长，公共空间的生长又会进一步提高村民们的民主意识，推动村庄权力运作的民主化。如此循环往复，公共空间和村庄权力运作之间形成良好互动，然后推动村庄的发展，最终实现农村的现代化和民主化。

第四节　结语

通过对七一村的考察，我们发现中国农村公共空间的演进和生长有着其内在的逻辑。改革开放后，一方面国家实行家庭联产承包制度，以家庭为基本单位的生产方式和生活结构，特别是旧村改造打破了原先的村庄结构，这些都导致了传统农村公共空间的萎缩。另一方面，国家实行村民自治制度，发展农村文体事业，以及由此导致的以村庄为基本单位提供公共物品和公共服务，特别是村庄权力运作的公开化、透明化和民主化，促成了中国农村新公共空间的生长。

农村公共空间的演进和生长，给村民们提供了一个广阔的舆论空间，既丰富了村民们的业余生活，培养了文明的农村风气，又监督了村党支部和村委会权力运作的政治和社会空间，促进了村庄权力运作的民主化。农村公共空间在村庄中发挥着重要的作用。它是村民们信息共享、沟通感情的纽带，是村民们学习取经、休闲健身的场所，也是村民们表达思想、监督村政的舆论空间。农村公共空间与村庄权力运作之间形成了良好的互动关系，进而推动整个村庄的发展，促进农村的现代化和民主化。

如今的七一村已经成为中国新农村建设的典范，它所获得的荣誉不计其数，各级政府都大力宣传七一村，每天都会有很多团体和个人来七一村参观和取经。七一村的成功除了七一村抓住国家大力发展农村的时机，大力发展村集体经济，村干部的廉洁能干以及村民们的勤劳实干之外，最主要的就是培育了七一村广阔的公共空间，并且与村庄权力运作形成了良好的互动关系，使得七一村成为一个经济发展、生活宽裕、乡风文明、村容整洁和管理民主的社会主义新农村。

第七章　结语：改革与村政的演进

这是一部基于实证调查之上的有关村庄变迁的著作，涉及改革开放以来中国发达地区村庄内部政治权力变迁的问题。随着改革开放政策而来的村庄经济的变化与发展，村民自治机制的引入，村庄权力结构发生了变化，这种变化实质上就是村庄政治的重塑，一次村政的再造。在社会转型期，村庄公共权力结构发生着怎样的变动以及为什么会发生如此变动？本书通过对浙江省义乌市七一村个案研究来回答这两个问题，意图在某种程度上揭示出中国农村的政治逻辑。

第一节　主要的发现和结论

一　村庄权力结构的变与不变

七一村的权力结构存在一个核心权力层，但已经出现多样性的格局，是一个多样性的一元结构，有变的一面，也有不变的一面。

不变的是，改革和市场成为包括七一村在内的广大农村发展的转折点，但是，改革没有实质性地改变村庄权力的核心结构。以村党支部为核心的村庄权力结构在改革开放 30 年中始终没有变化，我们的问卷调查"根据你的了解，请列出七一村中最有影响力的人物（请写出具体姓名）"的结果充分地说明了这一点。最有影响力的为村两委成员，而名列首位的自然是七一村目前的当家人党支部书记。

村党支部的核心地位不仅是政治制度的产物，而且这种地位本身是在实施村民自治后以法律的形式加以确认的。1998 年 11 月全国人大正式通过了《中华人民共和国村民委员会组织法》，其中第 3 条规定："中国共产党在农村的基层组织，按照中国共产党章程进行工作，发挥领导核心作用。"接着中共中央通过的《中国共产党基层组织条例》进一步强化和具体化了村党支部发挥领导核心作用的相关规定。村党支部作为村委会领导地位的确立，也就确立了村支书对村委会主任的领导权，成为事实上的"一把手"。其权力不仅仅局限于对村委会的政治领导，而且还担负着贯彻执行党的方针政策，负责村落基层党组织自身建设，监督村民自治工作的展开情况等进行宏观调控，以及对村民自治范围内政治文化建设的领导责任。可以说村党支部对村级权力的运作有着普遍性、全局性和原则上的控制权。

变的是，过去是村支书与村大队长，现在是村书记和村主任。更为重要的是，权力核心的党支部及书记的产生方式不同了，由任命转向党员选举制度和上级认可相结合，并且党支部书记的来源身份有不小的变化，就是经济精英转向政治精英。并且村庄干部的来源与身份都有不少变化，以政治为考量的选择标准已经让位于其他的因素，尤其是经济能力与道德品质，即德与才方面。我们从村党支部和村委会的主要成员来看，都是村庄的经济能人，何德兴书记自然不用说，其他人或是企业主或是老板，都有着自己非传统农业的实业。在外经商的何德兴被当地政府召回家乡来当书记，村庄权力运作方式发生了实质性的变化。1933 年出生的现任七一村老年人协会负责人的何恃金曾经在 1958—1976 年期间任七一村的党支部书记和大队长。他也承认，"现在都是大老板当官"①。

此外，农村权力结构与运作的基础变化了。改革与市场化改变了过去单一的结构而趋向于多元化的权力格局，这种格局自然有制度性层面的支撑在其中的显现，即显现于诸种制度安排之中，同时也体现于非正式的关系网络系统之中。非集体化、经济和产业的多元化（如由此而带来的农村社会的分化与重组）、新制度尤其是村民选举制度的引入，这三种变革都对中国农村的权力结构与运作基础产生了影响。一个突出的表现就是权力结构与权力阶层出现多元化趋势，权力

---

① 资料还是来源于 2008 年 4 月 29 日在七一村村委会办公室对何恃金的采访。何恃金（1933—　）现为村老年协会会长，1958—1976 年曾任七一村党支部书记。

结构由单一的政治权力主宰向政治、经济二元共存过渡，并已形成一个以村级组织和村干部为核心，包含治理精英（村干部）、非治理精英（指不掌权的但拥有其他优势社会资源的农村精英）、普通村民3个不同层面的权力主体的新的村社权力结构。

村党支部、村民委员会、村民大会和村民代表大会、经济合作社这4个组织形态构成了农村权力的基本格局。在这里我们通过表7－1来解释这些组织的权力本质、来源、产生途径和权力基础。

表7－1　　　　　　　　　　　　　　　村庄权力组织

组织	本质	来源	途径	资源
村党支部	政治组织	1. 执政党 2. 党章	选举*任命	大体上通过接受群众的考验
村委会	群众性组织	1. 村民 2. 村委会组织法	选举、竞争	选民的认同
村民大会和村民代表大会	群众性组织	1. 村民 2. 村委会组织法	选举、竞争	选民的认同
经济合作社	群众性组织	1. 社员 2. 法规	介于任命和竞争之间的选举	社员的认同

＊尽管越来越多的地方开始用一些诸如"两票制"的新方式来选出村支书，这似乎是向选举的方向迈进了一步，但他们本质上还是由乡镇党委所任命。

上述特点表明，改革开放以来，我国村落社区一个多元化的权力结构和权力阶层正在形成。

在这种变与不变中，本书试图寻找或归纳出经济先发地区村庄的结构演化的一般规律。因为，七一村的村庄权力结构的变化，显然不只是浙江省义乌市地方性权力结构所致，也不是一时一地的某种特例，而是具有普遍性的现象，虽然各地的具体进程和表现形式或策略不尽相同。改革开放30年来，中国农村的权力变化的轨迹/内在逻辑就是：选择出来的法理权威/权力从单纯外生的、自上而下建立起来的转变为内外合一、自致性建构；从权力结构的单一性变为多样性。

这种变与不变还引发出有关乡村政治性质的问题。艾森斯塔得在《帝国的政治体系》一书中曾经把社会变迁分为"调适性变迁"、"边际性变迁"和"总体性变迁"3种类型。调适性变迁，指不改变基本的制度规范和框架前提下的一种具有自我调整、自我修复机制的变迁；边际性变迁，通常表现为农民造反、军阀争雄导致王朝的更替，但这种变迁不产生新质，只是耗蚀王朝的合法性资源；总体性变迁，则指对整个政治结构的改造，是与调适性变迁相反的破旧立新的革命过程。[①] 那么，七一村村庄政治的"变"是否开启了乡村政治的新纪元？对于七一村的变迁不属于艾森斯塔得的第二种和第三种"变迁"模式的结论是显然的。不过，尽管我们会看到乡村政治运作的不少传统性，但是改革开放以来中国农村的政治中已经具有并积累了一些现代性意义的政治元素。比如，尽管乡土权威在村庄政治中的重要性依旧，但是正式的、官僚制的现代意义上的政治结构已经完备并且占有主导的地位；就规章与制度的完整性来说，村庄政治不再是传统的，也不再是改革开放前的那种性质了；标上"现代性"的诸种制度之价值高于传统的制度之上，基于正规的、法定原则的合法性基本上取代了基于非正式的道义准则的合法性；国家与村庄整体目标具有一致性与对应性；村庄政治中已经充满着现代的新的政治话语；以村民选举为起点的"村民自治"成为村庄中权力更替的"唯一合法的游戏"，如此等等。人们通常将现代性与都市联系起来，把乡土（村）性与村庄联系起来，这大体上是正确的，但是改革开放以来，城乡之间的相互交流、相互渗透，无论在规模、形式还是深度上都是前所未有的，加上村庄本身的大转型，因此使村庄不再只具有乡土性，而是获得了乡土和都市的二重性，由此其政治也具有现代性与传统性的二重性，并且传统性逐渐消融而现代性逐渐形成并得以基本确立。

二 发展型权威的形成与确立

日本学者猪口孝从"东亚奇迹"、"亚洲价值"和"非西方的制度模型"三个方面分析了"亚洲式的民主"的权威主义特征，其基本要素就是"权威政府" + "市场导向" + "集体价值取向"。[②] 有

---

① 艾森斯塔得：《帝国的政治体系》，贵州人民出版社1992年版，第316—336页。
② ［日］猪口孝、［英］爱德华·纽曼、［美］约翰·基恩编：《变动中的民主》，林猛等译，吉林人民出版社1999年版，第211—225页。

不少学者已经揭示出了，改革开放以来，经济比较发达的村庄大多属于"发展型权威主义"的村庄。例如，郭正林教授归纳了这类村庄的三个特征：存在一个核心人物、权力的继承由村里的最高掌权人来决定和"经济挂帅"取代"政治挂帅"。① 我们透过七一村的个案也发现，七一村的村庄政治属于发展型的权威主义，并且有着"父爱主义"的色彩。

尽管中国近代以来对乡村政治权力的类型有过不少归纳，但似乎都很难真切地把握住经济发展地区农村权力结构与运作之实质。费孝通的"双轨政治"、孔飞力的"士绅操纵说"、杜赞奇的"经纪体制说"、孙立平的"皇权—士绅—小农三层结构说"、徐勇的"双重角色说"、戴慕珍和徐维恩的"庇护关系说"、恩格和黄宗智的"国家代理人角色说"等。这些都是从国家与社会的关系角度来分析的，总体上说背后还是国家与社会的关系问题。这是规划性政治变迁中的村庄政治，因此村庄政治是一种"代理政治"。但是，从改革与市场角度来看可归纳为何种类型？七一村属于能力与道德感召混合的权威导向的村庄权力结构。发展伦理与能力导向的一种权力运作模式，之所以形成这种模式，其关键点在于中国处于转型期，发展伦理与能力导向之产生其背后就是改革与市场的逻辑。

转型期农村的主导逻辑是发展导向，但需要与道德、权威相结合，村庄权力有效的维系和运作除制度外与威权和道德有着密切的关联。改革与市场会合于具体的时间，这就是地方性逻辑起作用之处。国家所发动的改革主要体现为发展主义，其对乡村社区治理精英的期待自然带上发展主义的色彩，而市场的因素就表现于经济精英对于村庄政治、权力结构与运作的嵌入。因为农村依然是一个乡土性的社会，因此发展主义的逻辑变演变为发展伦理，要求地方精英拥有良好的道德品行和权威。实际上在中国乡村，相当多经济发达而治理有效的村庄多半有着个人魅力的权威人物存在，类似于韦伯的克里斯蒂玛

---

① 郭正林：《农村权力结构的民主转型：动力与阻力》，《中山大学学报（社会科学版）》2004 年第 1 期。

式的权威，他们被公共舆论塑造成村庄共同体的道德楷模或公正秩序的化身，有点类似于《论语》中所言的"为政以德，譬如北辰，居其所而众星共之"。他们秉承着"官"为社会道德共识的化身之传统理念，在经济上致富，在政治上游刃有余，而道德上又堪称楷模，使得他们在复杂的中国语境下，赢得了政治和道德权威的双重承认。

发展主义主导下的道德有着这样的社会作用：它提供了这样的一种视角，村民和上级领导从这个角度来看待村庄权力主体，尤其村庄权力核心的作为。首先，它表明他们是根据村庄的发展来评估权力者的作为，与此同时，村民以共享发展成果来评估村庄干部。如果村干部能够改善村庄的社会秩序、增进村民的福利，其作为就是好的；如果不能带来发展，那就是不好的。这种发展伦理观深深地影响着村庄的权力阶层。这样的要求因为市场经济的出现与推进而使这种伦理要求得以强化。这是理解村庄政治行为的一把钥匙。

七一村的何德兴书记因其经济权威和道德权威而理所当然地成为"村落的大家长"，他有着"父爱主义"（paternalism）般的感情，是一位"具有责任心和爱心的父亲或家长"，类似于戴慕珍和徐维恩所提出的"庇护关系说"中的庇护者。正如他本人常常所说的，"群众在你心中有多重，你在群众心中就会有多重。"七一村老年协会会长、曾于 1958—1976 年担任村党支部书记的何恃金对何德兴给予充分的肯定：何德兴是"绝对好书记。敬业、奉献精神。新农村建设真的需要他这样的书记。他自己的事业很多，敬业精神用到自己的事业上，那就不用说了。他白天都在办公室，想问题、计划；晚上和我碰头、沟通。敬业，全心全意为村里解决问题；奉献精神，从不为自己和家人谋一点利益。旧村改造，跑上面什么的，从来没有报过一分钱，没算过一分工资，逢年过节，送钱和实物给老年协会。家里人不了解，父母要求为他们安排房子，他都一直没有做。我也受感动，自己也没有分房子。他自己就更不用说了，父母也都住在旧房子里，我也没有安排任何一个家人的房子。何书记为村里走上致富，每天工作，忙碌，对他本人来讲不值得的，自己经济条件好，到村里来受气、结怨。家里人，包括很多其他人都不理解，但是他一直坚持为村里奉献"。而何德兴的母亲在替儿子抱不平的同时也相当肯定了他的作为："德兴为村里、为群众做贡献，我是支持的。第一批造好的时候，我和他爸爸去看房子，看到这么好，很想住，觉得房子好，他爸爸特别想住新房子，辛辛苦苦当干部，别人住新房子了，为什么我们不能入住？德兴就劝我们说：别人先住，我们慢慢来。直到他爸爸去世，也没有入住。即使这样，有些群众也还不满意，还骂他。我们听了，心里很不舒服。为了村民住得舒服，让他们致富，德兴放弃自己的事业，全心全意的奉献，还是遭人闲话，被骂，我们心里都很难受。说实在话，我们宁愿他不要当。"①

三　权力网络与权力的制度化运作

在当代中国村级组织中，村两委是最重要的正式组织。这种"正式组织"的基本特征，就是经由政府认可并纳入了国家治理体系。农村的其他组织，实际上都可以看成是村两委的"配套机构"。作为中国共产党在农村的代表的村党支部书记应该处于其权力网络的核心地位，而通过村民选举而产生的村委会主任则是网络的次核心，村两委成员再次之，而村民小组长和村民代表大会代表则是权力网络的外围。中国共产党在农村的领导核心地位是一种地方的威权，是一种"领导权力"。但是，从七一村的情况来看，这种领导权力不只是中国共产党在农村所具有的几乎是天然的合法性权威，而是基于其经济能力/实力、身份地位、个人的德行甚至家族势力所获得的一种敬服。何德兴在政治上所拥有的地位与声望自然不必说了，在经济上他也有雄厚的实力，是一个经商致富的能人。在社会交往与社会网络上，他又是能够上下沟通、政治圈与商界都有着广泛联络的能人。并且，何德兴本人口碑甚好，得到七一村村民的认可与信赖，具有良好的德行。具有这种威望的何德兴书记，其在村庄治理中的影响力是决定性的，在村庄权力结构中居核心地位则是必然的。

但是，这种威权与权力运作的制度化建设是并行不悖的。无论从

---

① 资料来源于 2008 年 4 月 29 日下午在何德兴书记家中对何德兴书记的母亲的采访。

规章制度文本、会议制度还是决定机制，七一村权力运作的规范性程度都有了很大的提升。村干部对全体村民的集体承诺和每一个村干部的个人承诺都贴在村务公开栏内，供村民们查阅和监督。这样就使得村干部们不得不以身作则，勤勉克己。同时村民们也对村干部更加信任，干群关系更加融洽，村庄凝聚力大大增加。各项制度的明确规范和有效执行，村庄选举的公平公正，村务和财务明细的及时公开，使得七一村基层民主政治建设取得了很大的成绩，被评为全国新农村建设模范村。

四 能人政治：村庄政治的精英化与乡村政治未来的图景

传统中国农村向来是地方乡绅治理的社区。中国乡村社会曾长期存在着一个庞大的乡绅阶层。乡绅是一个特殊的社会阶层，在乡村社会中具有特殊身份和地位，参与乡村事务是一个能够在政府和民间社会之间发挥媒介作用的人物。在传统社会中，正如费孝通先生所说的，拥有权力和财富、植根于土地的乡绅阶层，连接了以家庭为单位的社会成员与国家，充当了乡村的治理者。改革开放以来，乡村中国也形成了一个被有些学者称为"新乡绅"的阶层。

在一个村庄社区一般有三种类型的精英：政治精英、经济精英和社会精英。有必要指出，一方面越来越多的村庄精英，特别是经济精英在参与乡村政治上表现得十分活跃。几乎所有的村庄精英，政治的、经济的和社会的，都通过村民选举并随着时间的推移而被卷入村庄政治。另一方面，在这些精英之间的界限开始变得越来越模糊。

这些精英有一些共同特点，他们在改革开放与市场化的激励下，发家致富，社会地位提高了，政治参与意识也由此高涨起来。他们在乡村政治生活中逐渐崭露头角，有的加入了中国共产党，成为村党支部成员或领导，有的参与村委会竞选而成为村委会成员或领导，或者参与村庄的其他组织，成为乡村政治生活的主角，村庄权力的实际运作者。村庄精英本质上具有草根意义上的政治行为者身份，并处于现代国家和传统社会的结合点。这些乡村先富者，在掌握着农村社会财富的同时，也日益掌握着农村政治权力。由此形成能人政治、村庄权力结构的精英化现象，即由经济能力转向政治权力。我们可以看出，转型期七一村村庄权力结构的一个突出之处就是村干部群体的"富人化"或"精英化"，这种精英化现象会长期地影响着乡村政治的发展。

七一村何德兴书记的富裕成为一种成就的象征，加上他这几年的社会经济活动所创造的各种社会关系，使他具备了相当的社会威权。在村庄治理模式上，体现出典型的以能人为中心、能人高度集权的治理模式，这些能人对村庄资源有着高度的动员能力和强劲的调控能力。人们对能人个人权威的遵从甚至崇拜，首先建立在能人对本村的贡献以及对能人过人的胆识和才能的认同基础上。

当然，这样的结论并不意味着我们要否认村庄政治中存在着另一种形态，那就是村庄的日常政治生活。半个多世纪以来，国家与其政策一直是推动村庄政治与权力关系变化的主要动力，村庄政治的转型不可避免地要与整个社会的转型相关联。在许多情况下，前者往往是对后者的回应，个人的日常政治生活往往被忽视。的确，由此在村庄政治中我们看不到村民个人的角色与作用。克弗列特在《日常政治的力量：越南农民如何改变国家政策》中指出，它是一种发生在农民生活工作中的，一种对如何生产和分配资源的权威的规范和规则的挑战，它是一种平静的、日常的、微妙的和间接的表达，大多通过私下的手段修正或者抗拒通行的正式程序、规范或者命令；其形式有：对权威与资源使用和分配方式的支持或者顺从、修改或者逃避规范、反抗和反对三种，其中后两种最为普遍。我们从七一村旧村改造的案例中可以看出，农民在"围绕着争夺村庄的权力与公共资源、争取中间势力、明确利益群体边界、损毁另一方利益而进行，并因此获得政治含义"。七一村的诸多公共空间也展示出农民日常政治的形态。村民的日常生活中显现出的政治含义其实质就是他们对村庄所拥有的公共资源充满着期待，对村庄公共权力运作的正义性充满着期待。而这些期待成了村庄治理精英们施政的压力，七一村书记的道德形象或许就是日常生活政治一种压力的结果。

总体上说，精英治理将是中国经济相对发达村庄的一个长期的模式。中国政治有着悠久的"精英管理"（meritocracy）传统。历史上，中国传统社会是由精英控制和管理的。县级及以上的官僚由朝廷指派，农村社会则由乡绅控制着。精英统治在政治上构成中国传统的特征，即使到现代中国盛行的依然是精英政治。比如，詹姆斯·K. 汤森和布兰特利·沃马克指出，中国共产党 1949 年新中国成立后坚持推行的是精英概念下的政治领导，而中国的政治体系是与平民主义相对的高度建构和集权的："帝国政治制度的政治权威构架基本上是精英主义的。统治者与被统治者、官员与平民之间的区别无论在理论上还是实践上都泾渭分明。……少数握有权柄的精英与无权无势的民众之间的这种截然分明的界限，是传统中国政治的一个明显特征。"①同时，他们指出 1949 年新中国成立后主导中国共产党的依然是精英主义的理念。已有论者指出了"经济能人型村治模式不应该仅被视为中国乡村社会转型期的过渡形式，而是一种普遍存在的且长期有效的村级治理模式"。

浙江先行一步，总结浙江的经验对于其他地区日后的发展具有启示的意义：精英治理也将是中国经济相对落后的中西部农村的一种极有可能发生的模式。因此，我们研究七一村等经济相对发达的村庄，重点不是去关注如何消除能人型村治模式，而是通过制度化与民主法治建设，使其最终走向民主治理的村庄治理模式。这也是中国乡村政治变迁的未来图景。

第二节　从个案到类型

本书的开头就指出了"作者通过这个个案的研究是要表现一个更大区域的社会特征"。

英国人类学家利奇认为，对村落这类小型社区的研究，"不应自称代表任何意义上的典型，也不是为了阐明某种一般性的论点和假

---

① ［美］詹姆斯·R. 汤森、布兰特利·沃马克：《中国政治》，顾速、董方译，江苏人民出版社 1995 年版，第 34 页。

设。意义就在于本身"。① 利奇曾就费孝通的"江村"研究提出过这样的疑问：在中国这样幅员广阔的国家，个别社区的微型研究能否概括中国的一般国情？费孝通对此的回应是："江村固然不是中国农村的'典型'，但不失为许多中国农村所共有的'类型'或'模式'。"② 换言之，只要我们对一个小型社区进行了细致的描述和研究，那么我们的作品就能够展示有关人类社会行为的一般性特点。

研究中国农村的学者和专家的确常常会面临着这样一个挑战，那就是面对条件千差万别的中国乡村 60 多万个村庄，如何区别出村庄政治的地域模式与全国普遍性的趋势。费孝通教授在《云南三村》一书中就曾经指出过个案研究的价值："如果我们能够对一个具体的社区，解剖清楚它社会结构里各方面的内部联系，再查清楚产生这个结构的条件，可以说有如了解了一只'麻雀'的五脏六腑和生理循环过程，有了一个具体的标本。然后再去观察条件相同和不同的其他地区，和已有的这个标本做比较把相同和相近的归在一起，把它们与不同的和相远的区别开来。这样就出现了不同的类型和模式了。这也可以称为类型上比较法。"③ 尽管千差万别，可是在国家与村庄的互动关系方面，各地农村所面对的基本政治、经济、社会、道德问题确实都具有一些共同性，因此通过一些个案研究得出一些普遍性的、全国性的结论是可能的，也是合理的。事实上，在中国农村经济社会发展非均衡的背景下，农村地区间的政治社会发展状态也十分不同，没有广泛而深入的个案调查经验，不可能对全国农村政治发展状况有一个真切的判断。因此，个案调查的价值首先在于积累不同地区广泛而深入的个案资料，以期建立一个完整的、真实可靠的农村政治形貌及与政治发展密切相关的经济社会景象。进入乡村政治实证研究的最佳方式也许就是从个案调查开始，然后展开区域性的理论构建，最后过

---

① 转引自王铭铭《社会人类学与中国研究》，生活·读书·新知三联书店 1997 年版，第 34 页。

② 费孝通：《江村经济——中国农民的生活》，商务印书馆 2001 年版，第 317—319 页。

③ 费孝通、张之毅：《云南三村》，天津人民出版社 1990 年版，第 7—8 页。

渡到分类研究。

　　当然，本研究并不打算将七一村作为整个浙江甚至中国社会的缩影来研究。不过，在国家与村庄的互动关系方面，村庄的诸权力形态上，各地农村所面对的基本政治、经济、社会、道德问题都具有共同性。七一村村庄权力的演变进程，有助于我们深入了解中国乡村政治变化总趋势。探讨个案村庄的政治生活旨在揭示其超越村庄政治本身的政治意义，及对于乡村社区治理的实用价值。就这一点而言，研究者有把握断言，本书的研究所提示的含义、意义远远超出一个村庄的范围。

　　更何况，村庄政治与国家政治也是密切关联着的。半个多世纪以来，国家及其政策一直是推动村庄政治与权力关系变化的主要动力。村庄政治的转型不可避免地要与整个社会的转型相关联。在许多情况下，前者往往是对后者的回应。与此同时，我们也不难发现乡村社会的政治过程折射出国家政治的转型与变迁。在理论逻辑上，国家政治与乡村政治之间有着内在的统一性。正如国内著名的网站"天涯社区"中的一篇题为《村庄和国家》的文章里所写的，"不是每一个村庄都可以成为国家肌体的体温表，一个村庄的兴衰似乎也并不足以关系国家的命运，但村庄里的故事和人物命运一定和国家的政治、政策紧密相关。一个国家的大政方针、兴衰荣辱，也许并不能在所有的村庄立即产生醒目的投影，也不会在村庄中的每一个人身上留下印痕；但是，大凡真实生活过并且仍在努力生活着的每一个人，都难以避免国家以及族群在自己身上雕凿的印记"①。

　　本书考察的对象是一个村庄在近 20 年的政治变迁，虽然这工作不是件大事，却也不容易。七一村虽然只是一个普普通通的村庄，但是 20 世纪中国的大变迁却使小小的村庄伴随着我们这个国家经历了此前未曾经历的变化。在这个过程中，宏观的政治变局如何穿透至社

———————————

　　① 资料来源于"天涯社区"中的一篇博客文章（http：//blog. tianya. cn/blogger/post_show. asp？idWriter＝0&Key＝0&BlogID＝116804&PostID＝6962277）（2009 年 8 月 30 日上网）。

会底层，村庄又如何回应巨变，这是本研究想要搞清的。通过七一村的个案研究，我们总结出在社会转型背景下村政的再造和权力结构与运作的新模式。深入理解这种变化不仅是村庄建设的必要条件，而且也关系到农村社区内部秩序的重建。本书通过七一村的个案研究为农村内部秩序重建提供学理的根据与对策建议。

附　　录

附录1　2005年市级示范村申报表

村　　名	七一村	所在地区	义乌市	
村党支部书记	何德兴	村委会主任	何仲连	
村庄面积 （平方公里）	2.5	耕地面积 （亩）	130	
常住人口 （人）	1128	200	高中以上劳动力 比重（％）	21
农村经济 总收入（万元）	328	村级集体	500	第二、第三产业收入 （万元）	275

物质、精神、政治、生态四个文明建设主要成效及所获主要荣誉：

通过加强以党支部为核心的村级组织建设，党员干部带头闯市场、找门路，勤劳致富，村民的文明素质和物质生活有了很大的提高，从2002年开始，村两委从农村的根本问题和村民的最大利益出发，实施旧村改造。该村两委坚持了"三公开"、"四统一"原则，在农户用地面积报批、旧房拆除、场地平整、屋基安置定位等工作环节上透明操作，受到群众的拥护。

经1次公开拍卖定位，筹集资金280万元。从2002年6月1日第一批开始定点放样至今，共有178户房屋动工建设并结顶，交付使用；对70户进行配套建设，占农户总数60％，现绝大多数农户已经住上崭新的洋房。对上述农户已完成水电、邮电通信、有线电视、宽带网络、排污、排水、路面硬化、路灯亮化等基础设施。

2002年、2003年先后被评为：①先进党支部；②"千村示范"建设先进单位；③城乡一体化建设先进单位；④社会治安综合治理先进单位；⑤创建工作先进单位；⑥先进民兵连；⑦计划生育示范协会等，义务教育入学率100％。

乡（镇、街道）推荐意见	县（市、区）审核意见
（盖章） 200　年　月　日	（盖章） 200　年　月　日

附录2　2005年市级示范村考核指标现状表

村名：七一村　　　　　　　　　　　　　　　　填表时间：2005年9月9日

内容	类型	编号	指　　　标	单位	数值	备注
物质文明建设	村级收入	1	人均集体可支配收入	元	1000	
	农户收入	2	人均纯收入	元	8600	
	基础设施	3	通村公路等级	%	2	
		4	村内主干道硬化率	%	100	
		5	路灯安装率	%	100	
		6	自来水入户率	是/否	100	
		7	河道等水利工程建设是否达标	是/否	是	
	村庄规划	8	是否编制（修编）总体规划	是/否	是	
		9	是否依法实施规划	是/否	是	
		10	建设是否执行规划	是/否	是	
		11	村庄布局是否合理	是/否	是	
		12	房屋占地是否达到规定	是/否	是	
	土地利用	13	是否符合土地规划	是/否	是	
		14	是否依法批地用地	是/否	是	
		15	农地整治效果是否明显	是/否	是	
		16	土地集约利用效率	高/低	高	
精神文明建设	社会保障	17	社会保障参保率	%	100	
	计划生育	18	计划生育率	%	100	
	义务教育	19	义务教育入学率	%	100	
	社会事业	20	有无综合服务商业网点	有/无	有	
		21	有无达标幼儿园	有/无	有	
		22	有无公共文化体育设施	是/否	有	
		23	有无达标医务室	是/否	有	
政治文明建设	村务管理	24	组织工作规则是否健全	是/否	是	
		25	重大事项决策程序是否完善	是/否	是	
		26	村务公开和档案管理是否规范	是/否	是	
		27	村级财务制度是否规范	是/否	是	

续表

内容	类型	编号	指　标	单位	数值	备注
政治文明建设	组织建设	28	领导班子威信高低	高/低	高	
		29	组织是否健全配套	是/否	是	
	社会风尚	30	有无重大刑事案件	有/无	无	
		31	有无赌博、迷信、铺张等现象	有/无	无	
生态文明建设	村庄绿化	32	村庄绿化覆盖率	%	33	
	厕所改造	33	卫生厕所改造率	%	100	
	垃圾处理	34	是否全面禁烧秸秆	是否	是	
		35	农膜回收率	%	95	
		36	企业污染物是否达标排放	是/否	无	
		37	畜禽养殖粪尿综合利用率	%	无	
		38	畜禽养殖污水处理	%	无	
		39	绿色和有机农产品比重	%	100	
		40	垃圾无害化处理率	%	100	
		41	生活废弃物系统处理率	%	100	
		42	环境质量是否达标	是/否	是	
	能源利用	43	清洁能源利用普及率	%	100	

附录3　七一村村务公开制度

为贯彻落实中办发〔2004〕17号文件精神，根据《中华人民共和国村民委员会组织法》、《浙江省实施〈中华人民共和国村民委员会组织法〉办法》的有关规定，结合本村实际，制定本制度。

一　村务公开的内容

（一）村民会议或者村民代表会议讨论决定事项的实施情况；

（二）村财务收支情况；

（三）村土地、集体财产的承包、经营和租赁情况；

（四）征用土地各项补偿费用使用情况；

（五）宅基地的使用审批情况；

（六）村承担费用和劳务情况；

（七）水、电等费用的收缴情况；

（八）优抚、救灾救济款物的发放情况；

（九）国家计划生育政策的执行情况；

（十）村干部年度目标执行情况；

（十一）村公共设施建设项目的投资和承包情况；

（十二）涉及本村村民利益，村民普遍关心的其他事项。

村务公开的重点是财务公开，主要包括财务计划及实施情况，各项财产、债权债务、收入和支出、收益使用分配、集资项目的收入和使用等群众要求公开的其他财务事项。

二　财务公开的形式

（一）在固定的村务公开栏，将公开事项逐条予以公布并设置意见箱；

（二）通过村有线广播，召开村民会议、村民代表会议或民主听证会，发放公开簿或明白卡等形式进行公布，但不取代公开栏。

三　村务公开的时间

（一）一般每月月底公布；

（二）下列事项要定期公布：

1. 村干部任期目标、年度工作目标年初公布，完成结果在年底公布；

2. 村财务常规性收支每一个月公布一次，专项收支在项目完成后半个月内公布；

3. 计划生育相关的生育政策常年永久性公开，生育审批结果和实际生育结果及计划外生育情况每半年公布一次；

4. 宅基地审批，上报审批前和审批结果每年各公布一次；

5. 水费收缴每年公布一次。

（三）下列事项随时公布：

1. 经济项目承包；

2. 优抚费、救灾款物的发放；

3. 国家补贴农民、资助村集体的政策落实情况；

4. 需要公开的其他事项。

四　财务公开的程序

（一）村民委员会根据本村的实际情况，依照法规和政策的有关要求提出村务公开的具体方案；

（二）村务公开监督小组对方案进行审查、补充、完善后，提交村支部委员会、村民委员会讨论决定；

（三）村民委员会通过村务公开栏等形式及时公布；

（四）建立村务公开档案备查。

每次村务公开后，应听取村民反映和意见，及时予以解释和答复，绝大多数村民不赞成的事，应坚决予以纠正。

五　村务公开的监督

（一）由村民会议或村民代表会议在村民代表中推选组成一个

（3—7 人）村务公开监督小组，在村党支部领导下开展工作，负责村务公开全程监督；

（二）村务公开监督小组的职责：认真审查村务公开各项内容是否安全、真实，公开时间是否及时，公开形式是否科学，公开程序是否规范，并及时向村民会议或村民代表会议报告监督情况；

（三）村民民主理财小组成员负责对本村集体财产活动进行民主监督，参与制定本村集体的财务计划和各项财务管理制度，有权检查、审核财务账目及相关的经济活动事项，有权否决不合理开支；

（四）在村务公开栏旁设立意见箱，并建立村干部现场值班制，听取和接受村民群众的意见和投诉，组织调查、核实，提出整改意见，检查落实情况；

（五）接受上级村务公开协调（领导）小组的指导、检查和监督；

（六）对采取不同方式搞假公开的予以通报批评，情节严重的对主要负责人予以纪律处分；对不按规定进行村务公开，造成群众上访，产生恶劣影响的，对主要负责人予以党纪、政纪处分。

六、本制度由村务公开监督小组负责解释，自 2006 年 4 月 1 日起施行。

附录4　问卷

尊敬的七一村村民朋友：

　　我们是浙江大学与义乌市委党校合作的《改革开放以来浙江村庄变迁研究》课题研究小组，想了解有关改革开放以来七一村庄变迁情况及您对一些问题的看法。本次调查采取无记名形式，保护您的隐私权，希望能得到您的支持与配合。请在您认为合适的地方打"√"或写上相应的内容。谢谢您的支持与合作！

《改革开放以来浙江村庄变迁研究》课题研究小组

2006 年 12 月

　　1. 您的性别：　　（1）男　　（2）女

　　2. 您的年龄：（1）30 岁及以下（2）31—45 岁　　（3）46—60 岁（4）61 岁及以上

　　3. 您的文化程度：（1）未上过学（2）小学（3）初中（4）高中（5）中专以上

　　4. 您所从事的职业：

　　（1）务农　　（2）第二产业劳动者（产业工厂等）　　（3）第三产业劳动者（服务业等从业人员）　　（4）农村知识分子（村文书、退休教师、受村民尊敬的文化读书人等）（5）农村管理者（村干部）（6）私营企业主　　（7）个体劳动者　　（8）兼业劳动者　　（9）无业人员　　（10）其他_____（请说明）

　　5. 您的政治面貌：（1）中共党员（含预备党员）　　（2）共青团员　　（3）群众

　　6. 2006 年您家庭年收入：_____元；2006 年您家庭主要收入来源于：_____。

　　7. 您认为您家庭的经济状况在七一村属于：

　　（1）上层　　（2）中上层（3）中层　　（4）中下层（5）下层

8. 您认为您的社会地位在七一村属于：

（1）上层　　（2）中上层　　（3）中层　　（4）中下层
（5）下层

9. 您认为，在七一村的农业劳动者、第二产业劳动者、第三产业劳动者、农村知识分子、农村管理者、私营企业主、个体劳动者、兼业劳动者中，地位最高的是＿＿＿＿＿＿＿＿＿；其次是＿＿＿＿＿＿＿＿＿＿；第三是＿＿＿＿＿＿＿＿＿。

10. 您认为村里不同职业的人之间最大的差别在哪三个方面？（按重要性排列。选项有收入、社会地位、权力、社会名誉、生活方式、其他。）第一＿＿＿＿＿；第二＿＿＿＿＿＿；第三＿＿＿＿＿＿。

11. 根据您的了解，请列出七一村中最有影响力的人物（请写出具体姓名）：第一＿＿＿＿＿、第二＿＿＿＿＿、第三＿＿＿＿＿、第四＿＿＿＿＿、第五＿＿＿＿＿、第六＿＿＿＿、第七＿＿＿＿、第八＿＿＿＿＿、第九＿＿＿＿＿、第十＿＿＿＿＿。

12. 如果有机会，您最喜欢从事何种职业？（选项有个体工商户、私营企业主、农村智力劳动者、务农、农村管理者和乡镇企业管理者、农民工、机关事业单位工作人员）。您的选择是＿＿＿＿＿＿。

13. 近十年来，您在村中社会地位是否有了提高？

（1）有了很大的提高　　（2）有所提高　　（3）没有提高
（4）下降了　　（5）下降了很多　（6）说不清

14. 七一村的村民之间贫富差距是否很大？

（1）贫富差距很大　　　（2）贫富差距不大　　　（3）不清楚

15. 有人说，"穷人当村长，说话也不响"，您是否赞同这种说法？

（1）赞同　　（2）不赞同　　（3）说不清楚

16. 您是否赞同这样的说法：现在能否当选上村党支部书记或村委会主任，主要是靠经济实力说话的。　　（1）赞同　　（2）不赞同
（3）说不清

17. 您对本届村干部上任后的表现是否满意？

（1）非常满意　　（2）满意　　（3）不满意　　（4）很不满意

（5）说不清楚

18. 你们村的干部与群众关系如何？

（1）很融洽　（2）融洽　（3）不融洽　（4）很不融洽

（5）说不清楚

19. 您觉得村党支部在本村新农村建设中能发挥多大作用？

（1）没有作用　（2）有点作用　（3）作用很大

20. 您觉得村委会在本村新农村建设中能发挥多大作用？

（1）没有作用　（2）有点作用　（3）作用很大

21. 您对目前七一村党员队伍的整体印象如何？

（1）很好　（2）较好　（3）一般　（4）较差

22. 您认为七一村党组织带领发展农村经济、农村党员带头致富奔小康的能力如何？

（1）很强　（2）较强　（3）一般　（4）较弱

23. 您知道 2006 年中国共产党成立 85 周年之际，七一村党支部被评为全国先进基层党组织吗？　（1）知道　　　（2）不知道

24. 您对村里的公共设施是否满意？

（1）非常满意　（2）满意　（3）不满意　（4）很不满意

25. 您是否支持旧村改造？

（1）非常支持　　（2）支持　　　（3）反对　　（4）　　坚决反对　（5）说不清楚

26. 您对村里的财务状况是否了解？

（1）非常了解　（2）了解一些　　（3）不很了解　（4）完全不了解

27. 您对村里的财务公开是否满意？

（1）非常满意　（2）满意　（3）不满意　（4）很不满意

28. 您对村级事务管理的参与程度如何？

（1）能够很好的参与　（2）参与一些　　（3）基本没有参与（4）完全没有参与

29. 村民之间发生纠纷现在主要由谁来调解？

（1）村中有威望的老人　　（2）村党支部　　（3）村委会

（4）村老年协会　（5）其他_____（请说明）

30. 现在村民之间聚集在一起聊天多么？

（1）经常在一起聊天　　　（2）偶尔在一起聊天　　　（3）基本上没有聚集在一起聊天

31. 现在村民聚集在一起，聊天的地方主要在（请写明地点）：_____、_____。

您对七一村今后的发展等方面的问题有何建议与想法？

参 考 文 献

一 个案村的文献及相关报道

义乌县志编纂委员会：《义乌县志》，浙江人民出版社1987年版。

《和谐社会谱曲人》，《金华人大》2005年第5期。

《强村富民领头雁》，《旗帜》2005年第6期。

《一个共产党员的人生追求》，《共产党员》2004年第4期。

七一村志编纂委员会编纂：《七一村村志》（2005年印）。

中共义乌市委保持共产党员先进性教育活动领导小组办公室编：《七一：攻坚战场静悄悄：记城西街道七一村党支部书记何德兴》，2005年11月。

《小康村的幸福指标》，《商城党建》2006年第1期。

《义乌市面上七一村：民主管理强班子，全面建设新农村》，载中共浙江省委组织部、浙江省农业和农村工作编《社会主义新农村建设学习资料》，2006年5月。

《城乡一体化，义乌创造奇迹》，《浙江人大》2006年第6期。

《改造空壳村，建设社会主义新农村》，《浙江经济》2006年第8期。

《义乌发展经验》，《今日浙江》2006年第10期。

二 学术论文

陈光金：《从精英循环到精英复制》，《学习与探索》2005年第1期。

曹海林：《村落公共空间：透视乡村社会秩序生成与重构的一个分析视角》，《天府新论》2005年第4期。

曹海林：《村落公共空间与村庄秩序基础的生成——兼论改革前

后乡村社会秩序的演变轨迹》,《人文杂志》2004 年第 6 期。

曹海林:《村落公共空间演变及其对村庄秩序重构的意义——兼论社会变迁中村庄秩序的生成逻辑》,《天津社会科学》2005 年第 6 期。

曹海林:《乡村社会变迁中的村落公共空间——以苏北窑村为例考察村庄秩序重构的一项经验研究》,《中国农村观察》2005 年第 6 期。

仝志辉、贺雪峰:《村级组织权力结构的三层分析》,《中国社会科学》2002 年第 1 期。

郭正林:《卷入民主化的农村精英:案例研究》,《中国农村观察》2003 年第 1 期。

郭正林:《农村权力结构的民主转型:动力与阻力》,《中山大学学报(社会科学版)》2004 年第 1 期。

哈贝马斯:《关于公共领域问题的答问》,梁光严译,《社会学研究》1999 年第 3 期。

何包钢、郎友兴:《村民选举对乡村权力的影响:对浙江个案的经验分析》,《香港社会科学学报》第 16 期,2000 年春季卷。

何增科:《市民社会概念的历史演变》,《中国社会科学》1994 年第 5 期。

贺雪峰:《村级组织制度:现实与理想的差距及其原因》,《社会科学研究》1998 年第 4 期。

贺雪峰:《关于村庄权力的扩展性讨论》,《云南社会科学》2000 年第 6 期。

贺雪峰:《论村级权力结构的模化》,《社会科学战线》2001 年第 2 期。

金太军:《村庄权力结构研究综述》,《文史哲》2004 年第 1 期。

郎友兴、何包钢:《村民会议和村民代表会议——村级民主完善之尝试》,《政治学研究》2000 年第 3 期。

郎友兴:《民主的成长:对村民选举与自治制度的考察》,《浙江社会科学》2002 年第 1 期。

郎友兴、郎友根：《从经济精英到村主任：中国民主选举与村级领导的继替》，《浙江社会科学》2003 年第 1 期。

李路路：《制度转型与分层结构的变迁——阶层关系模式的"双重再生产"》，《中国社会科学》2002 年第 6 期。

林克雷、陈建利：《当代中国分层研究中的制度主义范式》，《社会科学研究》2005 年第 1 期。

刘金海：《乡土权威与法理权威的形成及演进——湖北省武汉市徐东村观察》，《中国农村观察》2001 年第 4 期。

刘欣：《市场转型与社会分层：理论争辩的焦点和有待研究的问题》，《中国社会科学》2003 年第 5 期。

卢福营：《论能人治理型村庄的领导体制——以浙江省两个能人治理型村庄为例分析》，《学习与探索》2005 年第 4 期。

毛丹：《村庄的大转型》，《浙江社会科学》2008 年第 10 期。

梅志罡：《传统社会文化背景下的均势性村治——一个个案的调查分析》，《中国农村观察》2000 年第 2 期。

宋时歌：《权力转换的延迟效应——对社会主义国家向市场转变过程中的精英再生与循环的一种解释》，《社会学研究》1998 年第 3 期。

沈延生：《村政的兴衰与重建》，《战略与管理》1998 年第 6 期。

孙立平、郭于华：《软硬兼施：正式权力非正式运作的过程分析——华北 B 镇收粮的个案研究》，载《清华社会学评论》（特辑），鹭江人民出版社 2000 年版。

孙立平：《实践社会学与市场转型过程分析》，《中国社会科学》2002 年第 5 期。

孙立平：《总体性资本与转型期精英形成》，《浙江学刊》2002 年第 3 期。

谭春芳、林瑾瑜：《旧村改造与城乡一体化进程——以浙江省乐清市的城乡一体化为例》，《城镇化建设》2006 年第 4 期。

王保林、李强：《从"社会结构转型"的视角分析旧村改造的现实选择性》，《规划师》2000 年第 6 期。

王春光、孙兆霞、罗布龙、罗霞、袁葵、张定贵：《村民自治的社会基础和文化网络——对贵州省安顺市 J 村农村公共空间的社会学研究》，《浙江学刊》2004 年第 1 期。

王汉生：《改革以来中国农村的工业化与农村精英构成的变化》，《中国社会科学（季刊）》1994 年总第 9 期。

王汉生：《作为制度运作和制度变迁方式的变通》，《中国社会科学季刊》（秋季卷），香港，1997 年。

王思斌：《村干部的边际地位与行为分析》，《社会学研究》1991 年第 4 期。

吴毅：《村治中的政治人——一个村庄村民公共参与和公共意识的分析》，《战略与管理》1998 年第 1 期。

夏建中：《现代西方城市社区研究的主要理论与方法》，《燕山大学学报（哲学社会科学版）》2000 年第 2 期。

夏建中：《国外社会学关于城市社区权力的界定》，《江海学刊》2001 年第 5 期。

项继权：《从"社队"到"社区"：我国农村基层组织与管理体制的三次变革》，《理论学刊》2007 年第 11 期。

项继权：《中国农村社区及共同体的转型与重建》，《华中师范大学学报（人文社会科学版）》2009 年第 3 期。

肖唐镖：《什么人在当村干部？——对村干部社会政治资本的初步分析》，《管理世界》2006 年第 9 期。

徐勇：《农村微观组织再造与社区自我整合——湖北省杨林桥镇农村社区建设的经验与启示》，《河南社会科学》2006 年第 5 期。

徐勇：《"政党下乡"：现代国家对乡土的整合》，《学术月刊》2007 年第 8 期。

于建嵘：《新时期中国乡村政治的基础和发展方向》，《中国农村观察》2002 年第 1 期。

折晓叶：《村庄边界的多元化——经济边界开放与社会边界封闭的冲突与共生》，《中国社会科学》1996 年第 3 期。

杨善华：《家族政治与农村基层政治精英的选拔、角色定位和精英更替———一个分析框架》，《社会学研究》2000 年第 3 期。

张静：《历史：地方权威的授权来源》，《开放时代》1999 年第
3 期。

三　学术著作

［以］S. N. 艾森斯塔得：《帝国的政治体系》，阎步克译，贵州
人民出版社 1992 年版。

边燕杰主编：《市场转型与社会分层：美国社会学者分析中国》，
生活·读书·新知三联书店 2002 年版。

曹锦清、张乐天、陈中亚：《当代浙北乡村的社会文化变迁》，上
海远东出版社 2001 年版。

［美］杜赞奇：《文化、权力与国家———1900—1942 年的华北农
村》，王福明译，江苏人民出版社 2003 年版。

邓正来：《国家与市民社会———一种社会理论的研究路径》，中央
编译出版社 1999 年版。

费孝通：《乡土中国》，天津人民出版社 1994 年版。

费孝通：《江村经济———中国农民的生活》，商务印书馆 2006
年版。

［美］费正清、赖肖尔主编：《中国：传统与变革》，陈仲丹、潘
兴明、庞朝阳译，江苏人民出版社 1996 年版。

［德］哈贝马斯：《文化与公共性》，生活·读书·新知三联书店
1998 年版。

［德］哈贝马斯：《公共领域的结构转型》，曹卫东、王晓珏、刘
北城、宋伟杰译，学林出版社 1999 年版。

复旦大学历史学系、复旦大学中外现代化进程研究中心编：《近
代中国的乡村社会》，上海古籍出版社 2005 年版。

郭正林：《中国农村权力结构》，中国社会科学出版社 2005 年版。

［日］韩敏：《回应革命与改革：皖北李村的社会变迁与延续》，
江苏人民出版社 2007 年版。

何包钢、郎友兴：《寻找民主与权威的平衡———浙江村民选举经

验》，华中师范大学出版社 2002 年版。

[美] 黄宗智：《华北的小农经济与社会变迁》，中华书局 1986年版。

[美] 黄宗智：《长江三角洲小农家庭与乡村发展》，中华书局 2000 年版。

[美] 黄宗智主编：《中国研究的范式问题讨论》，社会科学文献出版社 2003 年版。

黄树民：《林村的故事——一九四九年后的中国农村变革》，素兰、纳日碧力戈译，生活·读书·新知三联书店 2002 年版。

胡荣：《理性选择与制度实施——中国农村村民委员会选举个案研究》，上海远东出版社 2001 年版。

贾德裕等主编：《现代化进程中的中国农民》，南京大学出版社 1998 年版。

[英] 安东尼·吉登斯：《民族—国家与暴力》，胡宗泽、赵力涛、王铭铭译，生活·读书·新知三联书店 1998 年版。

金太军：《村庄治理与权力结构》，广东人民出版社 2008 年版。

蓝宇蕴：《都市里的村庄：一个"新村社共同体"的实地研究》，生活·读书·新知三联书店 2005 年版。

[美] 李丹：《理解农民中国》，张天虹、张洪云、张胜波译，江苏人民出版社 2009 年 5 月版。

林毅夫：《诱致性变迁与强制性变迁》，上海三联书店 1989 年版。

[美] 罗伯特·帕特南：《使民主运转起来》，王列、赖海榕译，江西人民出版社 2001 年版。

卢福营：《乡村社会变迁与乡村治理》，中国农业出版社 2006 年版。

卢福营等：《非农化与农村社会分层——十个村庄的实证研究》，中国经济出版社 2005 年版。

卢福营等：《当代浙江乡村治理研究》，科学出版社 2009 年版。

陆立军、王祖强、杨志文：《义乌模式》，人民出版社 2008 年版。

毛丹：《一个村落共同体的变迁》，学林出版社 2000 年版。

毛丹：《中国农村公共领域的生长》，中国社会科学出版社2006年版。

毛丹等：《村庄大转型：浙江乡村社会的发育》，浙江大学出版社2008年版。

潘维：《农民与市场——中国基层政权与乡镇企业》，商务印书馆2003年版。

孙立平：《断裂》，社会科学文献出版社2003年版。

王铭铭、王斯福主编：《乡土社会的秩序、公正与权威》，中国政法大学出版社1997年版。

王铭铭：《村落视野中的文化与权力：闽台三村五论》，生活·读书·新知三联书店1997年版。

王铭铭：《走在乡土上——历史人类学札记》，中国人民大学出版社2003年版。

王铭铭：《溪村家族——社区史、仪式与地方政治》，贵州人民出版社2004年版。

王先明：　《变动时代的乡绅——乡绅与乡村社会结构变迁（1901—1945）》，人民出版社2009年版。

吴象：《中国农村改革实录》，浙江人民出版社2001年版。

吴毅：《村治变迁中的权威与秩序》，中国社会科学出版社2002年版。

萧楼等：《经验中国：以浙江七村为个案（第二编：村落的政治）》，社会科学文献出版社2006年版。

徐勇：《中国农村村民自治》，华中师范大学出版社1997年版。

徐勇：《现代国家乡土社会与制度建构》，中国物资出版社2009年版。

杨懋春：《一个中国村庄：山东台头》，张雄、沈炜、秦美珠译，江苏人民出版社2001年版。

何增科、高新军、杨雪冬、赖海榕：《基层民主和地方治理创新》，中央编译出版社2004年版。

张仲礼：《中国士绅》，上海社会科学院出版社1991年版。

张静：《基层政权：乡村制度诸问题》，浙江人民出版社 2000 年版。

张厚安、徐勇、项继权：《中国农村村级治理——22 个村的调查与比较》，华中师范大学出版社 2001 年版。

章敬平：《浙江发生了什么：转轨时期的民主生活》，东方出版中心 2006 年版。

张鸣：《乡村社会权力和文化结构的变迁（1903—1953）》，广西人民出版社 2001 年版。

赵旭东：《权力与公正——乡土社会的纠纷解决和权威多元》，天津古籍出版社 2003 年版。

［美］詹姆斯·R. 汤森、布兰特利·沃马克：《中国政治》，顾速、董方译，江苏人民出版社 1995 年版。

浙江省经济体制改革工作领导小组办公室、浙江省发展和改革委员会编：《透视浙江改革开放 30 年》，浙江人民出版社 2009 年版。

折晓叶：《村庄的再造——一个"超级村庄"的社会变迁》，中国社会科学出版社 1997 年版。

中共中央文献资料研究室编：《三中全会以来重要文献选编》，上、下册，人民出版社 1982 年版。

中共中央文献研究室、国务院发展研究中心：《新时期农业和农村工作重要文献选编》，中央文献出版社 1992 年版。

朱玉湘：《中国近代农民问题与农村社会》，山东大学出版社 1997 年版。

后　记

　　本书是浙江大学地方政府与社会治理研究中心规划并资助的"浙江村庄变迁"项目的一个组成部分。中心要求很简单，从自己的学术背景、研究偏好和个案选择的方便性，在浙江选择一个村庄作为个案进行研究。因本人从事政治学研究，重点是中国乡村政治与地方治理，所以决定找一个村庄从权力的角度来解读改革开放以来村庄政治与权力的演变。我的研究以浙江省义乌市七一村作为研究对象。这样的选择基于，一是七一村的典型性，二是我的学生、本书的合作者，周松强在义乌市党校从教，他的网络为研究尤其调研提供了方便。在中国，这些人际网络对于实证研究尤其重要，缺了它们就很难进入"现场"，更不用说做深入而真切的观察研究了。

　　作为课题，我们的研究从 2007 年开始，在 2008 年底基本结束，在 2009 年上半年完成了文字的撰写。现在呈现在读者面前的基本上是 2009 年的稿子，因时间、精力、研究任务转变等原因，一直在经验材料上没有对七一村做进一步的跟进，当然，在文字上略做了修订。希望将来能够有机会重访七一村，做追踪式的研究。

　　本书的完成得到了我的研究生徐东涛和尤建明的帮助，他们帮助我完成问卷调查和相关资料的收集。他们在帮助我的过程中也产生了对七一村个案的兴趣，因此也将七一村作为他们各自硕士学位论文的基础，并以此获得硕士学位。我尤其要感谢的是七一村的何德兴书记，没有他的帮助与支持，我们是很难进入"现场"并完成我们的调研。同时，我要感谢接受我们调研、给予我们帮助的没有留下姓名的七一村的广大村民。最后，我要感谢在读的我的研究生季程远，他仔细地按照出版社的体例之要求校对了书稿的注释。

郎友兴

2013 年 12 月于杭州